国家科学技术学术著作出版基金资助出版
大连市人民政府资助出版

一种崭新的水下交通
——悬浮隧道

陈健云　孙胜男　李　静　著

科学出版社

北　京

内 容 简 介

悬浮隧道是一种跨越水域的新型结构形式。自悬浮隧道的概念问世至今的几十年里,这种跨越水域的创新方案得到国内外专家的广泛关注。已有大量的可行性研究证实了在世界多个国家建造这种新型结构的可能性,同时指出了悬浮隧道结构形式的特殊性。

本书结合作者近十年来针对这一结构形式在波浪流以及地震动等海洋环境下的隧道、锚索、基础方面的动力响应理论研究及试验研究方面的最新成果进行论述,并针对该结构形式的可行性、作用荷载、总体设计、施工要点等方面进行介绍。

本书概念新颖、内容全面,可供从事桥梁工程、隧道工程、海洋工程、防灾减灾工程方面的研究人员与工程技术人员阅读和参考。

图书在版编目(CIP)数据

一种崭新的水下交通——悬浮隧道/陈健云,孙胜男,李静著. —北京:科学出版社,2019.9
ISBN 978-7-03-062249-5

Ⅰ.①一… Ⅱ.①陈… ②孙… ③李… Ⅲ.①水下隧道-研究 Ⅳ.①U459.5

中国版本图书馆 CIP 数据核字(2019)第 199140 号

责任编辑:牛宇锋 赵晓廷 / 责任校对:樊雅琼
责任印制:吴兆东 / 封面设计:蓝 正

科学出版社 出版

北京东黄城根北街 16 号
邮政编码:100717
http://www.sciencep.com

北京凌奇印刷有限责任公司 印刷
科学出版社发行 各地新华书店经销

*

2019 年 9 月第 一 版 开本:720×1000 B5
2021 年 1 月第二次印刷 印张:13 1/2
字数:260 000
定价:98.00 元
(如有印装质量问题,我社负责调换)

前　言

现代社会发展取得了重大成就,主要标志之一就是建成了大量快速、畅通和便利的交通设施。继开辟陆地和空中的快速通道后,如何快速跨越广袤的水域将是人类要实现的下一个梦想。与轮船、桥梁相比,采用水下隧道这种结构形式跨越水域,不易受台风、大雪、浓雾等恶劣天气的影响,有稳定且畅通无阻的通车能力;不会制约航道的发展;有较好的防御灾害的能力和防振抗震性能;对生态环境的影响小。总之,水下隧道是一种比较理想的全天候水下通道。因此,从科技、环保与经济的长远发展来看,水下隧道将成为一种重要的水路交通运输方式。

根据水道条件(水宽、水深、通航状况等)和地质条件的不同,水下隧道的建设有多种施工方法和结构形式,目前常采用的方法主要有矿山法、沉管法和盾构法。其中矿山法主要适用于水下地质条件良好的、不含或少含结构断层及破碎带的、整体性较好的中硬岩层,可以有效降低和避免水下隧道施工中发生涌水和突水的风险。而对水下软土地层而言,水下隧道建设主要采用沉管法和盾构法。

目前,随着海洋平台、沉管隧道、大跨度桥梁、港口工程和水利工程等技术、理论的大力发展,一种新型跨越水域的结构方式——悬浮隧道显示出了极强的竞争力。

自悬浮隧道的概念问世至今的几十年里,这种跨越水域的创新方案得到了国内外专家的广泛关注。挪威、意大利、日本、美国、瑞士等国开展了大量的可行性研究,证实了在世界多个国家建造这种新型结构的可能性,同时指出了悬浮隧道结构形式的特殊性。我国于2000年6月和意大利政府签署了科技合作协议,就金塘海峡建造悬浮隧道进行了可行性分析。此后,双方开始共同致力于首条悬浮隧道的建设。

与跨越水域的传统结构形式相比,悬浮隧道经济、环保,可全天候运营,具有广泛的应用前景。然而,世界上至今仍然没有悬浮隧道建成。究其原因,主要是一些技术难题尚未解决。因此,土木工程界需要有更多的人了解和研究这一方向的有关问题,而目前我国乃至世界上尚未出版一本相关专著。

本书的出版,可以让更多的人关注并研究悬浮隧道这一新型结构,抛砖引玉,促进悬浮隧道的发展。对悬浮隧道现有研究成果的比较分析,可以为广大设计人员和研究人员提供真正有用的参考资料。因此,本书对于开辟新型跨海通道、疏通交通、促进经济发展具有重要的理论和现实意义。

本书的部分内容来自大连理工大学建筑设计研究院张俊清等的研究成果,他们分别在悬浮隧道的风险评估和风险控制、抗拔桩基础特性以及锚索参数振动方面进行了撰写和修订工作;柴健、纪林强等研究生进行了大量的校对、整理工作,在此对他们的辛勤工作表示感谢。

由于作者水平有限,书中难免存在不足之处,恳请广大读者批评指正。

本书由大连市人民政府资助出版。

陈健云

2018年12月

目 录

前言
第1章 绪论 ··· 1
  1.1 悬浮隧道的概念及特点 ·· 1
    1.1.1 悬浮隧道的概念 ·· 1
    1.1.2 悬浮隧道的特点 ·· 3
  1.2 悬浮隧道的发展 ·· 5
  1.3 悬浮隧道的可行性 ·· 8
    1.3.1 悬浮隧道的竞争优势 ·· 8
    1.3.2 悬浮隧道的风险分析 ·· 10
    1.3.3 悬浮隧道的风险控制 ·· 17
第2章 悬浮隧道的组成结构及作用荷载 ····································· 22
  2.1 悬浮隧道基础 ·· 22
  2.2 悬浮隧道锚索 ·· 25
    2.2.1 锚索设计要求 ·· 25
    2.2.2 悬浮隧道支撑形式分类 ·· 25
    2.2.3 锚索的纵断面布置 ·· 26
    2.2.4 锚索的横断面布置 ·· 27
  2.3 悬浮隧道管体设计 ·· 30
    2.3.1 管体形式 ·· 30
    2.3.2 管体断面 ·· 30
  2.4 悬浮隧道的接头 ·· 32
    2.4.1 接头形式 ·· 32
    2.4.2 特殊接头的设计 ·· 32
  2.5 悬浮隧道的作用荷载 ·· 35
    2.5.1 永久荷载 ·· 35
    2.5.2 变形荷载 ·· 36
    2.5.3 功能荷载 ·· 38
    2.5.4 偶然荷载 ·· 39
    2.5.5 环境荷载 ·· 41

第 3 章　悬浮隧道的整体设计与施工 ································ 44
3.1　悬浮隧道的选址 ·· 44
3.1.1　悬浮隧道的基本调查 ·· 44
3.1.2　修建悬浮隧道的环境参数 ·· 45
3.1.3　修建悬浮隧道的地形情况 ·· 45
3.1.4　选址设计原则 ·· 46
3.1.5　适合修建悬浮隧道的地点 ·· 47
3.2　悬浮隧道的横断面设计 ··· 49
3.3　悬浮隧道的纵断面设计 ··· 49
3.3.1　悬浮隧道的管体标高设计 ·· 50
3.3.2　悬浮隧道的跨径、纵坡与竖曲线设计 ····························· 50
3.3.3　悬浮隧道的管段长度设计 ·· 50
3.3.4　悬浮隧道的锚索间距设计 ·· 51
3.4　悬浮隧道的平面设计及平、纵面线形组合 ······························· 51
3.4.1　直线 ··· 51
3.4.2　平面曲线 ·· 51
3.4.3　平、纵面线形组合 ·· 51
3.5　悬浮隧道的照明设计 ·· 52
3.5.1　照明设计的必要性 ·· 52
3.5.2　照明设计的要素 ··· 52
3.5.3　照明设计的分区及区段照明设计 ··································· 53
3.6　悬浮隧道的通风设计 ·· 53
3.6.1　通风设计的必要性 ·· 53
3.6.2　悬浮隧道的通风设计要求 ·· 53
3.6.3　通风量的计算 ·· 54
3.6.4　通风方式的选择 ··· 54
3.7　悬浮隧道的防火设计 ·· 54
3.7.1　防火设计的必要性 ·· 54
3.7.2　火灾诱发因素 ·· 55
3.7.3　隧道火灾的特点 ··· 55
3.7.4　防火设计的技术指标 ·· 55
3.7.5　防火系统的设计原则 ·· 56
3.7.6　火灾防控措施 ·· 56
3.8　悬浮隧道的施工 ·· 58
3.8.1　管段施工法 ··· 58

  3.8.2 逐段制造和下水 ……………………………………………… 58
  3.8.3 管段预先制造和逐段下水 ………………………………… 59
  3.8.4 桥台 ………………………………………………………… 59
  3.8.5 锚碇点 ……………………………………………………… 60
  3.8.6 施工期限 …………………………………………………… 61

第4章 悬浮隧道结构分析研究进展 ……………………………………… 62
 4.1 隧道管体结构 …………………………………………………… 62
 4.2 隧道锚固系统 …………………………………………………… 63
 4.3 作用荷载 ………………………………………………………… 65
 4.4 模型试验 ………………………………………………………… 68
 4.5 其他相关研究 …………………………………………………… 70

第5章 悬浮隧道地震响应模型试验 …………………………………… 72
 5.1 引言 ……………………………………………………………… 72
 5.2 模型介绍 ………………………………………………………… 73
 5.3 试验设备和仪器 ………………………………………………… 74
  5.3.1 地震激励系统 ……………………………………………… 74
  5.3.2 传感器和数据采集系统 …………………………………… 75
 5.4 试验测试内容 …………………………………………………… 78
 5.5 模型试验基本情况 ……………………………………………… 80
  5.5.1 试验工况 …………………………………………………… 80
  5.5.2 试验步骤 …………………………………………………… 81
  5.5.3 地震波加载方案 …………………………………………… 81
 5.6 试验结果及分析 ………………………………………………… 82

第6章 悬浮隧道地震响应数值分析 …………………………………… 87
 6.1 引言 ……………………………………………………………… 87
 6.2 流固耦合的基本理论 …………………………………………… 87
 6.3 模型试验的流固耦合数值分析 ………………………………… 93
  6.3.1 模型简介 …………………………………………………… 93
  6.3.2 数值结果与试验结果比较 ………………………………… 93
 6.4 悬浮隧道地震响应数值分析 …………………………………… 101
  6.4.1 模型简介 …………………………………………………… 101
  6.4.2 模态分析 …………………………………………………… 101
  6.4.3 影响因素敏感性分析 ……………………………………… 104

第7章 悬浮隧道锚索参数振动研究 …………………………………… 111
 7.1 引言 ……………………………………………………………… 111

7.2 锚索垂度效应 ··· 113
7.3 锚索参数振动响应——等效弹性模量法 ··· 114
    7.3.1 锚索-管体耦合振动模型 ·· 114
    7.3.2 数值算例 ·· 116
7.4 锚索参数振动响应——抛物线法 ··· 120
    7.4.1 锚索-管体耦合振动模型 ·· 120
    7.4.2 数值算例 ·· 123

第8章 悬浮隧道锚索涡激响应分析 ··· 125
8.1 引言 ··· 125
8.2 旋涡泄放机理和涡激振动 ·· 126
8.3 悬浮隧道锚索多阶涡激非线性振动 ·· 128
    8.3.1 振动方程 ·· 128
    8.3.2 方程求解 ·· 129
    8.3.3 实例计算和分析 ··· 129
8.4 水流作用下悬浮隧道锚索的动力响应 ··· 135
    8.4.1 锚索-管体耦合非线性振动模型 ··· 136
    8.4.2 数值分析 ·· 137

第9章 悬浮隧道锚索的被动控制研究 ··· 142
9.1 引言 ··· 142
9.2 锚索-黏弹性阻尼器系统的数学模型 ··· 143
    9.2.1 振动方程 ·· 143
    9.2.2 方程求解 ·· 146
9.3 数值算例及结果分析 ·· 147
    9.3.1 锚索的最大模态阻尼比及最优阻尼器系数 ································· 148
    9.3.2 锚索倾角对锚索最优模态阻尼比的影响 ···································· 150
    9.3.3 锚索垂度对锚索最优模态阻尼比的影响 ···································· 152

第10章 抗拔桩桩土相互作用的有限元实现及实例分析 ···························· 155
10.1 引言 ··· 155
10.2 倾斜荷载下基桩的受力特性 ··· 155
    10.2.1 倾斜荷载下基桩的承载力 ··· 155
    10.2.2 倾斜荷载下基桩的破坏机理 ·· 156
    10.2.3 确定地基承载力的标准 ·· 157
10.3 有限元模型的实现 ··· 157
    10.3.1 有限元模型的建立 ·· 157
    10.3.2 桩土界面的处理 ··· 158

  10.3.3 初始应力的计算 ································· 160

 10.4 有限元模型的试验验证 ······························· 160

第 11 章　斜向抗拔桩静承载力影响因素分析 ······················ 165

 11.1 计算方案的确定 ··································· 165

 11.2 荷载倾角对抗拔桩承载力的影响分析 ······················· 166

  11.2.1 拉压荷载下桩体承载及变形特性对比分析 ················ 166

  11.2.2 倾角对斜向抗拔桩的极限承载力的影响分析 ··············· 169

  11.2.3 倾斜荷载下荷载的传递机理分析 ····················· 171

  11.2.4 倾斜荷载下桩体的应力分布 ······················· 171

  11.2.5 倾斜荷载下桩周土体的应力应变特性 ·················· 173

 11.3 桩参数对桩的静承载力的影响分析 ························ 176

  11.3.1 桩长对桩的静承载力的影响分析 ····················· 176

  11.3.2 桩径对桩的静承载力的影响分析 ····················· 177

  11.3.3 桩体模量对斜向抗拔桩的静承载力的影响分析 ·············· 178

 11.4 土体参数对斜向抗拔桩的静承载力的影响分析 ·················· 179

  11.4.1 土体模量对斜向抗拔桩的静承载力的影响分析 ·············· 179

  11.4.2 土体黏聚力对斜向抗拔桩的静承载力的影响分析 ············· 180

 11.5 各影响因素下极限承载力的归一化比较 ····················· 180

第 12 章　循环荷载条件下斜向抗拔桩基础的承载特性分析 ··············· 182

 12.1 引言 ··· 182

 12.2 循环承载力分析方法与研究现状 ························· 182

  12.2.1 循环强度模型 ····························· 184

  12.2.2 有限元分析方法 ···························· 185

 12.3 循环波浪荷载下抗拔桩基础的极限承载力特性分析 ················ 186

  12.3.1 静力加载与考虑循环荷载承载力对比 ·················· 187

  12.3.2 荷载循环次数对斜向抗拔桩基础的循环承载力的影响分析 ········ 187

 12.4 桩参数对考虑循环荷载作用时的承载力的影响分析 ················ 188

  12.4.1 桩长对斜向抗拔桩的承载力的影响分析 ················· 188

  12.4.2 桩径对斜向抗拔桩的承载力的影响分析 ················· 189

  12.4.3 桩体模量对斜向抗拔桩的承载力的影响分析 ··············· 190

参考文献 ·· 192

第1章 绪 论

1.1 悬浮隧道的概念及特点

1.1.1 悬浮隧道的概念

悬浮隧道(submerged floating tunnel,SFT),是一种用于跨越海峡、海湾、湖泊及其他水道的新型结构形式,适用于所有需在水中穿行的交通运输工具,可通行火车、汽车、小型机动车和行人,还可作为穿行各种管道和电缆的服务隧道,其概念示意图如图1.1所示。悬浮隧道一般由足以适应公路或铁路交通要求的管体结构、水下基础、支撑系统(该系统可防止隧道管体的过大位移)、管体之间的接头及与两岸相连的驳岸结构组成[1]。悬浮隧道的稳定原理基于阿基米德原理,因此又被称为"阿基米德桥"。从使用的观点来看,悬浮隧道具有传统隧道的所有特点,而且是密封的,因此被认为是"隧道"而不是"桥梁"[2]。

图1.1 悬浮隧道概念示意图

悬浮隧道代表了一种跨越水域的新概念:隧道管体不是一个埋入结构,而是悬浮在水下一定深度,由支撑系统锚固,如由水面的浮筒固定或者通过张力腿(锚索)锚固到海(河)床上[3]。它与传统的沉管隧道或者海底隧道之间的区别是:隧道管体的四周都是水,通过定位系统向前延伸,并由结构的自身能力保持在固定的位置上。

根据锚固方式不同,可以把悬浮隧道分为张力腿(锚索)式悬浮隧道、浮筒式悬浮隧道和固定支撑式悬浮隧道[4]。

1) 张力腿(锚索)式悬浮隧道

张力腿(锚索)式悬浮隧道的设计原理是：在设计中调整管体断面使结构的整体密度小于水的密度，在重力和浮力的共同作用下悬浮隧道整体处于上浮状态。隧道管体的固定通过张力腿(锚索)与海(河)床的基础连接而实现，如图1.2所示。张力腿(锚索)式悬浮隧道可以在深度变化很大的范围内进行修建，结构形式灵活，可与其他的锚固形式联合使用。因此，根据我国悬浮隧道的研究现状及适合修建悬浮隧道场所的环境条件，若不做特殊说明，本书的研究对象皆为张力腿(锚索)式悬浮隧道。

 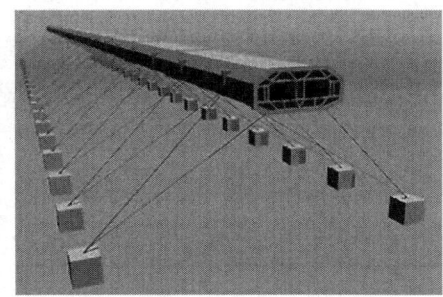

图1.2　张力腿(锚索)式悬浮隧道示意图

2) 浮筒式悬浮隧道

浮筒式悬浮隧道的设计原理是：在设计中调整管体断面使结构的整体密度大于水的密度，在重力和浮力的共同作用下悬浮隧道整体处于下沉状态。悬浮隧道管体的固定通过锚杆与水面的浮筒连接而实现，如图1.3所示。浮筒式悬浮隧道适合比较深的水域，浮筒本身可以用来建造水上宾馆，但环境条件不能太恶劣，因为浮筒只能提供竖向约束，不能提供水平约束，而且对航运有一定的影响。

 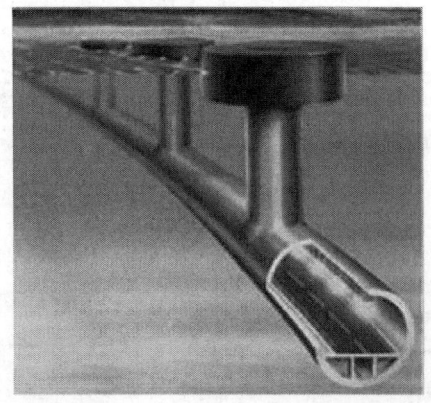

图1.3　浮筒式悬浮隧道示意图

3) 固定支撑式悬浮隧道

固定支撑式悬浮隧道的设计原理是：在设计中调整管体断面使结构的整体密度大于水的密度，在重力和浮力的共同作用下悬浮隧道整体处于下沉状态。悬浮隧道管体通过立柱支撑于设计标高，如图1.4所示。固定支撑式悬浮隧道与普通桥梁的结构相似，相当于有固定支撑的水中连续桥梁，适用于水深较小、水底土质良好的水域；支撑刚度大，适合动力荷载较大的载体通过。

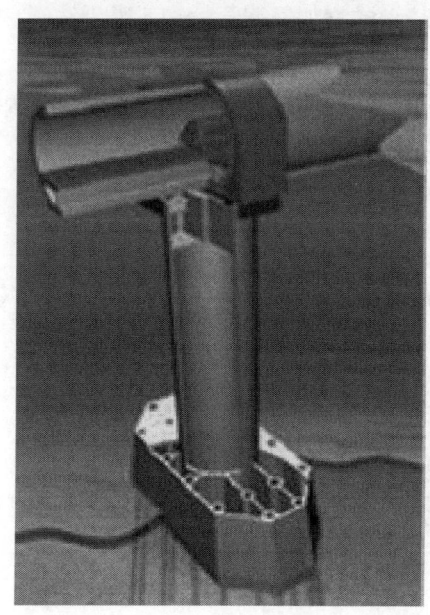 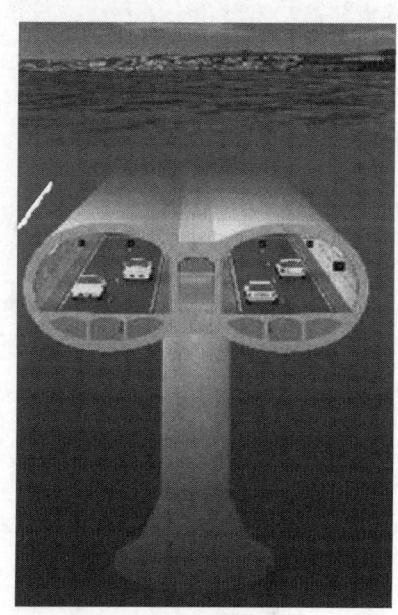

图1.4　固定支撑式悬浮隧道示意图

1.1.2　悬浮隧道的特点

悬浮隧道不是奇迹工程，也不是一种适用于任何情况的跨越方案。它仅仅是一种在很多情况下有相当竞争力的选择，在不久的将来，它适合用来跨越相当一部分的水道。

悬浮隧道具有普遍意义竞争力的表现如下[1,5-7]：

(1) 悬浮隧道在改善交通状况的同时，对周围环境的影响十分有限，不会破坏建造地点的自然景观及产生视觉上的污染。

(2) 悬浮隧道减小了与陆地交通连接的过渡隧道的长度或坡度，改善了道路线形，提高了交通通行质量，使车辆通过悬浮隧道的时间与通过桥梁的时间相近，比通过沉管隧道和海底隧道的时间要少，并远远少于轮渡所需的时间，如图1.5所示。

(3) 悬浮隧道不受大风、雨、雪、雾等恶劣天气的影响，可全天候运营，因此能有效地缓解地面的交通堵塞，确保交通的畅通。

(4) 悬浮隧道处于水下一定深度，根据航运部门提供的资料，这样的水深不会对航运产生影响。

(5) 悬浮隧道水下放置位置比沉管隧道和海底隧道高，坡度小，可以节省汽车的耗油量。悬浮隧道可在通风井处集中处理通过车辆所排放的尾气，极大地降低了汽车尾气对大气的污染。

(6) 当超过一定的跨度及水深（一般跨度超过1000m，水深超过50m）时，悬浮隧道的单位长度成本不会随跨越长度或航道水深的增加而明显增加。悬浮隧道的单位长度成本与跨度为800~900m的吊桥单位长度成本相当。

(7) 与沉管隧道和海底隧道相比，悬浮隧道悬浮在水中，因此水底和海底的地貌、水文地质条件等对悬浮隧道的修建不构成直接影响。

(a)

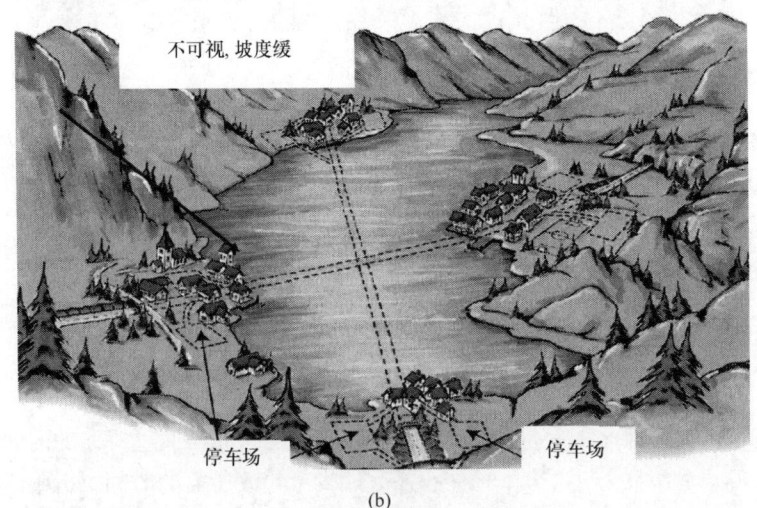

(b)

图1.5 悬浮隧道优点示意图

(8) 对于一些水深的风景名胜水域,如高山之间深峡谷形成的湖泊,修建桥梁或传统隧道是不允许或不可能的,而悬浮隧道提供了跨越此种水域交通的一种选择。

(9) 悬浮隧道可以用于其他目的,例如,用于连接大陆和深水湖中人工岛屿的人行隧道,用于安装各种管路和电缆的服务隧道。

1.2 悬浮隧道的发展

在过去的几十年里,由于环保、经济以及良好的抗震性能,悬浮隧道引起了世界范围内专家学者的关注,尤其在挪威、意大利、日本、美国、瑞士等国。其实,悬浮隧道的概念可追溯到1850年或更早[7]。1923年,悬浮隧道概念在挪威获得专利,这也是世界上第一个关于悬浮隧道的专利。而后,1966年英国工程师Grant也提出了不同的概念设计,并申请了专利[8]。

在挪威,Tveit是为悬浮隧道的发展做出巨大贡献的代表性人物。1954年,Erik向Tveit介绍了悬浮隧道的概念。1968年,Tveit提出了一种混凝土管体的悬浮隧道方案,该方案为锚索式,未设置伸缩缝。1969年4月,在Bergen举行的挪威工程师和技术专家协会会议上,Tveit提出了另外两种悬浮隧道设计方案,一种隧道管体为下弓形,另一种隧道管体为水平弓形,通过锚索锚固在海床上。1969年6月,挪威工程师成立了一个专门研究悬浮隧道的小组,并于1972年6月发表了他们的研究成果,他们认为悬浮隧道适用于宽度为1200~1400m的峡湾;他们还针对Bremsnes峡湾提出了一种悬浮隧道的试验性方案,虽然最终未能实施,但使悬浮隧道的设计水平向前迈进了一大步。后来该小组的大部分成员成立了挪威科技工业研究所,并针对Vallavik和Bu之间的Hardanger海峡设计了一种悬浮隧道方案。1982年,Tveit设计了一条混凝土悬浮隧道,路面下的大部分混凝土由砂砾代替,以降低造价,减小温度应力[9]。此后,Tveit还提出了一种跨度为1750m的自由式悬浮隧道方案[10]。1986年,在挪威Stavanger举行的国际海峡穿越会议上,Høgsfjord(赫格)峡湾的悬浮隧道工程第一次被提出。1987~1988年,参加Høgsfjord峡湾工程研究的四个挪威工程公司向挪威政府的公路管理部门提交了悬浮隧道设计构想,分别为四组竖向张力腿锚固的混凝土隧道、六个浮筒锚固的混凝土隧道、十个浮筒锚固的钢壳隧道和三个浮筒锚固的混凝土隧道[11]。1988~1991年,工程管理机构制定了标件的技术条件,计划1997年向投标人发出招标邀请,1999年开始施工,2001年或者2002年开通悬浮隧道,但由于外部原因,未按计划进行[12]。

1969年,工程师Grant提出将悬浮隧道作为跨越意大利Messina海峡的方案之一。1970年,意大利开始对在Messina海峡建造悬浮隧道展开可行性研究。之后,意大利 Ponte di Archimede 公司购得该悬浮隧道设计方案的设计专利,并于 1984 年进行了悬浮隧道的可行性研究,提出了这种方案在意大利 Messina 海峡连接工程中的设想、需要研究和解决的一些问题及工程应用的可能性。1986 年,又对悬浮隧道设计方案在意大利 Messina 海峡连接工程中的水中最小深度和航运安全问题进行专门研究,提出将隧道管体顶部放置在距水面至少 30m 距离的位置处,才不影响船舶正常安全地通过该海峡,该研究在 1989 年得到了国际海洋组织会议的认可。1988 年和 1992 年由意大利埃尼集团资助,意大利阿基米德桥公司 PDA 研究工作室和意大利船级社先后对悬浮隧道设计方案的截面形状、设计标准和应考虑的一些问题进行了深入的研究和探讨,提出了几种典型的截面形状。意大利船级社还编制了悬浮隧道设计指南,供有关单位和部门作为悬浮隧道设计的参考和技术论证的依据[5]。

根据意大利、挪威等国家对悬浮隧道的研究,欧洲联盟(简称欧盟)于 1996 年出资并组织挪威和意大利等的有关部门及专家对悬浮隧道技术的关键问题做进一步的研究,以便为将来悬浮隧道的建设提供设计参考[12,13]。

日本的悬浮隧道研究始于 1990 年[14]。1990 年,日本在北海道成立了悬浮隧道研究协会,该协会与日本北海道大学和北海道发展局组成一个研究小组,针对悬浮隧道的规划、设计、施工和其他技术进行研究。第一阶段为对悬浮隧道整体概念的研究,于 1995 年公布了研究报告。报告总结了两个拟建悬浮隧道工程的研究成果:一个是穿越喷火湾、连接北海道和本州岛的悬浮隧道;另一个是跨越内浦湾、穿越 Muroran 断层带的悬浮隧道。北海道大学的研究人员对悬浮隧道可能造成的环境影响进行了技术模拟,主要模拟由悬浮隧道引起的潮汐模式的变化、生物的动态生长过程,以及驾驶员通过悬浮隧道行车时的感受等[1]。

美国针对无水流的内陆湖,提出了静水悬浮隧道(still-water submerged floating tunnel,S-WSFT)的概念(图 1.6),以期通过悬浮隧道穿越 Washington 湖,形成 Seattle-Bellevue 环路[15]。

瑞士计划采用悬浮隧道来穿越 Lugano 湖。20 世纪 90 年代初,瑞士联邦铁路公司计划修一条苏黎世至意大利边境的新铁路。为减小对环境的影响,选择悬浮隧道这种结构形式穿越 Lugano 湖。隧道位于 Vico Olivella 和 Brusino-Arsizio 之间,相邻海底隧道间的距离约为 1055m。该隧道为 5 跨的混凝土墩柱式悬浮隧道,单跨长 186m。隧道管体横断面为圆形,内径为 10.6m,壁厚为 85cm,墩柱附近壁厚为 150cm,其整体示意图如图 1.5(a)所示[16-17]。

20 世纪 80 年代末,国际隧道协会(International Tunnelling Association,ITA)开始积极促进世界各国在悬浮隧道技术上的交流与合作。1989 年,国际隧道协会成立了悬浮隧道工作小组,以便让世界上更多的人注意到这种类型的隧道工程。1993 年,国际隧道协会发表了悬浮隧道研究现状报告。1996 年 4 月,国际

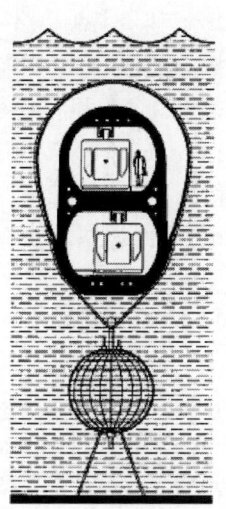

图 1.6 静水悬浮隧道示意图

隧道协会被推举为悬浮隧道的研究协调机构,同年 5 月,挪威公路管理局主持了第一次专门以悬浮隧道为主题的国际会议,会议在位于挪威西部海岸的桑内斯市召开,此处靠近挪威工程师拟修建第一座悬浮隧道的现场——Høgsfjord 峡湾[18]。会议详细讨论了悬浮隧道设计准则和水下施工等方面的问题。很多关于 Ponte di Archimede 公司穿越 Messina 海峡和日本穿越喷火湾的文章对悬浮隧道的发展做出了重要贡献。在此之前,1986 年在 Stavanger 召开的第一届 Strait Crossing 会议,就有专家表达了对悬浮隧道的兴趣。该会议认为悬浮隧道是一种可实现的、有发展空间的方案,世界各地悬浮隧道工程间的合作有助于首座悬浮隧道工程的实现。此外,1990 年的 Trondheim 会议和 1994 年的 Ålesund 会议对悬浮隧道的发展也起到了重要作用[19]。

1999 年我国针对舟山大陆连岛工程曾提出过"悬浮隧道"方案的设想,以连接连岛工程中难度最大、长度最长(2900m 左右)、海水水深平均在 50m 左右、最大水深达 70m 的金塘海峡。2000 年 6 月,我国和意大利政府签署了科技合作协议,就我国舟山群岛与宁波市之间的金塘海峡建设悬浮隧道进行可行性分析。意大利阿基米德桥公司、那不勒斯大学和我国有关科研单位参加了合作研究。2001 年,中国科学院与意大利阿基米德桥公司、那不勒斯大学和米兰理工大学等建立了悬浮隧道研究的合作关系[8]。2001 年,由浙江省科学技术厅牵头,舟山海峡大桥发展有限公司、浙江省交通规划设计研究院、国家海洋局第二海洋研究所以及有关高等院校联合组团前往意大利,与有关学者、专家就悬浮隧道的截面设计、设计标准及其他关键性技术问题进行了探讨。同年底,意方回访了中方,双方专家、学者又针对金塘海峡悬浮隧道的结构设计、设计理论、施工工艺和经济分析评价进行了交流和探讨。2003 年 2 月 27 日,此项科研合作项目分别在北京、上海、罗马和布鲁塞尔四大城市举行了一次洲际电视会议[20]。2004 年 12 月 6 日,中国科学院与意大利阿基米德桥公司就开展悬浮隧道的合作研究签署了"中意阿基米德桥联合实验室合作计划"协议。2005 年 3 月 18 日,该合作项目获准列入中意政府间科技合作协议。2005 年 4 月,中意阿基米德桥联合实验室执行委员会第一次会议在北京举行,会议目的是对悬浮隧道的功能和模型实施方案进行研究。2007 年 4 月,中意专家、学者在意大利北部城市莱科召开会议,就悬浮隧道合作项目的研究进展进行了交流。2007 年 10 月,我国驻意大利大使馆为中意阿基米德桥联合实验室在使馆举办了样桥展示会。2010 年 10 月 17 日至 20 日,由中国科学院和意大利那不勒斯大学发起的首届悬浮隧道论坛在中国千岛湖举行。

综上所述,悬浮隧道的研究始于欧洲,目前其研究水平已经达到了可以在实际工程中应用的程度,研究内容包括整体设计、计算理论、设计准则、设计方法、模型试验、施工方法等方面。日本和美国等在海洋平台和沉管隧道的研究基础上,对悬浮隧道的研究相对比较成熟。我国对悬浮隧道的研究虽然起步较晚,但起点较高,极有可能成为世界首条悬浮隧道的建造者。

1.3 悬浮隧道的可行性

1.3.1 悬浮隧道的竞争优势

悬浮隧道是一种新型的通道交通结构形式,与其他结构形式相比,具有无法取代的竞争优势,但这不代表悬浮隧道可以用在任何环境条件下,也有其适用范围。只有在合适的环境条件下悬浮隧道才能显示出竞争优势,发挥其独特的作用[20]。悬浮隧道的竞争优势主要表现在以下几个方面。

1) 环境条件的兼容性

悬浮隧道修建在水中,能很好地改善交通状况,同时对环境现状的影响较小。在很多情况下,特别是在旅游景区和居住密集的市区等对环境的现状保持要求高的地区,这一点十分重要。可以设想,如果在一个风景秀丽、结构协调的环境中,虽然突兀的混凝土建筑物可能在一定程度上增添了人文和文化气息,但其对已有视觉效果也有可能产生负面影响,有时甚至是破坏性的。悬浮隧道作为一种修建在水中的交通通道,将是一个十分明智的选择。悬浮隧道不但可以减少视觉污染,而且在环境自然形态的保护方面可显示其特殊的优势。此外,悬浮隧道对环境的适用范围有特殊的适应能力,表 1.1 给出了桥、浮桥、沉管隧道、海底隧道和悬浮隧道受到跨径、水深、通航和海水状况等参数的影响情况。从表中的结果可以看出,悬浮隧道对跨径、水深和环境状况的综合要求比其他交通通道宽松。

表 1.1　环境参数对几种交通通道的影响

类型	跨径	水深	通航	海水状况
桥	影响	影响	可能影响	不影响
浮桥	不影响	不影响	影响	影响
沉管隧道	不影响	影响	不影响	不影响
海底隧道	不影响	影响	不影响	不影响
悬浮隧道	不影响	不影响	不影响	很有限

2) 提高环境保护能力

一方面，与海底隧道和沉管隧道相比，悬浮隧道的水下埋置深度比较浅，故其能改善道路的线形，使通道坡度减缓，进而减少燃料的消耗量，降低废气的排放。另一方面，在悬浮隧道通风井处可以对已排放的污染空气进行集中收集处理，大幅降低废气的污染。现代社会对生存环境的要求越来越高，因此环境上的竞争力往往是决定性的。

3) 改善交通通道的通行质量，且对水道通航影响小

悬浮隧道能改善交通通道的通行质量，且对水道通航影响小，因此在交通运输上相比于敞开式交通通道(如桥梁等)表现出很强的竞争力。一方面，悬浮隧道修建在水中，作为交通通道运营时受大风、雨、雪、雾等恶劣天气的影响小，可以全天候通行，因而能有效地缓解地面的交通堵塞；另一方面，悬浮隧道在海(河)床以上，水下埋置深度比较浅，其坡度也较缓，隧道的通道距离得以缩短，汽车通过悬浮隧道的时间比通过沉管隧道和海底隧道的时间要少，且远小于轮渡的时间。同时，悬浮隧道的这一特点改善了道路路线线形，提高了交通通行质量，以及汽车行驶的安全性、舒适性和经济性。

社会发展的步伐越来越快，随之而来的是水运船只载重量的增大和交通量的增大，因此在修建桥梁时，对桥梁净高和跨径的要求越来越高。另外，在水运中船只的撞击力是极大的隐患，其对现有结构的影响是破坏性的，甚至是毁灭性的。随着船只吨位的增大，在桥梁结构设计时对防撞的要求越来越高。桥梁设计的限制条件越来越多，并且越来越严格，桥梁整体造价也随之增加。然而，由于悬浮隧道结构埋置在水下 20~50m，所以在悬浮隧道结构中不存在上面提到的这些问题。根据航运部门提供的资料，这样的水深不影响船舶安全通过，不会对航运产生影响。悬浮隧道不仅改善了交通通道的通行质量，也使水运交通量大的水道的竞争力加大。

4) 技术上的领先性

随着社会的发展和进步，工程项目的建设也有了新要求，建设方和工程人员除了追求结构功能和经济方面的目标外，还追求"标新立异"。现代社会科学技术突飞猛进，各种跨越结构日益挑战极限，结构性态日益完善，如何进一步取得突破成

为竞争的热点。悬浮隧道作为一种新型的交通通道,与沉管隧道和海底隧道相比,其在结构的新颖性方面和对载客的吸引力方面无疑具有很大的竞争力。

5) 经济上的竞争力

在特定的环境条件下,悬浮隧道比桥梁、海底隧道、沉管隧道在经济上更具有竞争力。一方面,与桥梁结构相比,悬浮隧道的单位造价没有随着跨度的增大而显著增加。在跨度大于 1000m 时,悬浮隧道能显示出经济上的优势,并且随着隧道跨度的增大,其经济上的竞争力也增大。另一方面,在悬浮隧道、海底隧道和沉管隧道三种交通通道中,悬浮隧道的水下埋置深度最浅,特别是在水深较深时这一优势是十分明显的。这就意味着悬浮隧道的整体通行距离缩短,有效地改善了路线线形,这一点对线形要求高的高速公路(特别是作为铁路通道时)意义重大。假设图 1.5(a)表示的是水面宽为 1000m、水深为 100m 的悬浮隧道、海底隧道、沉管隧道的隧道长度对比关系,那么在这种环境条件下的隧道长度的粗略数据如表 1.2 所示。从表中可知,在这种环境条件下沉管隧道和海底隧道的长度是悬浮隧道长度的 2~3.5 倍。同时,在悬浮隧道的建设中可以不拆迁或少拆迁,这又减少了部分费用,大大降低了工程造价。

表 1.2　三种隧道的通道长度对比(在水面宽为 1000m、水深为 100m 的环境条件下)

结构类型	铁路隧道总长度/km	公路隧道总长度/km
海底隧道	14	5.6
沉管隧道	10	4.4
悬浮隧道	4	2.2

1.3.2　悬浮隧道的风险分析

1. 风险分析的定义

风险是与人类的生产生活相伴产生的,是现代社会中经常用到的一个术语。目前,对风险尚没有统一的定义,风险的概念可以通俗地理解为:风险就是不幸事件发生的可能性;或者说风险是一个事件产生人们不希望后果的可能性(概率)。换句话说,风险是对特定系统危险事件的发生概率及其事件后果的综合描述。国际隧道协会对风险的定义为:灾害事故对人身安全及健康可能造成损害的概率。美国 Chapman 和 Cooper 在《大项目风险分析》一书中给出了较权威的定义:风险是由从事某项特定活动过程中存在的不确定性而产生的经济或财务的损失、自然破坏或损伤的可能性[21]。总之,风险定义的必要条件有三点:①有事件的后果——某种损失或收益与之相联系;②涉及某种不确定性,有发生概率的存在;③涉及某种选择时,才称为有风险。风险具有普遍性和不确定性两大特征。

风险分析是对风险的危害性进行系统识别和对风险进行评估,通常可分为以下三个步骤[22]。

(1) 风险辨识:分析所有的潜在风险因素,进行归类整理,并进行筛选,重点考虑对目标参数影响较大的风险因素。

(2) 风险估计:对风险因素的发生概率和后果进行估计,给出风险的概率分布。

(3) 风险评价:对目标参数的风险结果参照一定标准进行评判。

2. 悬浮隧道风险分析的意义

悬浮隧道项目投资包括工程的立项、投标、设计、施工、维护等所有费用的总和,同时项目建设也是一个新型、多学科、高技术融合的交叉结构体系,因此悬浮隧道工程的建设是一种投资大、周期长、技术要求高、内部结构复杂、涉及因素众多的复杂系统。影响该复杂系统的风险因素众多,影响关系也错综复杂,加之各风险因素所引起后果的严重程度迥异,项目最终能否达到预期结果存在很大的不确定性。在这些因素的影响下,任何决策都有一定的风险。因此,在评价时应从众多的影响因素中找出那些可能带来风险的因素,考虑这些因素会引起什么样的损失,损失的大小如何,是否给系统带来致命性的打击,以及如何针对风险做出合理的决策等。风险分析能预料风险的大小,当系统存在很大风险时可以做出相应合理的应对,而不是还按确定性方法决策。

风险的减少是需要付出代价的,无论是减小危险发生的概率还是采取防范措施使危险发生时造成的损失降到最小,都要增加资金、技术和劳务的投入。风险分析和风险评价的结果并不是越小越好,而是将风险限定在一个相对合理的、可接受的水平上,综合考虑影响风险的因素,经过优化,寻求最佳的投资方案。风险与利益间要取得平衡、不要接受不必要的风险、接受合理的风险——这些都是风险接受的原则[23]。根据以上分析,对悬浮隧道进行风险分析的作用和意义主要表现在以下几个方面。

首先,悬浮隧道风险分析可以使工程项目评价系统得到进一步完善。目前我国项目评价体系不够完善,存在重效率、轻风险的倾向,把项目的风险评价纳入项目评价体系,可以使项目评价的结论更科学、更全面、更合理。效益和风险是任何一个投资项目都会涉及的两个方面,任何效益都是在一定风险条件下的效益,反之,任何风险的承担也都是以一定的效益为前提的。因此,一个完整的悬浮隧道评价体系应该包括项目的效益评价和风险评价两个方面[24]。

其次,风险评价还可以增强决策者的风险意识。只有把风险评价引入项目的决策体系,才能使决策者在树立效率观念的同时,树立起风险观念,提高投资决策者思维的科学性和严谨性。

再次,风险分析可以提高悬浮隧道项目建设的决策水平。从决策学的角度看,衡量一个决策的好坏,主要是看其结果是否与决策者的预期最大限度吻合。因此,在投资悬浮隧道时投资决策者都希望项目的实施能带来预期的效益(包括直接经济效益和社会效益),悬浮隧道风险评价的实质就是对项目获得预期效益的可靠程度进行评价。因此,这对提高悬浮隧道项目的决策水平是很有意义的。

最后,风险分析可以对投资膨胀起到一定的制衡作用。对悬浮隧道进行风险评价,可以明确地告诉投资决策者不能只重视盈利而忽略风险,项目在获得一定收益的同时也要承担相应的风险,从而使投资者谋利的冲动受到抑制。因此,风险分析在宏观上控制投资膨胀也有积极的意义。

3. 悬浮隧道的风险因素及辨识

在进行风险分析时,由于其用途不同,应该考虑不同的风险因素。对于风险的认识,要有全局性和阶段性。对于一个工程,从项目立项到施工,再到运营,考虑风险时在纵观全局的同时要有所侧重。在项目立项时,应对风险进行全面考虑,包括经济、技术、环境、效益、社会、政策、设计、施工等各个方面。在施工期间,为了减少事故的发生,使工程顺利完成,施工风险应该作为侧重点。在运营过程中,为了提高效益,避免重大安全事故的发生,主要考虑效益风险和重大安全事故风险。在悬浮隧道工程中的风险因素可以归纳为以下几个方面[25-29]。

1) 自然风险

自然风险指各种自然灾害,包括地震、滑坡、海啸、潮汐、大风、高温、结冰、雨季等引起的风险。

2) 经济风险

经济风险包括行业投资管理政策的变动、银行利率变动、资金到位率等。

3) 合同风险

合同风险包括报价风险、对承包商缺乏了解、工程清单错误或遗漏、索赔条款不明确或欠缺、承包商违约等。

4) 财务风险

财务风险包括项目建设资金供应风险、预算超设计概算风险、保险项目及保险费等。

5) 环境风险

环境风险包括开挖造成的岸边地层扰动,以及施工引起的噪声、废气、废渣污染、生物污染等。特定环境引起的风险,包括环境腐蚀、沉船、沉锚、落物、船撞等。

6) 设计风险

设计风险包括以下方面。

基础资料风险因素：地质勘查风险；地质环境条件风险；设计资料延误风险；设计资料准确性、可靠性；设计资料的完整性等。

设计技术风险因素：悬浮隧道安全等级、设计安全度取值不当；计算模型及方法不合理；设计规范的合法性参数选取等。

设计质量风险因素：设计方案的现实性；设计文件的完整性、正确性及准确性；设计文件的合法性及有效性等。

7）施工风险

施工风险包括以下方面。

施工现场风险因素：地质资料的不确定性；管段制作风险；管段浮运控制风险；管段接头密封漏损；水力压接控制风险；深水基础施工风险；接岸洞口滑坡；施工用电事故；通信不畅；安全措施不利等。

施工技术风险因素：新技术、新方法的应用困难或失败；施工技术与方案不合理；施工进度不合理；现场工作不均衡系数大；悬浮隧道施工技术问题的不确定性；悬浮隧道管段沉放定位偏差、悬浮隧道轴线定位偏差；悬浮隧道变形超出控制；质量检测技术失误等。

设备风险因素：施工设备备件短缺；施工设备维修不当；设备安装调试失误；机电设备安装事故等。

原材料和成品半成品材料风险因素：原材料和成品半成品的订货或供应不足；原材料和成品半成品品种及数量的差错；原材料和成品半成品质量及规格不合格；运输存储和施工损耗；特殊材料或新材料质量稳定性等。

进度施工管理及人员素质：施工控制计划不完善；施工控制计划可操作性差；施工控制计划组织机构人员不落实；施工控制信息不畅通；有效控制方法落后；管理人员素质；承包商和监理工程师不合作等。

8）运营事故风险

运营事故风险包括火灾、通风、防水可靠性、爆炸、结构物耐久性、恐怖活动等。

4. 悬浮隧道的主要风险研究

悬浮隧道在设计、施工和运营期间，在各种风险因素的作用下，各构件破坏的可能性见表 1.3。针对悬浮隧道的特点及破坏可能性的大小，可以做相应的风险研究，以采取相应对策减少局部风险。

表 1.3 悬浮隧道各构件破坏的可能性

项目	破坏形式
垂直稳定性	隧道管下沉

续表

项目	破坏形式
隧道管体	隧道内的灾害
	荷载超限
	力矩超限
与海岸连接处	荷载超限
	入口附近的灾害
接缝	接缝材料破损
	所有的位移超限
浮筒	浮筒下沉
	浮筒与隧道连接断裂
锚索支持系统	锚索破坏
	锚索连接破坏
锚索锚固	锚索与锚头连接断裂
	锚头破坏

1) 悬浮隧道设计和施工期风险研究

除了常规的风险研究,在悬浮隧道设计和施工期,沉船、落物、潜艇爆炸、隧道进水、基础承载能力破坏、驳岸接头破坏、锚索系统破坏等极限状态下的风险及相应对策应是具有悬浮隧道结构特色的风险。

(1) 沉船。沉船的研究与悬浮隧道建造点交通状况相关,在交通拥挤的地点,小船的通行频率较高,发生沉船的概率也较高,因此沉船是悬浮隧道风险研究的一个重要方面。虽然在交通拥挤的地点发生沉船的概率也较高,但对于隧道的安全研究,小船荷载可能不是临界荷载,临界状态的确定应结合船的类型和发生沉船的频率。同时,在沉船状态的评估中应考虑交通的主动控制,如雷达导航、警卫船、交通交叉通行时间表、声和光信号等人为因素。

在沉船研究中,应进行模型试验和数值分析,针对特殊的船型和管体结构进行特殊的研究,对沉船的冲击荷载和沉船、隧道对冲击能量的吸收进行分析研究。悬浮隧道的外层管体应具有足够的能力吸收冲击能量产生的塑性变形,从而保护内层管体不受破坏。相对于管体,锚索系统对沉船冲击荷载的吸收能力更为有限。基于这种情况,为了减少沉船对锚索系统的破坏,分析研究锚索破坏的影响和锚索破坏对邻近锚索的影响具有重大意义。这种研究要模拟沉船在水中动态下沉的细节,包括沉船的速度和水压力的爆炸影响。

(2) 落物。落物(沉锚、沉箱等)的发生比较频繁,由于荷载较小,相对于沉船,它们的冲击能量较小,不会破坏悬浮隧道的外层管体而引起进水。但是长期的落物会引起永久变形进而导致渗漏水,因此从检修的观点出发,这种情况也需要考虑。

(3) 潜艇爆炸。潜艇一般不允许穿越海峡和交通拥挤区,潜艇爆炸只作为稀有事件考虑。对非法在海面下穿越的潜艇很难控制,当潜艇在穿越海峡或交通拥挤区爆炸时,希望通过对这一稀有事件的研究和对结构的控制,保证在发生潜艇爆炸时损失减到最小。

(4) 隧道进水。隧道进水应在任何情况下避免。为了达到这个目的,在隧道结构设计时,必须考虑设计双层管体,同时要在内外层管体之间设置足够的防水措施。在破坏情况下,外层管体的进水情况允许发生,但为了避免管体失去浮力,使结构成为不稳定体系,必须防止沿内外管体间纵向贯通进水。

(5) 基础承载能力破坏。基础承载能力破坏大致由两个方面的因素引起:首先,最关键的问题是由地震激励引起的结构反应,伴随着液化影响和基础-水-隧道相互影响引起的基础支撑能力破坏;其次,基床的冲刷也是引起基础承载能力破坏的因素。

(6) 驳岸接头破坏。驳岸接头是悬浮隧道结构和传统暗埋隧道连接的关键部分。在驳岸接头处,地震、波浪等作用可以引起很高的荷载集中,故需要通过合适的滑移设备降低荷载作用。为了保障驳岸结构的破坏和障碍不引起整个隧道结构的破坏与进水,这些设备的适用性和耐久性(关于维修、腐蚀、堵塞的问题)应是研究的主要问题。同时,塌方和边坡稳定问题、饱和土的潜在液化问题都应加以研究。

(7) 锚索系统破坏。悬浮隧道结构设计可能遇到的最主要破坏状态之一是一根或多根锚索在动力作用(如地震)下破坏。对此应该深入研究,检验整个锚索系统发生骨牌效应而逐步破坏的临界条件,以此来确定在振动荷载作用下悬浮隧道结构是否达到动力不稳定状态。悬浮隧道由于纵向较长,相邻的锚索系统可以相互影响,相对于张力腿式海洋平台中相似的研究,悬浮隧道的情况更为复杂。依靠有效的理论方法和模型试验,研究适合的模拟技术以论证运用动力不稳定模型进行悬浮隧道锚索设计。同时,也应该研究这种影响的安全系数。通过研究,针对不同的振动机理采用主动和被动等动力控制以减少动力激励的影响。

2) 悬浮隧道运营期间主要风险研究

悬浮隧道运营期间的风险和传统隧道的风险在概念上没有不同。但是,悬浮隧道浮在水中的特点使人们产生更严重的恐惧心理,从这个观点来说,应该采取一些更有效的措施来减轻危害的发生,如安全的通道、交通控制系统和有效的通风。另外,由于结构悬浮在水中,悬浮隧道风险的危害性更大,事故发生后会严重地威胁乘客的安全。例如,主要构件倒塌或破坏可能引起一系列的结构破坏、结构倒塌、漏水。悬浮隧道结构浮在水中而使这种危险更为人们所关心。悬浮隧道运营期间特殊的事故风险包括火灾、隧道漏水、危险物品爆炸、车辆对主要结构的碰撞等。

(1) 火灾。根据目前的技术,针对悬浮隧道内失火的相关研究不够完善,相应课题仍需要深入研究。如果隧道内发生火灾,不但会直接对隧道内的人身安全立即构成威胁,引起严重的后果,而且隧道内的高温和隧道外的低温使隧道结构产生很高的温度应力,温度荷载可以削弱隧道结构的整体强度,破坏隧道结构,间接地对隧道内的人身安全构成威胁。鉴于这种情况,在隧道内部必须采取火灾的防护措施,包括结构荷载支撑、安全通道、隔离区等。在悬浮隧道中要采用合适的消防系统,消防要求不能低于一般的地下空间和地下隧道的要求,消防系统应能限制和熄灭火焰并能冷却直接受火的结构。同时,灭火需要大量的水,故需在隧道结构中安装合适的排水系统(排水沟或管道),消防水管道可提供消防系统(轻便灭火器、喷淋、水幕、水管等)的需水量。考虑到隧道内乘客的安全,使用其他灭火设备等不太合适,但如果结合隧道的通风系统则可以考虑。采用传统长隧道中的解决方法在悬浮隧道中安装通风设备,在通风设备的作用下,随着烟的排出和空气的交换,燃烧产生的粉尘和有毒物质得到稀释与排出。由于温度的问题,要求研究合理的烟、火模拟技术(考虑在各种可能产生危险的地点(交通道、电控箱、电力系统等)进行有效的模型试验)。另一个是安全通道的问题,主要研究在紧急情况下的人员疏散时间。人员疏散时间可以认为是发生火灾时可能的燃烧材料产生的烟雾充满整个隧道的时间。

(2) 隧道漏水。对于悬浮隧道,在任何情况下都应该防止水进入通道。需要特别考虑的情况是当外层管体遭到破坏时,水进入内外管体之间的空间,如果严重进水,那么要求有特别的控制系统和排水系统。由传统的越江隧道可知,隧道的坡度由两边指向中间,渗漏的水会临时聚在中间管段,为了避免局部积水,要求有合理的排水系统。

(3) 危险物品爆炸。在悬浮隧道内,由危险物品的爆炸而引起的危险要比传统的地下隧道的危险大。危险物品爆炸不仅直接威胁乘客的人身安全,而且爆炸和火灾对悬浮隧道整体结构产生的破坏更是极大地威胁人们的生命,对环境也有潜在的破坏。因此,在悬浮隧道运营中对乘客危险物品的限制要比传统隧道严格,应该通过研究物品造成的后果来判断其限制的必要性,同时考虑物品在悬浮隧道被检查出的概率,若被检查出的概率低,则被带入悬浮隧道的可能性就高。危险物品造成的风险要结合带入的可能性和造成的后果进行评估,使危险物品造成的后果在可接受的临界值内。

(4) 车辆对主要结构的碰撞。悬浮隧道系统一般允许铁路和公路穿越,在悬浮隧道运营期间,火车和汽车对隧道主要结构的不断冲击造成结构的破坏,会导致隧道内漏水。为了避免这种情况发生,在结构设计时要充分考虑冲击荷载的影响,要严格按照设计规范的要求进行结构强度的计算和结构设计。在悬浮隧道的设计中,如果采用栏杆、防撞块等物品预防车辆的碰撞,可以不考虑这个问题。考虑到悬浮隧道的特殊性,由于空间和重量的限制,可能需要采用特殊的栏杆和防撞块。

1.3.3 悬浮隧道的风险控制

悬浮隧道的风险控制包括风险转移和风险自留两个方面。风险转移就是通过保险及分包等形式将风险转移出去。鉴于悬浮隧道项目的特殊性，相关的保险费率研究还没有进行，可以采用通用的由业主委托独立的咨询公司进行分析的方法来解决。针对风险自留，应该采取相应的防治措施，特别是对会造成重大工程事故或人员伤亡的风险，要尽可能地消除。但要注意为了使风险自留在合理的经济指标下达到最小，在采取这些措施之前，要进行科学性、可行性、经济性的论证和优化。悬浮隧道的设计、施工和运营期间的风险控制是研究的重点。

1. 悬浮隧道设计及施工期间的风险控制

1）经验控制

悬浮隧道所采用的技术，特别是有关的材料、设计施工方法，以及其他一些关键技术，都是以现有的技术为基础，根据悬浮隧道的特点发展而来，因此在技术得到保证的同时，结构的安全性也得到了保证。特别是沉管隧道、深水海洋平台、港口工程、水利工程、大跨度桥梁的发展和完善，带动了相关技术领域的发展，给悬浮隧道提供了丰富的经验，促进了悬浮隧道的发展。沉管隧道在越江通道的竞争力越来越强，其不断完善的结构设计和施工，为悬浮隧道的施工、防水、通风、照明、接头等方面提供了技术基础。深水海洋平台，特别是张力腿式海洋平台的发展，为悬浮隧道的水致振动、环境荷载、深水锚固等方面的研究提供了基础。港口工程和水利工程在设计、施工和防腐等方面对悬浮隧道提供了技术基础。大跨桥梁在建设中很好地解决了结构整体安全、拉索稳定、风振稳定、结构抗震等问题，且近年来飞速发展，跨度不断突破。上述这些问题的解决给悬浮隧道提供了很好的技术基础。

2）结构控制

在悬浮隧道中，结构构件的损伤将直接破坏隧道的安全性，导致生命和财产的损失，所以保证悬浮隧道结构构件的安全性是保证整体安全性的前提。考虑到结构构件安全性的至关重要性，结构构件安全性的控制应包括在悬浮隧道设计、施工期间的所有极限条件，悬浮隧道组成构件的安全性主要包括基础系统、锚索系统、管体结构、驳岸接头、组件的连接系统等。

（1）基础系统。悬浮隧道基础的破坏将导致锚索的松弛，从而导致结构过大的应力和变形。悬浮隧道的基础系统和传统的结构（如张力腿式海洋平台的基础）并没有本质上的差别。但是，由于该系统沿海床的基础范围很大，在设计时，要考虑其和不同的土质相互作用的特性，针对土质特性的变化，验算基础的稳定性是保证基础系统稳定的有效措施。

（2）锚索系统。锚索系统应在极限环境条件和灾害事故情况下保持索体结构的完整性,以保证悬浮隧道的变形在允许的范围内。锚索松弛状态下结构为不稳体系,故在正常使用荷载下,悬浮隧道应有足够的浮力保证锚索处于张紧状态。同时,设计锚索时应考虑水动力作用下结构的稳定。结构的变形控制应考虑运营和结构允许条件,即公路和铁路的允许变形与管体结构的最大弹性、塑性变形。如果超过允许变形,将会导致结构的疲劳和开裂,引起管体进水。

(3) 管体结构。在管体结构遭到破坏的情况下,悬浮隧道应有一定结构措施确保结构在完全修复之前具有足够的防水能力,避免由于管体结构破坏造成严重的损失。为了达到这一要求,在结构设计中,可以采用双层管体构造措施。外层管体起主要作用,但当外层管体因材料弱化、结构疲劳和偶然事故造成破坏时,内层管体仍能起隔水作用,防止水突然涌入管体造成损失。在设计时内层管体对整体结构强度既可以有贡献也可以没有贡献,当不考虑内层管体的强度时,其强度是作为结构安全储备的。此外,在设计时,为了使局部破坏产生的进水局限于小范围内,可以考虑采用纵、横向隔水壁。水进入内部交通通道而不能被排出是很危险的。在悬浮隧道进水时,可以通过纵向和横向可移动的铰接或可自由伸缩的格栅隔断进水部分管段,避免水漫延整个管体,以便有足够的时间来疏散乘客或采取紧急措施,使损失降到最小。

(4) 驳岸接头。驳岸接头是悬浮隧道结构和传统暗埋隧道连接的关键部分,在设计时要保证最大变形和反力在允许的极限范围内。驳岸接头要求有较大变形量和振动缓冲设施,这种功能一般可以通过构造设施完成,现在提出的驳岸连接有机械液压连接和橡胶连接等构造措施。

(5) 组件的连接系统。悬浮隧道管体由各管段通过接头连接起来,管段接头的设计应满足要求的允许变形和构造细节,以防止管体进水。完善相关设计标准,改善结构的整体稳定性,使接头的变形控制在允许范围内,从而保证接头的安全。为了防止极限条件下结构永久的变形和破坏,可以借鉴张力腿式海洋平台的连接件设计方法,在管体和锚索间保证可靠的连接。

3) 安全标准的控制

安全标准的完善是保证结构安全的有效措施,悬浮隧道的安全标准和类似的结构一样,必须根据预料到的和可能的荷载组合情况来设计。设计方法和一般设计准则主要由工程所在国的规范和法规决定。如果条件不容许,那么可以由委托人和承包商共同制定设计方法与准则。

根据目前的研究结果,在进行悬浮隧道设计时,常常参照近海工程中经过长期实践验证过的设计方法,并且一般根据荷载和材料强度,采用部分安全系数的半概率极限状态法。设计校验的基本原则是查出结构或其构件是否达到任何一种极限状态。目前我国各规范采用的实际极限状态如表1.4所示。

表 1.4 结构设计极限状态

状态	主要特征
极限状态(ULS)	极限承载力
	断面破裂或屈服
	结构或单个构件的压溃或失稳
	形成机构
	失去平衡等
逐步破坏极限状态(PLS)	单个构件的事故损失或超载使结构或其主要部分进入可发生累积破坏状态
疲劳极限状态(FLS)	生存期内由循环或重复应力引起的累积效应
	由疲劳引起的破坏
耐久性极限状态(SLS)	剩余强度不足
	计及耐用性与耐久性的规定
	不失去平衡的过度变形(振动)
	腐蚀引起的损伤
	保养与维修的不可预见性对耐久性的影响

4) 易损性风险控制

悬浮隧道结构的强度不可能是无限的,有可能会在遭受到超过承载力极限状态的荷载时,造成严重的后果,如结构进水、整个结构破坏。因此,对于悬浮隧道这样重要的结构不仅要从结构的运营安全性的角度进行设计,而且要从承受主动破坏的角度进行结构易损性分析。这一问题可通过易损性(结构抵抗故意袭击的能力)进行安全检验。从这个观点来说,悬浮隧道和其他重要结构物(医院、高密建筑群、工业厂房)并没有什么不同。

5) 加强结构系统评估

结构系统评估是预防和控制风险的有效措施之一。在各种极限状态下,对结构的安全性进行最终评估,评估结果应是结构系统不能倒塌或破坏(如人员伤亡、不能整修的设备障碍、结构不可修复的破坏)。也就是说,在临界状态下结构的组件可以破坏,但整个系统不能破坏,系统应在其服务期内保证在极限状态下是可维修的。鉴于悬浮隧道结构的重要性,评估应通过结构的可靠性分析。与现代的其他结构通过理论方法和计算机技术进行可靠性分析不同,悬浮隧道要求进行统计和物理模型研究。同时,评估的结果应保证结构系统每年的破坏可能性小于规定的每年破坏可能性。

2. 悬浮隧道运营期的风险控制

悬浮隧道运营期的风险控制应主要通过结构健康监测的方法进行。悬浮隧道结构在海水浸蚀、浪、冰、风等恶劣环境下的运营使用期长达几十年甚至上百年。在腐蚀效应、疲劳及材料老化等不利因素影响下,悬浮隧道不可避免地会产生损伤累积,甚至发生突发事故。因此,为保证悬浮隧道运营期的安全性,要及时了解悬浮隧道结构的即时健康问题并对结构的危险状况做出快速反应。首先,建立完善的检测系统,对该期间的安全性做出评估。其次,进行安全分析并对存在的危险提出对策。因此,对悬浮隧道结构和设施进行安全性评估和健康监测,评价其安全状况,修复、控制损伤是未来悬浮隧道工程的必然要求,也是保证工程安全性和避免风险的可靠措施。除了安全的需要外,对悬浮隧道结构的健康监测对于验证和改进结构设计理论与方法、开发与实现各种结构控制技术以及深入研究悬浮隧道的未知问题具有重要意义[30]。下面通过对健康监测的诠释来说明悬浮隧道运营期的风险控制。

1) 健康监测的定义及方法

健康:指悬浮隧道系统能够实现其预期功能的一种状态。

健康监测:在悬浮隧道结构存在期间,悬浮隧道在各种环境因素的作用下会产生累积损伤。健康监测是指利用现场的、无损伤的监测方式获得结构内部信息,分析包括结构反应在内的各种特征,以便了解结构因损伤或者退化而造成的改变。人们关心的问题是,结构损伤到什么程度才能危及其安全性能。因此,健康监测的一个目标就是在这个临界点到来之前提早检测出结构的损伤,这是一个实时在线监测过程[31]。

健康监测的方法:健康监测是运用现代传感与通信技术实时监测悬浮隧道运营阶段在各种环境条件下的结构响应与行为,其方法是获取反映结构状况和环境因素的各种信息,由此分析悬浮隧道结构健康状况,评估结构的可靠性,为悬浮隧道的管理与维护决策提供科学依据。

2) 监测系统的要求及组成

通过监测结构各种响应的传感装置获取反映结构行为的各种记录;除监测结构本身的状态和行为以外,还强调对结构环境条件(如车辆荷载、波浪、地震等)的监测和记录分析;监测传感器应在悬浮隧道施工阶段即开始工作并用于监控施工质量,在通车运营后连续或间断地监测结构状态,力求获取连续而完整的悬浮隧道结构信息;监测系统应具有快速大容量的信息采集、通信与处理能力,并实现数据的网络共享。

监测系统包括传感器系统(包括感知元件的选择和传感器网络在结构中的布置方案)、数据采集和分析系统(一般由强大的计算机系统组成)、监控中心(能够及时预测结构的异常行为)、实现诊断功能的各种软硬件(包括结构中损伤位置、程度类型识别的最佳判据)。

3) 传感器系统

由上面的分析可知,传感器系统对健康监测的效果起着重要的作用。分析输入数据的准确与精确程度决定了输出数据的结果,因此下面从传感器的材料和布置方法两方面介绍传感器系统。

(1) 传感器材料。传统结构监测传感器有压电式力传感器、阻抗传感器、加速度传感器、应变片等,它们已广泛应用于各类工程结构的实测中;新型的智能传感器包括光纤传感器,以及由电磁致伸缩材料、压电材料制成的传感器等。悬浮隧道健康监测使用的传感器具体要求如下[32]。

① 兼容性要求:传感元件与结构要有良好的兼容性,既不损害结构的性能,又能正常工作。

② 结构要求:根据结构类型、工作条件、可能的破坏等考察相适应的传感元件、安装方式和布置位置。

③ 性能要求:要求传感元件的性能稳定可靠、频率响应宽、受外界干扰小等。

④ 生产上的考虑:要求传感元件的生产工艺简单,且价格低廉。

(2) 传感器布置方法。由于经济和结构运行状态等方面的原因,传感器的布设应保证以最少的布点得到最多的有效数据,所以布置传感器存在一个优化问题。悬浮隧道健康监测传感器的布置方法可以借鉴土木工程中已验证且较成熟的方法。

4) 数据采集和分析系统

数据采集和分析系统是健康检测和诊断系统的心脏,其核心技术是适合的相应软件。数据采集要求能够全面、及时地提供工程信息,如监测数据、工程工况等。为满足及时性的要求,在数据采集时应加强各种数据采集手段,包括自动监测等。同时,要求能处理各种类型的信息,并借助各种信息之间的关系相互验证,从而全面地对工程进行分析。国际上还没有进行关于悬浮隧道这方面的研究。

5) 系统的评估

系统的评估主要是对结构进行损伤检测,损伤检测可以分为局部法和整体法两大类。局部法依靠成熟的无损检测技术对某个特定的结构部件进行检测,判断是否有损伤及损伤的程度,而整体法则是评价整体结构的状态。整体法和局部法在大型结构的损伤识别中结合使用效果较好,首先由整体法识别出损伤的大致位置,然后由局部法对该处的各部件进行具体的损伤检测。整体法大致可分为模型修正与系统识别法、神经网络法、动力指纹分析法和遗传算法等。目前常用的局部法有目检法、染色法、压痕法、回弹法、超声脉冲法、射线法、磁粒子法等。

6) 悬浮隧道健康监测的控制项目

直接影响悬浮隧道结构的健康与安全的监测项目主要包括三个:一是环境要素,包括风、浪、流、冰甚至地震等特征要素,以及有害介质的化学成分和含量等;二是结构部件的损伤,如局部应力、裂纹扩展、疲劳损伤和地基沉降等;三是结构整体的性能参数,如动力特性和状态反应等。

第 2 章　悬浮隧道的组成结构及作用荷载

与其他形式的隧道相比,悬浮隧道的组成结构除了管体、管段接头等外,还包括水下基础、支撑系统(锚索或张力腿、固定支撑)等部分。悬浮隧道承受的荷载包括永久荷载、变形荷载、偶然荷载、功能荷载和环境荷载五部分。

2.1　悬浮隧道基础

同海洋结构一样,悬浮隧道的基础包括单桩基础、群桩基础、重力式基础、组合式基础、驳岸基础等不同形式。基础形式的选择与水下地质条件、水文条件等是密切相关的,也是成本较高、施工难度较大的关键部分。基础稳定是保证悬浮隧道整体稳定的重要前提。根据悬浮隧道受力特征,悬浮隧道水下基础的设计必须具有承受悬浮隧道通过锚索传递来的水平荷载和竖向荷载的能力。海洋平台等结构基础的设计、施工等方面的经验为悬浮隧道基础形式的选择提供了很好的参考,下面介绍相关内容。

1) 单桩基础

单桩基础是目前海洋风电、海洋平台中常见的一种基础形式,具有形式简单、受力明确且施工技术成熟等优点。然而,相比于这些海洋平台等结构形式,水下悬浮隧道对基础抗拔承载力的要求更高。对于提高抗拔桩的承载能力,目前工程中通常采用扩大桩底或在桩基上增设锚杆的方法提高单桩的抗拔力。单桩基础形式如图 2.1 所示。

2) 群桩基础

当悬浮隧道锚固系统在管体上的间距较大,且通过锚索传递到单个基础上的荷载较大时,单桩基础可能无法满足抗拔承载力或水平承载力的要求,这时可以考虑采用群桩基础。悬浮隧道锚索通过承台连接群桩并将锚索作用传递给地基。群桩基础形式如图 2.2 所示。

3) 重力式基础

重力式基础是港口、海岸及近海工程中最常见的一种基础形式,这种基础通常为混凝土大体积结构,对于地基的承载能力要求较高。水下悬浮隧道通过锚索传递给基础的主要是向上的拉拔作用,采用重力式基础可以降低对地基承载力的要求,并可以利用基础自身重量有效减少基础抗拔桩的水下施工量。相比于码头、海洋平台等结构采用的传统重力式基础,水下悬浮隧道锚索对基础施加的水平作用

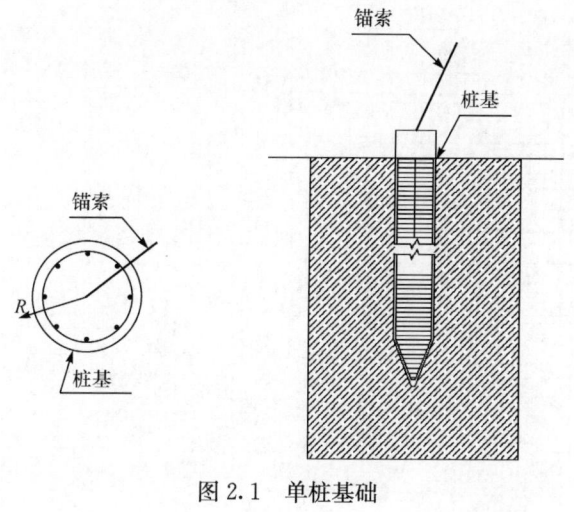

图 2.1 单桩基础

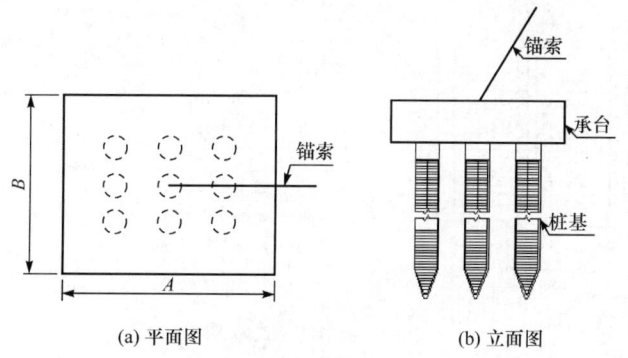

(a) 平面图　　　　　　　　(b) 立面图

图 2.2 群桩基础

较大。因此,在水下悬浮隧道的重力式基础下可以配合布置桩基础,从而形成重力式基础重量承担锚索竖向作用而桩基础承受水平作用的复合基础形式。重力式基础形式如图 2.3 所示。

4) 组合式基础

如果重力式基础重量进一步降低至自身重力不足以承担锚索传递来的竖向拉拔力,则可以采用拉拔式桩基础与重力式锚碇的组合形式。这种组合基础形式可以利用混凝土锚碇的重量和桩基的抗拔力承担竖向作用,利用重力式基础与地基的摩擦力和拉拔桩的水平抗力承担锚索传递的水平作用,发挥采用拉拔式桩基础和重力式基础各自的优点,从而进一步降低了对地基竖向承载力的要求,有效减少了基础的材料用量和工程量,降低了成本。组合式基础形式如图 2.4 所示。

5) 驳岸基础

悬浮隧道与水下岸坡连接的部分是其相比于其他形式隧道的特殊环节和施工难点,悬浮于水中的管体与岸坡内管段的刚度、荷载、支撑条件的不一致很容易导

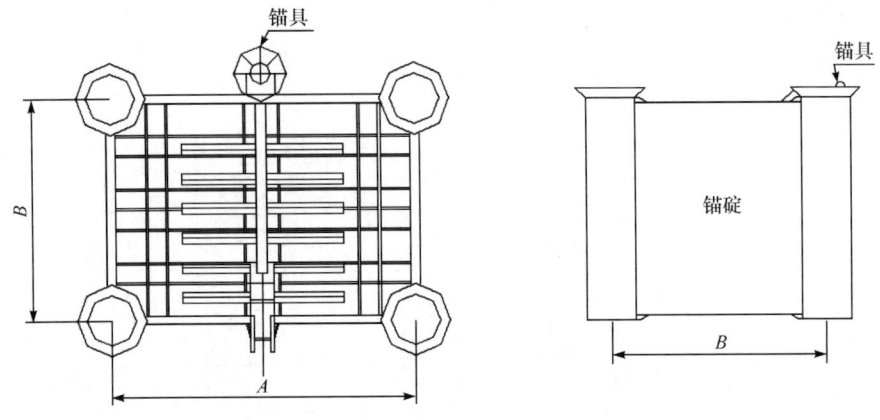

图 2.3 重力式基础

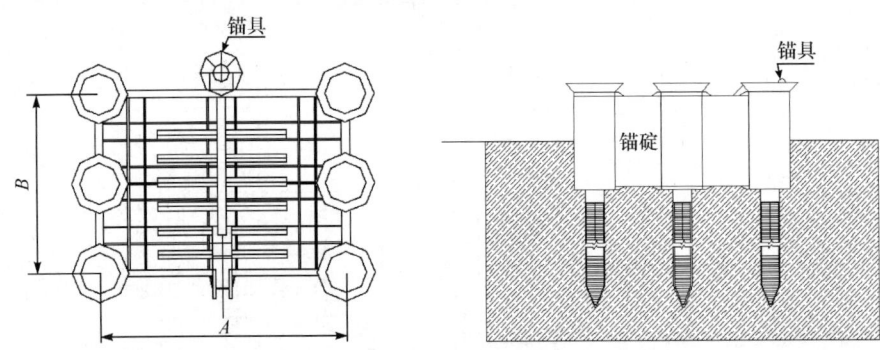

图 2.4 组合式基础

致变形不协调而出现危险。因此,在悬浮隧道接近岸坡时应采用从锚索式到立柱式支撑逐渐过渡的锚固方式。立柱式支撑的材料、形式和基础与桥梁结构类似,可根据悬浮隧道管段过渡部分的压重确定承台与管体之间的连接形式。驳岸基础的结构形式如图 2.5 所示。

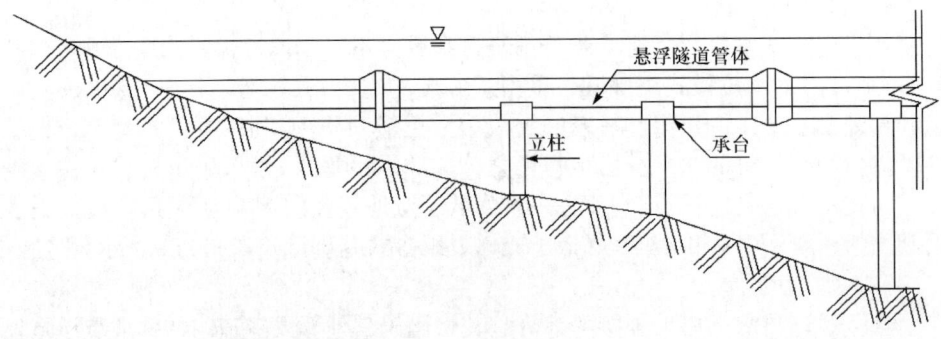

图 2.5 驳岸基础

2.2 悬浮隧道锚索

2.2.1 锚索设计要求

1）控制张力

张力是悬浮隧道锚索设计的主要参数,是控制悬浮隧道使用质量的关键因素。

2）锚索密度

通过中空设计调整锚索密度,可以达到调整锚索悬链线效应的目的。

3）耐腐蚀性

由于悬浮隧道长期处于水下环境,所以构成锚固系统锚索的所有材料必须具有较好的耐腐蚀性和耐磨性。

4）多米诺骨牌效应

水下悬浮隧道由一系列连续的锚固于水下基础的锚索固定于水中,水下基础及锚索的设计必须具有足够的冗余度,不能因单根锚索或单个基础的失效导致相邻锚固系统的连续失效。

5）锚索的可靠性

锚索的主要破坏形式为断裂,控制要素包括断裂韧性、疲劳设计寿命、制造及运营过程中检测与检验的可靠性等[33]。

6）监控系统

在水下环境中,难以对锚索安全进行直观监测。因此,在锚索设计时需考虑布设监测系统,以便对锚固系统进行安全监测。

2.2.2 悬浮隧道支撑形式分类

目前,海上结构主要分为刚性锚固支撑和柔性锚索支撑两种形式。根据受力作用的不同,悬浮隧道支撑系统可以选择不同的形式。悬浮隧道支撑系统承受的外力主要来自于隧道管体的自重、浮力,以及隧道内运行荷载、隧道外波、流荷载以及系统本身承受的波、流荷载等,需要根据隧道结构形式和环境荷载条件来选择锚索的类型。

1）刚性锚固支撑

当悬浮隧道管体自重以及环境荷载引起的竖向作用大于隧道所受水体浮力作用时,锚固系统可能承受压力作用,此时需要采用刚性锚固支撑形式。刚性锚固支撑可以采用型钢、钢管或钢杆,它们的轴向及抗弯刚度大,可以将悬浮隧道管体的荷载作用传递到基础上。刚性锚固支撑示意图如图 2.6 所示。

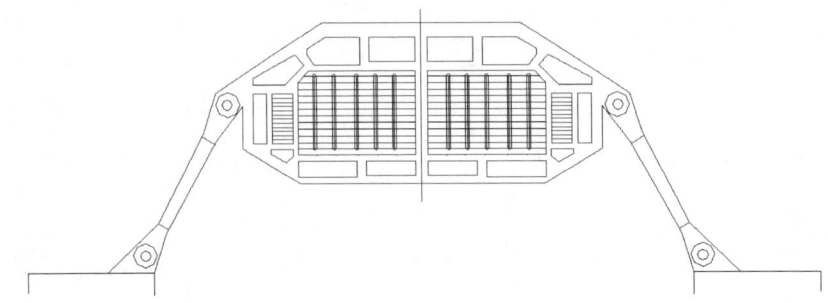

图 2.6　刚性锚固支撑示意图

2) 柔性锚索支撑

当悬浮隧道管体自重以及环境荷载引起的竖向作用小于隧道所受水体浮力作用时，隧道支撑系统可能受到张力的作用，此时除了可以采用刚性锚固支撑形式，还可以采用柔性锚索支撑形式。浮式海洋平台或浮式海洋风电中采用的柔性锚索支撑形式为悬浮隧道的柔性锚索的设计概念和方法提供了很好的参考。柔性锚索材料可以采用钢丝或聚乙烯、聚丙烯以及芳香族聚酰胺或芳烷基合成纤维等。

2.2.3　锚索的纵断面布置

考虑到通常情况下悬浮隧道的结构特点、环境荷载特征以及适用水深等因素，本书主要论述柔性锚索支撑。

对于几何尺寸确定的水下悬浮隧道，其管体自重及管体所受浮力是确定的，可变荷载则包括隧道内车载量、车辆运行荷载以及隧道外波、流荷载，所有这些荷载组合作用的合力构成了锚索承受的外力作用，锚索的倾角决定了锚索受到的水平作用力和竖向作用力合力的大小，或者锚索张力合力的大小。单个锚索的受力则由沿着隧道纵向单位长度布置的锚索数量决定。锚索布置过密尽管可以减小锚索承受的拉力，降低多米诺骨牌连锁失效风险，但水下基础施工技术难度大、成本高，过密的锚索布置增加了基础数量，提高了工程造价。锚索布置过稀尽管基础数量变少，但是单根锚索承受的作用力增大，基础承载能力的要求提高，增加了失效风险。因此，锚索纵断面布索形式的选择原则就是要在保证结构安全的前提下，尽量减少工程造价。

目前，所提出的水下悬浮隧道锚索的纵向布置有单索布索和扇形布索两种形式。

1) 单索布索

单索布索的结构示意图如图 2.7 所示。单索布索的特点是传力方式明确。通常单索布索形式的锚索间距较大，锚索间管段弯矩幅值较高，对管体刚度要求较高，但由于一个基础只承受单根锚索作用，所以基础的承载能力要求相对较低。在基础建造要求不高的情况下,特别是对刚性索的布索,可以采用单索布索方式。

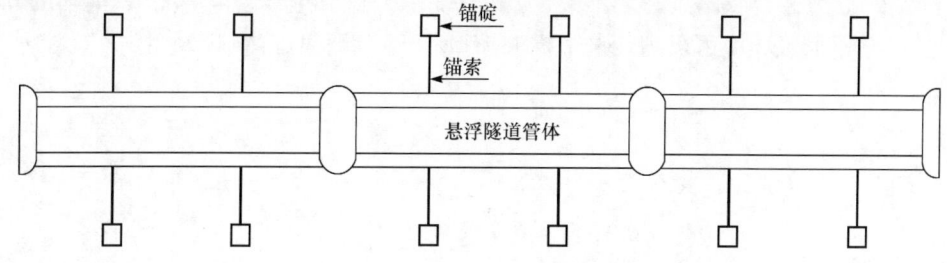

图 2.7　单索布索结构示意图

2) 扇形布索

扇形布索的结构示意图如图 2.8 所示。扇形布索的特点是一个基础连接数根锚索,形状犹如扇形。采用扇形布索结构可使弹性支撑的间距变小,管体受力均匀,弯矩相对较小,从而对管段刚度的要求降低,但是对基础承载能力的要求相对较高。当基础建造难度较高时,为了减少基础数量,可以采用扇形布索方式,虽然单个基础的建造费用会增加,但是总体建造费用会随着基础数量的减少而降低。

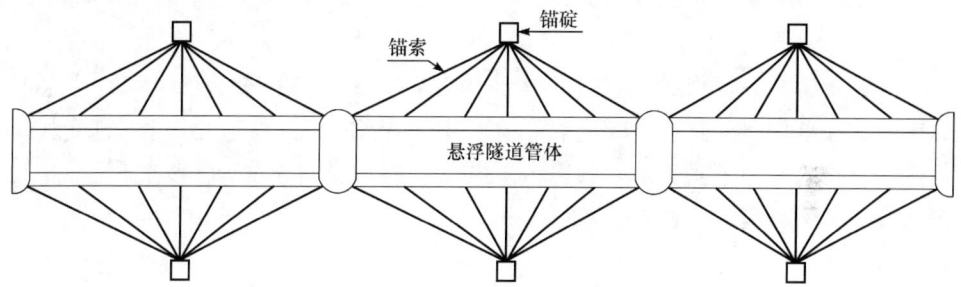

图 2.8　扇形布索结构示意图

2.2.4　锚索的横断面布置

锚索横断面的布置形式需要根据水下地基的地质条件、水下环境条件以及悬浮隧道管体传递的荷载作用来确定。锚索承担的作用包括自重与浮力差产生的竖向作用力以及水下波、流等环境荷载产生的水平作用力,甚至地震作用。因此,锚索横断面的布置必须考虑水平方向和垂直方向的平衡条件。目前已经提出的横断面布索形式主要包括垂直布索、倾斜布索、混合布索和附加质量块的锚索布索等几种方式。

1) 垂直布索

垂直布索的布置形式示意图如图 2.9 所示。在垂直布索的布置形式下,悬浮隧道管体承受的竖向作用通过锚索拉力来平衡,而悬浮隧道的水平荷载作用则只能通过隧道纵向在端部与岸坡的锚碇来抵抗。显然,这种布索方式对环境条件要求比较高,只适合于隧道跨度不大、水流平缓等水域条件。通常情况下,内陆的湖泊、水库等水域环境可以满足这个要求,而海洋环境则很难达到这个要求。

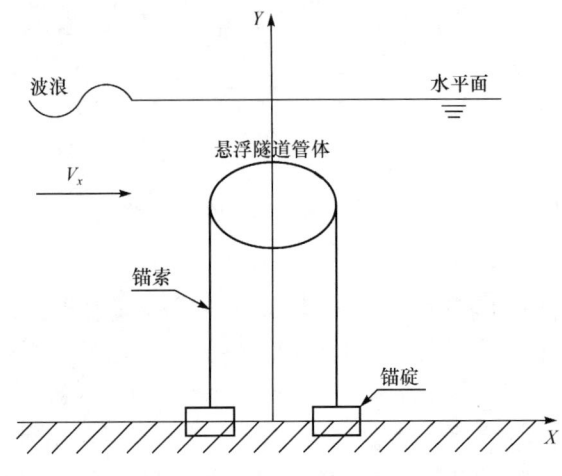

图 2.9 垂直布索的布置形式示意图

2) 倾斜布索

倾斜布索的布置形式示意图如图 2.10 所示。在倾斜布索的布置形式下,悬浮隧道管体在自重、浮力以及波、流等环境荷载作用下的竖向稳定性和水平稳定性都是依靠锚索的拉力来实现的。倾斜布索虽然增加了锚索长度,但是对环境条件比较恶劣的水下环境适应性较强。

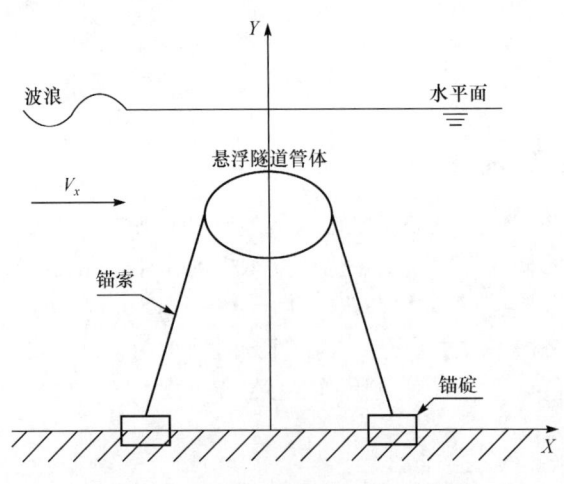

图 2.10 倾斜布索的布置形式示意图

3) 混合布索

混合布索的布置形式示意图如图 2.11 所示。混合布索就是锚索布置组成既有倾斜又有水平,悬浮隧道管体的竖向作用力主要由垂直锚索和倾斜索的竖向分力来承担,水平作用力由倾斜索的水平分力来承担。混合布索既避免了垂直布索方式中锚索不能承受水平作用力的问题,又增大了倾斜布索方式的安全系数,但增加了基础和锚索的造价。

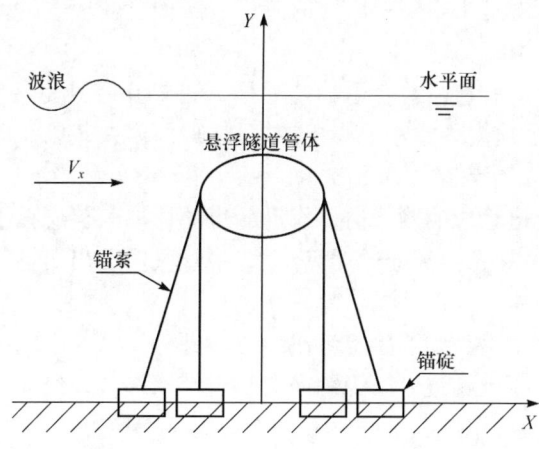

图 2.11 混合布索的布置形式示意图

4) 附加质量块的锚索布索

附加质量块的锚索布索的布置形式示意图如图 2.12 所示。附加质量块的锚索布索的布置形式原理类似于混合布索的布置形式原理,只是把垂直索锚碇简化为附加质量块,从而既具有混合布索的布置形式优点,又降低了基础的造价。但带来的问题是波、流荷载作用下质量块的振动可能会导致悬浮隧道系统的不稳定。

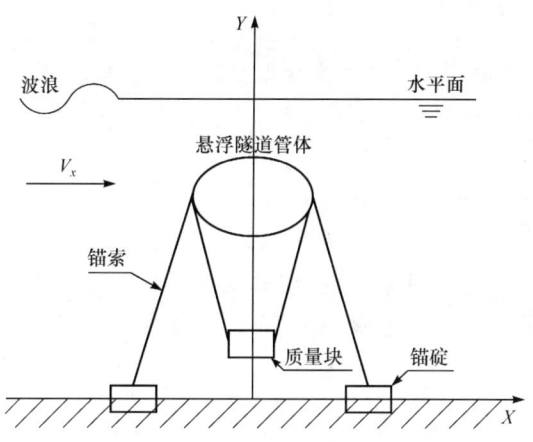

图 2.12 附加质量块的锚索布索的布置形式示意图

2.3 悬浮隧道管体设计

2.3.1 管体形式

目前针对悬浮隧道所提出的管体材料主要包括钢筋混凝土和钢壳两种。这两种管体形式在沉管隧道中得到了广泛的应用。两种管体形式的差别对比如下。

1）制作方法

钢壳隧道管段的制造需要合适的造船厂。首先在陆地上将管段两端密封，通过滑道入水，并通过舱室内灌注混凝土或者施加压舱物使得水面漂浮管段处于中性浮力状态，然后开始浮运。

钢筋混凝土隧道管段的制造需要靠近航道的船坞。首先在干燥的船坞内预制管段，然后将管段两端密封。通过船坞注水，将管段浮运出船坞后拖曳到现场。

2）受力性能

钢壳隧道管段由钢壳和混凝土组成。内、外壁为钢壳，中间填充混凝土或者钢筋混凝土。钢筋混凝土隧道管段为钢筋混凝土结构，内、外侧无钢壳。

3）防水方式

钢壳隧道与钢筋混凝土隧道的防水方法是不同的。钢壳隧道的钢壳本身就具有防水性能，钢壳焊缝是防水的薄弱环节，陆上制造过程主要是保证焊缝的防水性能。钢壳在运行过程中通过对钢壳喷涂防腐材料及阴极防腐等方法进行防腐处理，以防止发生严重的腐蚀，从而达到防水目的。

混凝土材料的防水性能要弱于钢壳，钢筋混凝土隧道管体通常要采取额外的措施提高防水能力，通常采用的措施包括防水涂料、钢壳外防水、聚合物片材薄膜外防水、沥青薄膜外防水等。

4）适合断面

钢壳隧道管段较适合圆形截面和矩形截面。而钢筋混凝土隧道管段结构比较灵活，不同尺寸及规格的断面基本都适用。

2.3.2 管体断面

水下悬浮隧道在水下波、流等环境作用下的水动力特性对于管体受力和振动特性十分重要，可以通过管体形状改善管体的流动特性，降低管体受力。目前已经提出的悬浮隧道管体断面形状主要有多边形、椭圆形和圆形三种，如图2.13所示。

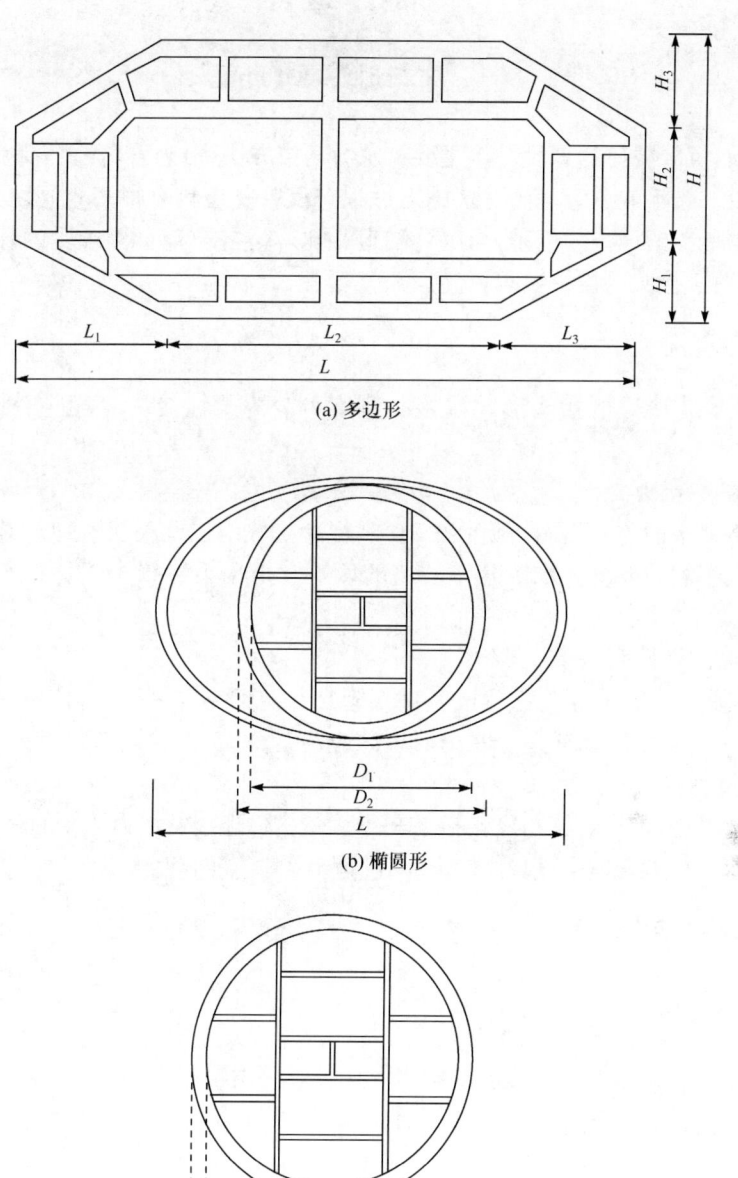

(a) 多边形

(b) 椭圆形

(c) 圆形

图 2.13 悬浮隧道管体断面

2.4 悬浮隧道的接头

目前,沉管隧道的管段对接主要有水力压接方法,最为著名的是荷兰的 GINA 止水橡胶。悬浮隧道管段的对接施工过程与沉管隧道具有很多相同之处,因此有很多值得借鉴的地方。但是,与沉管隧道相比,悬浮隧道更柔,承受的环境荷载更为复杂,对于接头的设计要求更高。

2.4.1 接头形式

水下悬浮隧道的接头形式按接头刚度可分为柔性接头、半刚性接头和刚性接头。

1) 柔性接头

柔性接头的主要作用是吸收由温差、混凝土收缩以及波、流、地震等荷载引起的管段间不均匀变形。水下悬浮隧道的两端宜采用柔性接头或具有一定柔性的接头。

2) 半刚性接头

半刚性接头是在柔性接头的基础上附加一定的钢构件,具有抗拉、抗压、抗剪和抗弯的综合性能,比较适合在地震地区应用。

3) 刚性接头

在管段经水力压接后,刚性接头是采用钢构件连接经水力压接的相邻管段,使得接头刚度接近管体刚度。

2.4.2 特殊接头的设计

1. 驳岸接头

驳岸接头是连接水中悬浮段和水下岸坡内暗埋段的连接装置。悬浮隧道中间管段与岸坡内管段在环境荷载作用、管段系统刚度以及边界支撑条件等方面具有很大的差异,从而给水体中悬浮段之间的接头设计与悬浮段与岸坡内暗埋段的驳岸接头设计带来不同的问题。

从浙江金塘水下悬浮隧道的可行性研究成果来看,靠近岸坡的管段作用效应比中间段复杂。根据沉管隧道的经验,驳岸接头一般剪力较大,剪力键应作为重点校验的部件;驳岸接头抗拉、抗压、抗弯的刚度应比中间接头小。因此,如何针对驳岸接头的特殊性处理好它的结构设计问题是需要认真考虑的。驳岸接头在三个方向上的允许位移量应比中间接头宽松[12]。

2. 合龙接头

同沉管隧道一样,为了加快悬浮隧道的施工进度,可以同时进行管段的制作和基础的施工。管体沉放时,从两岸同时沉放悬浮隧道管体,这样就需要在水中完成最终接头处理。在对接悬浮隧道最后一节管段时,无法实现管段两端同时水力压接,需要采用合龙接头将悬浮隧道最后连接为一体。参考沉管隧道的施工经验,可以根据悬浮隧道的特点考虑以下三种合龙接头方式。

1) 水下混凝土

水下混凝土方式的基本施工流程是:在最后安装管段与相邻管段之间立环状模板,然后向模板内灌注混凝土,构成封闭的钢模板与混凝土组成的混合结构,最后形成具有止水功能的连接承载结构。

水下混凝土方式的优点是外层混凝土初步止水与内部接头结构可在不同环境条件下分步进行,当对接头刚度要求不高时,止水和永久的承载结构还可一次做成。水下混凝土方式的缺点是水下安装、焊接作业工程量大、难度大,水下焊接和混凝土的施工质量不易保证,接头刚度可能会因施工质量而达不到设计要求。水下混凝土合龙接头方式的具体形式如图 2.14 所示。

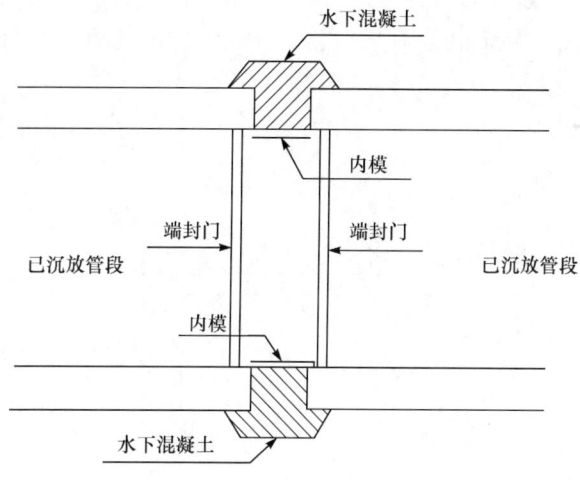

图 2.14 水下混凝土合龙接头方式

2) 止水板

止水板方式的施工流程是:将带有橡胶止水垫的钢板环绕相邻管段的连接端部实现初步止水,再从排干水的隧道内完成余下接头结构部分的施工。

止水板方式的特点是外部初步止水与内部止水结构在不同的环境下可以分步进行,初步止水钢板的安装需要水下潜水作业施工,而接头结构可以在完全干燥的环境下完成,接头结构可做成与管体等刚度。止水板方式可以在无水条件下施作接头,与水下混凝土方式一样先做好外部初步止水结构,但没有水下混凝土方式那么多复杂的工序,工作量小,受水流、水质影响小。止水板合龙接头方式的具体形式如图2.15所示。

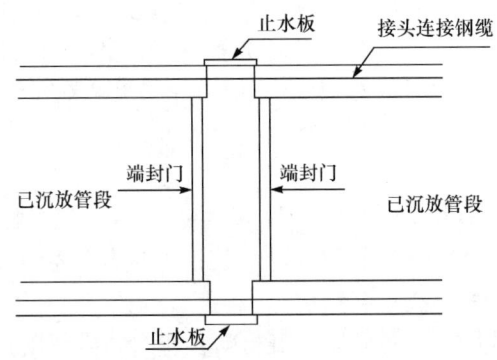

图2.15 止水板合龙接头方式

3) V形箱体

V形箱体两端都装有GINA止水橡胶,具体施工流程为:先将箱体放置到相应位置,实现与两侧管段的初步压接,再排干两隔舱里的水。在此过程中,箱体在水的巨大压力作用下逐渐到位,并完成水力压接。这一施工过程与一般中间接头水力压接的过程是极为相似的。V形箱体合龙接头方式的具体形式如图2.16所示。

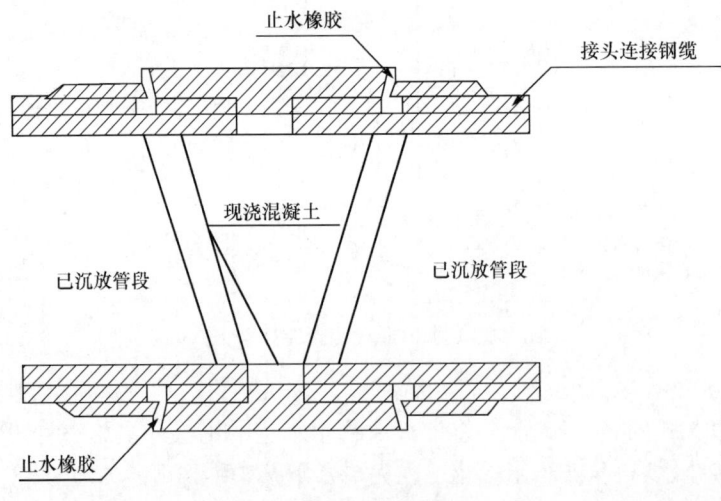

图2.16 V形箱体合龙接头方式

2.5 悬浮隧道的作用荷载

悬浮隧道面临波、流等环境荷载作用,其特殊的锚固形式决定了悬浮隧道的运行特征和施工方法与其他形式的隧道有很大不同,其使用功能也使得其运动和变形要求与其他形式的海洋结构有很大不同。这些决定了要保证悬浮隧道的安全性、适用性和耐久性,必须对其作用荷载进行充分的研究。

2.5.1 永久荷载

水下悬浮隧道的永久荷载包括结构自重、水压力、浮力。

1) 结构自重

悬浮隧道的自重取决于满足其使用功能所要求的结构、构件尺寸及所使用的材料。

悬浮隧道的施工十分复杂,自重作为施工荷载计算中的重要组成部分,需要根据施工和运行的不同阶段分别进行计算。施工期结构自重荷载由起浮前管段自重、防水结构、防锚结构等永久结构设施组成。运行期管段自重由悬浮隧道合龙后浇筑的混凝土压舱物反安装的设施等组成。

2) 水压力

水压力在不同的施工阶段中是随时变化的。施工阶段的水位包括施工期的高水位、低水位和平均水位三种,它们应用于各工况施工阶段的浮运、结构计算、沉放作业、停泊。由压强和作用面积可以求得静水压力。运行期水压力则由其所处水深确定。

3) 浮力

悬浮隧道的自重与浮力的比值决定了锚固系统的设计,了解悬浮隧道在各种运行荷载和环境荷载作用下的隧道竖向作用与浮力比值的变化范围,对于确定支撑系统的承载力、避免支撑系统失稳十分重要。

沉管隧道通常在沟槽中回填覆盖土层保证其垂直稳定性。而悬浮隧道的稳定性要求锚索系统始终保持张力,也就是任何极端荷载组合的工况下的竖向作用力都要小于管段所受到的上浮力。

影响锚索张力变化的主要是浮力、管体自重以及环境荷载作用,所有这些作用都受到以下因素的影响。

(1) 隧道截面几何形状和尺寸。通常根据隧道使用功能并考虑水域水动力学特征设计隧道截面几何形状和尺寸。隧道几何形状和尺寸决定了管段所受浮力的大小。在隧道浮运施工过程中,可以通过压舱物布置调整浮力和整体重力的比值,满足垂直稳定的需要。

(2) 水的密度。在一定水域内,水的密度不是一成不变的,而是随着环境条件的变化而变化。例如,入海口水域内水的密度会随着河水的径流量变化而变化。水的密度变化会使浮力发生变化,从而导致隧道纵向的不均匀变形。因此,应在设计阶段充分考虑水的密度变化范围及其影响。

(3) 管体混凝土密度。实际上,混凝土的密度不仅会受到施工的影响而在一定范围内有所变化,而且会在使用过程中受到湿度的影响发生变化。因此,在设计中必须考虑这种变化,并通过使用压舱物等手段调整结构的重量。

(4) 附着海生物的数量和稳定性。如果悬浮隧道跨越水域的海生物比较丰富,在其长期运营过程中管体及锚索结构会有海生物附着,从而增加结构重量和水流阻力,并改变结构系统的动力特性和水动力特征,因此设计中必须考虑这部分的影响。不同工程中生长的海生物的数量有所不同,这主要取决于海水的温度以及隧道设在水面下的深度[34]。

2.5.2 变形荷载

对于悬浮隧道这样一种细长柔性结构,各种不均匀变形对结构的影响很大,包括管体混凝土的徐变、基础的不均匀沉降、施工方法产生的残余应力、温度变化、预应力引起的内力以及收缩变形等几种。

1. 管体混凝土的徐变

混凝土在恒定荷载作用下的变形随着时间缓慢增长的现象称为徐变。关于徐变的机理迄今还没有一种得到广泛认可的理论[35]。从已有研究成果来看,可认为以下因素影响混凝土的徐变[36]。

(1) 混凝土的配比:水泥用量多,水灰比大,则徐变也大;增加骨料的比例,骨料坚硬,徐变小;水泥品种、外加剂、构件制作方法及养护条件和配筋率等也都对徐变有影响。

(2) 加载应力大小:试验表明,若混凝土承受的压应力不超过轴压强度的一半,则徐变应变与应力大体上是线性关系,这种应变称为线性徐变。当压应力大于轴压强度的一半时,徐变应变与应力不再呈线性关系,此时称为非线性徐变。在持续高压应力作用下,徐变将急剧增加而不再收敛,呈现非稳定徐变现象,从而导致混凝土的破坏。

(3) 加载龄期:增大首次加载时混凝土的龄期有利于减小徐变。

(4) 周围环境湿度:外界相对湿度越低,徐变就越大,反之则越小。

(5) 构件尺寸:构件尺寸越大,内部湿度越接近饱和,其徐变越小,相反,小尺寸构件的徐变则越大。

2. 基础的不均匀沉降

由于地基地质条件、基础形式、环境荷载(波浪、潮汐、深水洋流等)等因素的影响,基础之间的沉降变形是不均匀的[37]。悬浮隧道是一种通过锚索锚固在水下基础上的细长结构,隧道纵向刚度很小,基础的不均匀沉降会导致隧道管体的纵向不均匀变形,从而引发严重的后果,如管体结构尤其是接头部位的开裂、渗漏等。因此,必须对这一工况进行专门论证。

3. 施工方法产生的残余应力

任何工程的施工过程都会在结构中产生一定的残余应力,其影响随工程类型不同而不同。对于悬浮隧道,施工过程的不同阶段都会产生相应的残余应力。

(1) 水力压接过程产生的残余应力。在隧道管段进行水力压接的过程中,压接水力荷载通过管段间止水作用到管段纵向,水力作用大小与施工时悬浮隧道所处水深有关。水力压接在隧道内产生的纵向压力会随着缝间止水的松弛而有所降低。

(2) 其他残余应力。施工过程中的其他阶段,如挂锚、结构定位等也会在隧道中引起残余应力,其大小随着施工工艺的不同而不同,需要具体问题具体分析,对于不可忽略的残余应力应在设计中予以考虑。

4. 温度变化

通常温度变化产生的作用对于结构的影响是不可忽略的,很多情况下甚至起到控制作用[38]。对于悬浮隧道,管段最终合龙时的温度场是隧道运营阶段温度荷载的初始温度场,悬浮隧道管体外部的水温变化以及管体内部的气温变化引起的隧道温度场相对于初始温度场的变化决定了悬浮隧道的温度作用。

悬浮隧道管体外侧水温与隧址所处水域水温年变幅、日变幅、潮流以及水深等有直接关系,在技术设计阶段应进行水温监测。

5. 预应力引起的内力

悬浮隧道管体在锚索拉力、波、流等环境荷载以及地震动作用下的振动会产生轴向拉应力。为了提高管体的抗拉承载力和抗渗性能,可以在管体中或仅在接头部位采用预应力措施,从而产生初始内力。

预应力的布置方式有以下四种[12]:

(1) 顶底板间布置临时性对拉预应力索;
(2) 顶底板底上下两侧对称布置直线钢索;
(3) 接头处预应力索布置;

(4) 顶底板底上下两侧对称布置曲线钢索。

6. 收缩变形

在无荷载作用下,混凝土试件发生随时间的缓慢变形称为混凝土的收缩变形。悬浮隧道管体混凝土收缩变形按起因可分为四部分[39]:
(1) 混凝土中 $Ca(OH)_2$ 与空气中 CO_2 反应引起的碳化收缩;
(2) 混凝土在未饱和空气中水分散失引起的干燥收缩;
(3) 环境温度降低引起的冷缩(降温收缩);
(4) 混凝土材料水化硬化过程中产生的自收缩。

干燥收缩和碳化收缩随时间从表面以相当缓慢的速度向内部扩展,降温收缩也从表面开始,所以构件的收缩值沿厚度方向逐渐减小,即构件内部和外部存在收缩差。内部的混凝土对外部的混凝土收缩起到限制作用,由此产生不均匀的内应力。

影响混凝土收缩变形的因素包括以下几种。
(1) 水泥用量:水泥用量越多,水灰比越大,收缩变形越大。
(2) 水泥品种:高标号水泥的收缩变形较大。
(3) 骨料品质:骨料的弹性模量大,收缩变形小。
(4) 养护条件:蒸汽养护的收缩变形要比自然条件下养护时小。
(5) 制作条件:混凝土振捣越密实,收缩变形越小。
(6) 工作环境:构件工作环境的湿度大时,收缩变形小;构件体积与表面积之比大时,收缩变形小。

2.5.3 功能荷载

1) 由交通产生的荷载[40]

作用在悬浮隧道上的交通荷载随交通类型、等级的不同而不同。例如,按照公路隧道设计时,汽车荷载的计算随着车道的布置不同而不同。两行车队布载汽车荷载不会折减,三行车队布载则汽车荷载会折减20%,四行车队布载则汽车荷载会折减30%。但折减后的计算结果均不得小于用两行车队布载的计算结果。

对于1、2车道,制动力按布置在荷载长度内的一行汽车车队总重的10%计算,但不得小于一辆重车重量的30%,也不得大于一辆重车重量的90%。对于3、4车道,制动力按上列规定数值增加一倍[41]。

在进行荷载验算时,既要按照汽车荷载设计验算,还要按照验算荷载(履带车及平板挂车)验算,而且在验算过程中不把人群荷载、冲击力以及悬浮隧道上的各种外力考虑在内。

2) 由压舱条件改变产生的荷载

悬浮隧道的施工过程中需要经过起浮、浮运、定位、对接、体系完成等不同的阶段。在这些过程中，需要改变压舱荷载来改变管体结构的重量，以便使管体具有不同的起浮重量和抗浮重量。一般情况下，压舱条件的改变经过以下几个阶段。

（1）悬浮隧道管体在干坞内起浮后，要经过一段距离的浮运到达沉放地点，而在这一过程中应该加第一级压载水荷载来克服干舷。

（2）到达定位水域后，应加第二级压载水荷载来确保悬浮隧道管体下沉。

（3）在沉放过程中为克服升力，应补加第三级压载水荷载。

（4）挂上锚索前应确保悬浮隧道的水力压接成功，而且为了确保结构的安全稳定要减少一些压舱水使管体具有一定的浮力。这一过程需要根据锚索的承载力来改变压舱水，即第四级压载水荷载。

（5）当悬浮隧道的管体施工完成后，还要经过体系转变，这时要修建管体内的道路和附属设施来保证结构体系的上浮力，而这部分荷载需要用一部分压舱水来替换。这个过程的压舱水改变称为第五级压载水荷载。

3) 由施工引起的荷载

（1）拖运力。拖运力是指管段在整个施工过程中，通过钢缆绳作用在管段顶面系缆柱上的临时作用力。拖运力的大小等于流体作用的水平拖曳力，拖运力过大会使系缆柱旁的混凝土开裂，进而对管道的安全构成威胁。

（2）拖运浮力。在管体拖运过程中，流体作用产生的上浮力会改变管体的平衡状态，影响干舷的设计。在干舷设计时，应计及流体产生的上浮力。

（3）施工临时荷载。施工临时荷载是指施工阶段的临时结构量。对于悬浮隧道的临时荷载，可以当作其沿隧道纵向分布且均匀作用于顶部。对于关键的集中荷载作用，应根据作用点的位置，对管段局部应力进行校正以避免管段发生局部破坏。具体的设计取值应针对采用的施工方法具体考虑。

2.5.4 偶然荷载

1) 船撞击或锚拖产生的荷载

（1）拖锚力。船舶航行时，锚钩钩住悬浮隧道顶部发生拖锚进而在管段内产生横向力，这种横向力就称为拖锚力。这种情况是很危险的，所以安全起见，应将管段矩形断面两边上每点做成切角（尽可能大些），并且顶部防锚层也应适当延伸到两侧边墙之下。在隧址区域设为禁锚区的情况下，可不考虑拖锚力。

（2）船撞力。在设计悬浮隧道时要考虑其在水下的穿行深度，为了不影响水道的交通，应该根据水道的水运交通量和交通等级来确定穿行深度，可以不考虑禁止通行的船只撞上悬浮隧道的船撞力的影响。

2) 支撑系统破坏产生的荷载

支撑系统破坏一般是指锚索的破坏。环境荷载的往复作用引起的疲劳破坏、意外造成的破坏、腐蚀引起的破坏等都会造成支撑系统破坏。其结果将会直接导致悬浮隧道结构的内力重分布,增加管体的最大弯矩和应力,造成结构的开裂、渗漏及接头的破坏等。对于支撑系统破坏产生的荷载,应在设计时作为一种验算情况进行单独计算。

3) 管内爆炸产生的荷载

对于管内爆炸产生的荷载,悬浮隧道与沉管隧道没有太大的区别,所以可以参考沉管隧道的爆炸荷载来确定悬浮隧道的爆炸荷载。

4) 沉锚和其他残骸产生的荷载

试验证明,一质量为 M 的落锚入水后到击中河底,终端速度为 7m/s,终端碰撞能量为 24.5GN·m[38]。如果落锚在悬浮隧道顶部,那么可能会导致混凝土出现破碎。通过试验研究发现,该破碎深度不大于 0.15m。在悬浮隧道顶部有粒状覆盖层且不考虑水阻力的情况下,落锚的理论贯入深度为 0.4～0.6m,但由于水下动态阻力大,一般落锚的实际贯入深度约为 0.3m。

由以上数据可知,如果在悬浮隧道顶部设置一层厚 0.2m 的钢筋混凝土防锚层(具有较高的配筋率)且粒状覆盖层最小厚度为 0.5m,最大厚度为 1m,则可以不计抛锚力。

5) 交通事故产生的荷载

交通事故产生的荷载主要包括火灾、爆炸和交通阻塞等方面引起的荷载,交通阻塞引起的荷载在交通荷载计算中将作为极限荷载考虑。

6) 沉船产生的荷载

悬浮隧道的沉船荷载与沉管隧道的沉船荷载是不同的。对于悬浮隧道,沉船荷载由悬浮隧道管体承担,而对于沉管隧道,沉船荷载由隧道管体和周围土体共同承担。虽然两者不相同,但是参考沉管隧道的沉船荷载取值对悬浮隧道设计有一定的帮助。

沉管隧道的沉船荷载取值如下。

(1) 隧道顶部与河床表面基本持平,船只正在下沉并与河床或隧道衬砌结构的上表面接触时,其对隧道的附加接触压力取为 50～100kN/m^2。

(2) 接触压力分布范围的长度有的取为沿隧道纵轴长 20～30m(沉船纵轴与隧道纵轴垂直),有的取 200m(沉船纵轴与隧道纵轴平行);宽度取为隧道宽度。

(3) 隧道顶部在河床表面以下或水深不足 5m 时,沉船对隧道的附加接触压力取为 35kN/m^2。

7) 车辆或液体燃烧产生的荷载

车辆在隧道内燃烧使得隧道内温度升高进而产生温度荷载,但是具体的荷载大小只能根据试验获得。

8) 浮力消失产生的荷载

当管体漏水时,外界的水会进入管体从而抵消压舱水的重量,造成结构的浮力减小,这种情况是很危险的,应该尽量避免。一般情况下,悬浮隧道结构会设置成内层管体与外层管体的形式,禁止水进入内层管体,并采用横向隔栅装置使水限制在一节管体内的方法来防止水在外层管体纵向漫延。因此,常常把一节管体进水的情况作为参考来对浮力消失产生的荷载进行计算。

2.5.5 环境荷载

1) 由波浪作用产生的荷载

根据结构和波浪波长的关系,波浪作用力可分为大尺度结构和小尺度结构来计算[42]。

(1) 大尺度悬浮隧道结构上的波浪荷载。当悬浮隧道结构的相对尺度较大时($D/L>0.2$,D 为结构直径,L 为波长),一般有两种方法来进行分析研究。第一种方法,采用由 MacCamy 和 Fuchs 等在 1954 年提出的绕射理论。此理论假定流体是不可压缩的理想流体,运动是有势的,将结构物边界作为波动着的流体边界的一部分,先找出在结构物边界上结构物对入射波的散射速度势和未受结构物扰动入射波的速度势,两者叠加后即结构物边界上扰动后的速度势,应用线性化的伯努利方程确定结构物边界上的波压强分布,从而可计算出波浪作用在结构物上的力和力矩。第二种方法,采用 Froude-Krylov 假定,即假定波浪原有的压强分布不因结构物的存在而改变,先计算出由未扰动的入射波在结构物边界上的作用力,称为 Froude-Krylov 力,再乘以反映附加质量效应和绕射效应的一系数进行修正。此系数称为绕射系数,它需要通过模型试验加以确定。

(2) 小尺度悬浮隧道结构上的波浪荷载。当悬浮隧道结构的相对尺度较小时($D/L\leqslant 0.2$,D 为结构直径,L 为波长),可以采用 1950 年 Morison 等提出的方法计算波浪力,其关键在于选定一种适宜的波浪理论和相应的拖曳力系数与惯性力系数。

2) 由涡流作用产生的荷载

鉴于悬浮隧道处于海流之中,应该考虑卡门涡街引起的隧道共振。卡门涡街会出现在流体沿着垂直于悬浮隧道结构轴线流动时,而当旋涡泄放时产生的可变力的频率与结构频率接近时,将会发生共振。这一不利的结果,应在悬浮隧道设计中予以避免。

3) 由水面浮冰产生的荷载

对于悬浮隧道结构,由于其所处位置在水面下较深的部位,所以冰荷载基本不会作用其上。但是风与海流可能会带动海冰,这种情况下海冰会撞击到悬浮隧道,产生冰压力。因此,在海域中存在海冰的情况下,需要注意海冰对悬浮隧道产生的影响。而对于冰压力的计算,主要从物体撞击的能量守恒的观点出发,需要专门研究。

4) 由水流作用产生的荷载

设计流速应取悬浮隧道范围内可能出现的最大流速值,即最大可能水流流速与余流流速之和,同时尚应考虑流速的垂直分布[43]。水流流速随深度有一定变化,流速是垂直均匀分布的。

水流流速没有波浪那么快且随时间的变化也比较缓慢,所以在悬浮隧道设计中,常将水流看成稳定的流动。水流对悬浮隧道结构的作用产生拖曳力和上举力。

5) 由潮汐变化引起的荷载

潮汐是海洋对太阳和月亮的全球反应,潮汐作用的周期都大于12h,即 $T > 4.32 \times 10^4$ s,其波长近似等于地球周长的一半。潮汐对悬浮隧道结构的作用是通过潮流的流荷载形式表现出来的。

6) 由水密度变化产生的荷载

水的密度在一段时间内可能会随地点、深度、沉积和温度等条件的不同而不同。而对于悬浮隧道的运输和沉放这一系列过程,水的浮力就相当重要。另外,悬浮隧道的管体稳定也是利用阿基米德原理,因此准确了解水的密度很重要。

(1) 水的含盐量。淡水的密度与盐水的密度并不相同,这一点对管段的沉放很重要。但是由于各地条件不同,水的密度要看隧道是靠近海还是内陆。内陆水不一定是淡水,盐水也可能进入内陆,这些受天气的影响比较大,因此了解气象与水力条件之间的关系是很重要的。

(2) 季节的变化。季节的不同必然会导致水的密度发生变化。这个变化有可能因温度变化造成,也有可能因水体运动造成,沉积可能会随季节而不同。

(3) 水深的变化。水深也会对水的密度造成影响,这有多方面的原因。例如,水深不同水温也不同(如盐水的密度大于淡水的密度),所以盐水在底部而淡水则在表层。水的密度不同会使水流流速与方向系统变得复杂,因此要通过常年观测统计的结果来了解水的密度。

7) 由地震作用产生的荷载

海底的地震同陆地上的地震一样,这种发生在海底的地震称为海震。我国是一个多地震国家,根据中国科学院地质与地球物理研究所的资料,我国渤海、台湾海峡的东部和西部及东南沿海均属地震带。地震不同于风、浪、流、冰等环境荷载,它不直接作用在结构物上,而是通过引起基础振动带动结构体振动。同时,结构与水体之间也发生耦联振动。

我国沉管隧道的抗震设计主要参考日本的《水下隧道抗震设计规范》,因此我国还是要慢慢地研究出适合自己的设计规范。但是,在现阶段设计中,可以参考相近专业的抗震规范,如近海工程和沉管隧道。在具体设计时,地震作用引起的结构响应可以作为一个专题进行设计。

8) 地层构造移动引起的荷载

悬浮隧道多在海峡修建,而海峡是大陆板块和海洋板块的交界处,板块的相对运动会引起地层的缓慢移动,而地层的移动可以引起悬浮隧道结构的变形。如果变形不可忽略,那么应在悬浮隧道使用期内计及这部分变形,利用构造措施的方式消化变形。

第 3 章 悬浮隧道的整体设计与施工

3.1 悬浮隧道的选址

悬浮隧道是处于水下一定深度的交通形式,所处水域的水文、地质条件以及水域表面的通航等条件都对工程的可行性形成了制约。选址的好坏直接决定了工程的可行性和经济性。鉴于悬浮隧道结构的特点及其对环境的特定要求,设计前必须充分了解工程水文、地质环境的基本资料,合理地进行悬浮隧道的选址工作。

3.1.1 悬浮隧道的基本调查

作为悬浮于水中的构筑物,悬浮隧道的设计、施工和运营受到气候、水文、水底地形、地质以及水面航运等因素的制约和影响[44]。为了保证工程的可行性和经济性,在悬浮隧道的设计和施工前,需要对悬浮隧道进行环境资料的调查和勘测工作,具体内容如表 3.1 所示。

表 3.1 悬浮隧道的基本调查内容[12]

工程条件	参数	内容
水文和水质	水位	历史最高/低水位、最高/低潮水位
	波浪	最大波浪高、波浪频率
	流速和流向	涨急最大/小/平均断面流速、涨/落潮时水流平均流向
	水温	全年水温变化范围
	密度	对应水温的水密度平均值、密度沿深度的分布
	水质	枯水期及洪水期的 pH、悬浮质
	河道资料	水道宽和深、通航轮船标准、禁锚区或轮船掉头区
	河床稳定性	河床历史变迁情况、河床近期稳定分析、推移质输砂/泥率、推移质输砂/泥量、推移质粒径
地质环境	工程地质	选线、初勘、详勘不同阶段的地质勘查资料
	地震	隧址处地震加速度、土层剪切波速、土层的卓越周期
	地形	地形图测量、隧道轴线平面控制测量、高程控制测量

续表

工程条件	参数	内容
交通调查	区域性交通调查	通过交通流量、总体规划的调查确定隧道的通行能力
	汽车分类调查	交通发展趋势预测
	空气阻力	车辆滚动阻力系数、空气阻力系数的测定
	水下交通	水下潜艇等的通航情况
气象资料	气温	年平均气温、最高/低气温、月平均最高低气温
	相对湿度	年平均相对湿度、相对湿度最高/低月值、历年相对湿度最高/低值
	水下资料	水下构筑物情况、水底管线情况
环境资料	出口大气环境	有害气体、隧道口部一氧化碳浓度的测定
	噪声	典型汽车噪声测定
	照明调查	外部环境亮度测定
	施工期间环境保护调查	爆破作业产生振动的测定、施工现场噪声的测定、施工机具及施工噪声的调查

3.1.2 修建悬浮隧道的环境参数

悬浮隧道不是在任何环境条件下均优于其他交通通道,只有在特定的环境和特定的条件下悬浮隧道才能体现其优势。根据悬浮隧道目前研究的成果[45],悬浮隧道适用和具有竞争性的环境参数如表 3.2 所示。

表 3.2 悬浮隧道适用和具有竞争性的环境参数

环境参数	范围
跨越长度/m	>1000
水深/m	>50
周围环境的影响程度	—
水流速度/(m/s)	<2
地震	中低度
水下交通	—
水面交通	大量

3.1.3 修建悬浮隧道的地形情况

1) 深水峡湾或宽阔水域

过去对于高山峡谷中的深水峡湾或宽阔水域,修建桥梁是跨越水域的唯一选择,技术难度和建设成本也是极高的。悬浮隧道结构形式的出现增加了一种在技术上和成本上可能都极具竞争力的新选择,其示意图如图3.1所示。

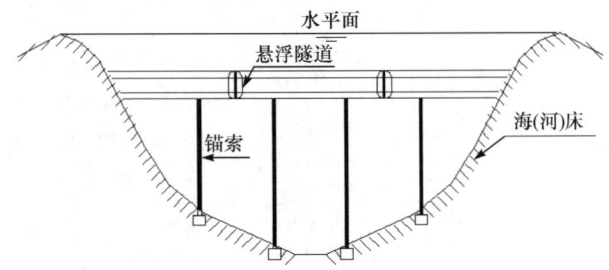

图3.1 采用悬浮隧道跨越深水峡湾

采用锚固在水底的悬浮隧道相比于桥梁的竞争力是明显的:①可以避免对环境造成明显的影响;②悬浮隧道结构的跨越长度没有施工上的限制。相反,如果采用桥梁结构,其本身的每一跨长度是有限度的,多跨桥梁就可能需要桥墩和锚固,这在深水情况下施工复杂,容易造成明显的困难,并且造价较高,其示意图如图3.2所示。

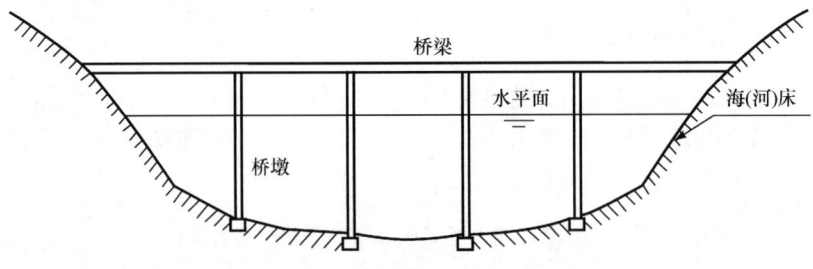

图3.2 采用桥梁跨越宽阔水域

2) 内陆湖泊

内陆湖泊通常也是旅游胜地,交通瓶颈会制约湖泊旅游资源的开发。水面上的桥梁会破坏自然景观的和谐,水下的隧道则不会产生影响。对于湖水很深的水域,水底面以下或水底面修建湖底隧道或沉管隧道可能需要的过渡段很长,总体费用很高,而只处于水面下一定深度的悬浮隧道在这种情况下则可能是一种很好的解决方案,其示意图如图3.3所示。

3.1.4 选址设计原则

选址设计原则如下:
(1) 满足3.1.2节的环境参数条件。
(2) 满足3.1.3节的地形条件。

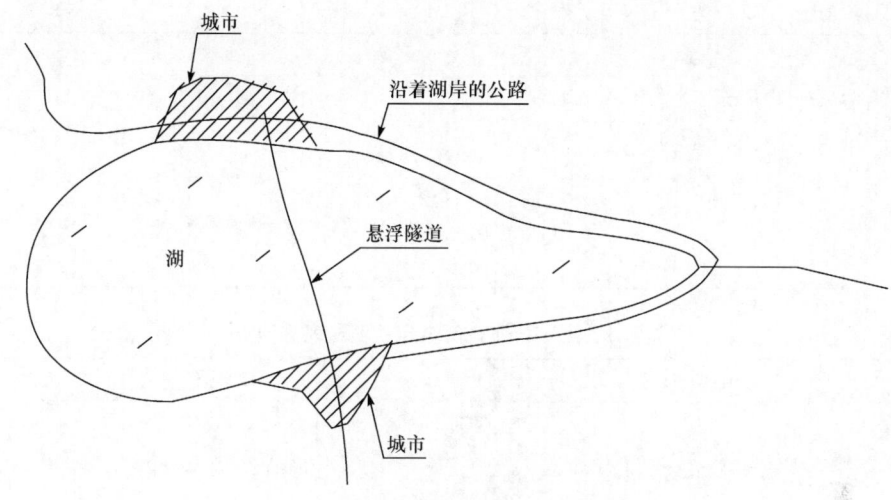

图 3.3 采用悬浮隧道跨越内陆湖泊

(3) 保证悬浮隧道通行能力,满足其交通功能需求,充分发挥通道效能。

(4) 悬浮隧道的设计要与航道、航运相协调,隧址尽量选择河床较稳定的地段。

(5) 线路走向优选与岸线使用矛盾少、适合水道地形、对居民生活干扰少,以保证工程有较好的社会效益、环境效益和经济效益。

(6) 确保悬浮隧道接线与周围路网的顺畅通行。

(7) 根据具体位置水域的情况不同,在选择悬浮隧道路线时可能还必须考虑其他因素,如海底断层(特别在地震区)、岩石露头、渔业拖网活动以及在某些区域中可能有浮冰。此外,需考虑的其他因素可能包括区域内的生态活动研究(如珊瑚礁)、环境方面的问题以及经济方面的得失权衡。

3.1.5 适合修建悬浮隧道的地点

根据水深、水域宽度、地质水文条件以及气象条件等综合因素,表3.3和表3.4总结了我国及世界其他适合修建悬浮隧道的地点[12]。

表 3.3 我国适合修建悬浮隧道的地点

地区	地点
广州/海南	琼州海峡
福建/台湾	台湾海峡
南海	岛屿之间
浙江(舟山)	金塘海峡

续表

地区	地点
辽宁/山东(辽东半岛/山东半岛)	渤海海峡
浙江	三门湾
福建	罗源湾
广西	钦州湾
连云港	海州湾

表3.4 世界其他适合修建悬浮隧道的地点

国家或地区	地点
法国	吉伦特河
法国/瑞士	日内瓦湖/莱芒湖
德国/奥地利/瑞士	博登湖(康斯坦茨湖)
希腊	大陆至小岛
意大利	墨西拿海峡
意大利	科莫湖
意大利	马焦雷湖
意大利/瑞士	卢加诺湖
意大利	伊塞奥湖
意大利	加尔达湖
挪威	许多海峡
葡萄牙	特茹河
西班牙/摩洛哥	直布罗陀海峡
瑞典	韦特恩湖
瑞士	纳沙泰尔湖
瑞士	四森林州湖
瑞士	苏黎世湖
土耳其	州之间,大陆与岛屿之间
美国/俄罗斯	白令海峡
加拿大/美国	西海岸峡湾
美国/加拿大	苏必利尔湖
美国/加拿大	休伦湖

续表

国家或地区	地点
加拿大/美国	伊利湖
加拿大/美国	安大略湖
尼加拉瓜	马拉瓜湖
秘鲁/玻利维亚	的的喀喀湖
美国	密歇根湖
亚洲东南部海岸	大陆到岛屿
以色列/巴勒斯坦约旦	死海
日本	岛屿之间
日本	琵琶湖
新西兰	陶波湖
新西兰	瓦卡蒂普湖
乌克兰	亚速海

3.2 悬浮隧道的横断面设计

悬浮隧道的横断面设计，需要根据隧道设计使用要求（如管线架设通道、公路铁路通道或者人行、观光通道等功能）进行确定。相比而言，满足交通功能的隧道断面设计考虑的因素最多，包括交通性质、交通量（包括人流量）、行车速度等，同时考虑水域地形、地质、水文等条件进行悬浮隧道管体交通通道、设备通道和通车限界等的布置，以确定其横向几何尺寸，并进行必要的结构设计以保证它们的强度和稳定性。

悬浮隧道横断面的设计通过通车限界和建筑限界保证交通的要求与隧道正常使用的要求。通车限界是指在隧道横断面内规定的宽度和高度内不得有任何障碍物侵入的空间范围，可采用矩形或倒三角形。建筑限界是指在隧道横断面内规定的宽度和高度内结构不能侵入的限界。通车限界与建筑限界之间的空间用于设备安装，一般包括射流风机、照明灯具、车道控制信号灯、摄像机、广播喇叭、一氧化碳浓度测定仪、烟雾浓度测定仪和报警消防箱等。

3.3 悬浮隧道的纵断面设计

悬浮隧道的纵断面设计，主要反映路线纵坡及隧道主要构件的标高等情况，需要根据隧道的使用性质、功能等级以及地质、水文等条件，在考虑整个工程方案的技术可行性和经济可行性的基础上进行组合设计。悬浮隧道纵断面的主要设计参数包括管体标高、跨径、纵坡、竖曲线、管段长度和锚索间距。

把悬浮隧道的纵断面图与横断面图、平面图结合起来,就能够完整地表达出悬浮隧道的空间位置和立体线形。

3.3.1 悬浮隧道的管体标高设计

从整体最经济的角度考虑,悬浮隧道的坡度越小、线路越短越好,但是悬浮隧道所在水域通常有水面通航要求,必须考虑水面船舶最大通航深度的要求。通常情况下,悬浮隧道管段顶部标高在水面20m以下可以满足一般通航要求,需要根据具体情况对水下标高做出合理设计。

3.3.2 悬浮隧道的跨径、纵坡与竖曲线设计

悬浮隧道的总跨径根据跨越水域的宽度、深度、水文、隧道上部水面通航空间以及通道线形等条件确定。其中,纵坡坡度的设计直接影响线路长度、交通安全和工程成本,是通道线形设计中的重要控制指标之一。

纵断面设计中允许采用的最大坡度值为最大纵坡。纵坡过大、坡长过长容易造成沿陡坡上行的车辆发动机熄火、沿陡坡下行的车辆制动次数增多、制动器发热甚至失效而引起车祸[46]。处于封闭环境下的悬浮隧道,应尽量降低纵坡坡度,减小汽车尾气排放量。

纵断面设计中允许采用的最小坡度值为最小纵坡。一般情况下,为了保证排水,最小纵坡设置为0.3%。如果必须设计平坡或小于0.3%的纵坡,应进行纵向排水设计。

在相邻纵坡线相交的变坡点处设计的纵向过渡曲线,称为竖曲线。良好的竖曲线设计可以满足行车视距的需求,保障行车的安全性、舒适性。竖曲线最小半径的确定受到缓和冲击、行驶时间和行车视距三项限制因素的控制,其中最不利的限制因素为竖曲线最小半径的有效控制指标[47]。为了缓和汽车在纵坡变化处的冲击和行车平稳,竖曲线长度不宜过短,竖曲线半径也应足够大[48]。

3.3.3 悬浮隧道的管段长度设计

悬浮隧道的管段长度设计的原则与沉管隧道是相同的,需要根据具体的施工场地条件、环境水文条件及相应的投资条件确定。较短的设计有利于管段的制作、浮运和安装,但是增加了管段接头数量、对接施工工序、防水费用以及锚索基础的数量和费用。较长的设计与此相反。因此,管段长度的设计必须综合考虑设计施工、运营等过程的整体建设难度和投资。目前,沉管隧道的管段长度一般为100～150m,水下悬浮隧道的管段长度也可定在这个范围,特殊地段的管段长度可根据实际情况进行设计。

3.3.4 悬浮隧道的锚索间距设计

悬浮隧道的锚索间距设计受到隧道荷载作用、地基基础条件等因素的控制，设计变量包括管段内力、锚索数量、单索内力和基础数量等，根据控制因素进行设计参数的优化。水下工程的基础施工成本相对较高，基础承载力往往成为锚索间距设计的控制因素，同时受到悬浮隧道管段内力、锚索造价等因素的影响。

3.4 悬浮隧道的平面设计及平、纵面线形组合

悬浮隧道的通道中线在水平面上的投影称为路线的平面线形。为保证行车的安全性与舒适性，平面线形的转折处需要设置平滑的缓和过渡曲线。直线、圆曲线、缓和曲线是平面线形的主要组成要素[49]。

3.4.1 直线

直线是悬浮隧道的主体线形，如果直线段过长，将会引起驾驶员的疲劳，容易发生交通事故。国外相关研究表明，一次直线的最大长度小于 3min 行程对交通安全比较有利，沉管隧道内的限制时速一般在 80km/h 以下，参照沉管隧道，悬浮隧道的直线段长度可以限制在 4km 以下。

3.4.2 平面曲线

由于跨越水域水下地质、水文条件的限制，悬浮隧道平面线形也可能是曲线。最小平面曲线的半径、超高和视距是与交通安全紧密相关的重要因素。高速公路交通事故调查表明，曲线路段的事故率与曲线半径存在相关性。当平面曲线半径较小时，由于行驶状态突变以及视距不足，事故率倾向显著增加[50]。

悬浮隧道的平面曲线的组成、圆曲线的半径、超高过渡方式、最大超高横坡度以及各类曲线的最小长度等可根据隧道功能并依据《城市道路工程设计规范》等相关规范进行设计。

3.4.3 平、纵面线形组合

平、纵面线形组合[51]的合理设计，需要综合考虑车辆驾驶的安全性和舒适性、视觉的连续性和心理的适应性、工程造价和运营费用的经济性等因素。平面与纵面线形的协调组合可以在一定程度上减少事故的发生。

平面线形的组合主要为直线与曲线、曲线与曲线间的组合问题。对于悬浮隧道，线形组合可能面临的关键部位包括由竖曲线构成的上、下坡路段以及由平曲线构成的转弯路段。在悬浮隧道的平、纵面线形组合设计中，可以考虑以下几点：

（1）保持平、纵面曲线半径的大小均衡。平、纵面线形的失衡容易使驾驶员丧失均衡性，采用长曲线可使线形舒顺流畅。

（2）保持线形在视觉、心理上的均衡。平、纵面线形的技术指标应大小均衡。

（3）保持平、纵面线形连接的缓和和光滑过渡。

3.5　悬浮隧道的照明设计

悬浮隧道的照明设计与其他类型隧道的照明设计是相同的，遵循同样的设计原则。

3.5.1　照明设计的必要性

1）"黑洞"问题和"白洞"问题

隧道内外亮度差很大会导致驾驶员在白天从隧道外部向照明不充分的隧道洞口看时感觉就像是一个黑洞，这就是"黑洞"效应。同时会导致驾驶员在白天从隧道内部向亮度极高的隧道洞口看时感觉就像是一个白洞，这就是"白洞"效应。"白洞"效应会对驾驶员造成强烈的眩光，无法看清前方车辆。

2）悬浮隧道内部的视觉问题

隧道内部的汽车尾气积聚会导致照射光线的散射现象并形成光幕，这会影响驾驶员的视线，从而降低驾驶员识别障碍物的能力。

3）悬浮隧道的暗适应问题

汽车由明亮地带进入较暗的隧道后，会发生驾驶员要适应一段时间才能看清楚隧道内部的"适应的滞后现象"。这种由亮度急剧变化使人眼适应迟缓的现象称为暗适应。

3.5.2　照明设计的要素

1）路面亮度

路面亮度的计算应满足以下条件[52]：计算区域不小于灯具间距；观察点距计算区域60～160m，距路面边缘1/4路面宽度，距路面高度为1.5m；计算区域内纵向计算点间距一般为1.0m，横向计算点应不少于5点。

2）均匀度[53]

均匀度影响驾驶员视觉的舒适度，均匀度高则驾驶员眼睛不易疲劳，均匀度低则会导致明暗不均，产生斑马纹，使驾驶员眼睛疲劳而影响行车安全。

3）眩目限制

灯具光线不当会引起人眼不舒适而降低视觉能力，因此照明灯的安装位置、高度、角度及配光曲线应避免使驾驶员产生眩光[54]。

4) 闪烁效应

车辆在隧道行驶过程中,隧道内一定间距不连续布置的照明灯光是以一定频率被驾驶员眼睛接收的。人眼对于 20Hz 以下的间歇性光和 20Hz 以上的持续性光是可以接受的,但是 2.5～15Hz 的间歇性光会产生明暗变化的闪烁效应,导致驾驶员的眼睛不适。因此,需要根据隧道设计车速确定不产生闪烁效应的灯具布置间距。

3.5.3 照明设计的分区及区段照明设计

按照不同的要求可以将悬浮隧道的照明分区划分为接近区、内部区、过渡区、进口区和出口区[55]。

(1) 接近区。在这一分区驾驶员可以在洞口处辨认障碍物。
(2) 内部区。隧道内部的基本照明区段。
(3) 过渡区。在这一分区驾驶员可以渐渐适应隧道的内部照明。
(4) 进口区。驾驶员在进入隧道后可以快速适应、消除"黑洞"现象的照明区段。
(5) 出口区。在白天,消除"白洞"现象;在夜晚,消除"黑洞"现象。

各区段的具体设计和取值可以参照《公路隧道照明设计细则》等[56]。

3.6 悬浮隧道的通风设计

悬浮隧道的通风设计与其他类型隧道是相同的。根据目前交通隧道建设运营情况可知,通风、照明、防灾等费用占隧道总工程费用的 50% 左右,而通风费用又占通风、照明、防灾等费用的 80%。电费是隧道运营中的主要部分,其中大部分用于通风。因此,通风设计在隧道设计中占有很重要的地位。

3.6.1 通风设计的必要性

车辆在隧道行驶过程中会产生氮氧化物、一氧化碳、二氧化碳、总烃、颗粒物质等空气污染物,它们长期存留在隧道内不仅会对隧道内的人员健康产生影响,还会影响隧道设施及车辆的性能。同时,隧道火灾产生的大量烟雾也会给人员逃生和营救造成困难。因此,有效的通风设计是避免以上问题的重要手段。

3.6.2 悬浮隧道的通风设计要求

1) 通风设计的考虑因素

悬浮隧道的通风设计应考虑以下因素。
(1) 隧道内交通排放的有害气体。
(2) 工程造价和维修、保养费用等。

(3) 隧道长度、线形和交通状况。
(4) 隧道所处地区的地理、气候条件和周围环境的影响。
(5) 悬浮隧道内交通事故、火灾等非常情况。

2) 烟雾浓度的设计要求

隧道内的烟雾浓度以及光源、路灯亮度、路面反光度、行驶速度等都会对视距产生影响,通风设计在确定烟雾浓度允许值时要考虑以上因素。烟雾浓度以每100m透光率为40%作为标准值,每100m透光率为50%作为理想值。

3.6.3 通风量的计算

通风设计首先分别按照一氧化碳和烟雾浓度计算出每1km的标准通风量,然后根据隧道长度计算所需通风量,最后根据设计车速、隧道坡度等参数进行修正。

3.6.4 通风方式的选择

同其他类型隧道相同,悬浮隧道的通风方式也包括以下四种:①自然通风;②半横向通风;③全横向通风;④纵向通风。

通风方式的选择遵循以下原则[57]:

(1) 在满足条件的情况下,首选自然通风方式。
(2) 如果确定必须采用机械通风,应首选纵向通风方式,次之选择半横向通风方式,再次之才选择全横向通风方式。

悬浮隧道处于水面下,长跨距情况下结合竖井或斜井的纵向通风设计对于悬浮段的结构设计提出了难题,从悬浮隧道的结构特点和环境特点考虑,首选全横向通风设计或半横向通风设计。

3.7 悬浮隧道的防火设计

3.7.1 防火设计的必要性

隧道由于其密闭性和单向通道特征,一旦发生火灾,人员逃生和救援相比于地面更为困难,对人员、设施的损害极大。历史上曾经发生过几次严重的隧道火灾事故,如1996年的英吉利海峡隧道火灾事故和1999年的勃朗峰隧道火灾事故,这两次火灾事故都造成了巨大的损失。

悬浮隧道的防火设计与其他类型隧道一样,具有同等重要的意义。尤其是悬浮隧道悬浮在水体中,缺乏其他类型隧道如山区隧道周围岩土体的支撑,强烈的火灾对于悬浮隧道管体造成的破坏可能会导致严重的后果,如因渗漏而造成整体结构的失效。因此,悬浮隧道的消防安全和逃生通道设计比其他类型的隧道难度更大。

3.7.2 火灾诱发因素

1) 隧道结构

(1) 路面设计因素。路面不够平整、结构设计有缺陷、路面线形不合理、信号故障等都会导致车辆碰撞而引发火灾。

(2) 电气设备故障因素。电气设备超负荷、电线短路、接触导线保养不良产生电弧、电器开关发生打火等都会引发火灾。

2) 交通车辆

(1) 由爆炸引起的火灾。运输易燃性化学物质的车辆在碰撞、遇到明火等特殊状况时由爆炸引发火灾。

(2) 由车辆起火引起的火灾。由车辆本身引发的火灾,如漏油、电路短路等。

3.7.3 隧道火灾的特点

隧道火灾具有如下特点。

(1) 烟雾浓度高、能见度低、疏散困难。隧道内部空间基本处于封闭状态,火灾发生后,烟雾排放途径少,高温、高浓度的有害烟尘不仅直接危害人员安全,而且造成缺氧、能见度降低,以及人员疏散和救援困难。

(2) 火灾蔓延快、救援困难多、人员伤亡大。隧道结构的空间特征和通风特点,使得隧道内一旦起火,火灾会在隧道内迅速蔓延,隧道内温度急剧升高,引发的高温、缺氧、能见度低、有毒气体以及通道狭窄、疏散距离长、灭火设备难以入场等给消防人员扑救和救援造成很大困难。历次隧道火灾都造成了巨大的经济损失和人员伤亡,例如,1979 年的日本大阪隧道火灾,造成了 7 人死亡、174 辆汽车全部焚毁。

因此,应在设计中考虑火灾发生时控制通风设备的应急措施,避免造成更大的损失。

3.7.4 防火设计的技术指标

防火设计的技术指标主要包括结构耐火能力、火灾产生的温度、高温历时。实际上,隧道火灾的最高温度和高温历时与结构材料、燃烧物质、燃烧量以及隧道的通风条件等很多因素相关。表 3.5 给出了隧道结构常用结构材料的耐火指标。

表 3.5　材料使用极限温度

构件名称	主要使用部位	极限温度/℃
混凝土	管体、接头	250~380
钢材	管体、接头	250~350
橡胶	接头	700~1000

3.7.5　防火系统的设计原则

防火系统的设计要根据火灾发生的诱因、火灾蔓延过程以及应急措施等几个方面进行全面综合考虑，以源头防范为主。防火系统的设计要遵循以下原则：

（1）以人为本，以防为主，防消结合。

（2）严禁危险化学品运输车辆通行。

（3）设置完备的火灾自动检测系统、报警系统和灭火系统，能自动根据火灾烟雾浓度和空气温度发出面向不同受众的报警信号，并启动消防灭火系统等。报警系统包括火灾发生后对后续行驶车辆的警报、隧道内车辆、人员的警报以及管理、消防等部门的警报；灭火系统包括隧道两端的消防水池、消防水泵、隧道内的消防设施等。

（4）配备完善的排烟、避难、救援等设施，实现以自行疏散逃生现场自救为主、外部救援为辅的目标。

3.7.6　火灾防控措施

防火系统的主要目的在于"防"和"控"。首先，通过"防"的措施尽量消除火灾隐患，避免火灾发生。其次，如果发生火灾，则应通过"控"的措施尽量使火灾的损失减到最小[58]。

1. 防火系统"防"的措施

1）足够的车道宽度

隧道火灾很大一部分是由车辆碰撞造成的，因此在隧道中要保证足够的车道宽度，并合理设置避车线以减少撞车的可能性。

2）客、货车道分离

危险品运输是隧道火灾的潜在隐患，客、货车道分离可以在一定程度上降低火灾的蔓延范围，增加人员疏散逃生的机会。

3）设置防火区间

隧道内的火灾蔓延速度很快，隧道内划分若干具有独立消防设备、通风系统的防火区间，可以通过区间隔离设施和消防设施将火势控制在有限范围内。

4）隧道的管理和维护

将隧道火灾消灭在萌芽状态，防患于未然，是火灾防范的根本。建立完善的管理和维护系统对于减少火灾发生、降低火灾损失是十分重要的，主要包括完善的安全制度和救灾措施、有效的监控系统、存在安全隐患车辆的排查以及设备、设施的检查维护。

2. 防火系统"控"的措施

1）结构措施

对于水下悬浮隧道，隧道火灾不仅会损毁隧道内设施和结构，而且会引起整体结构的失稳破坏，火灾危险更大。隧道内要采用具有较高耐火极限的不可燃材料，并通过表面喷涂防火隔热材料提高耐火性能。

2）完备消防设施

火灾发生后，完备的消防设施是保证灭火消防的重要措施。火灾消防救援经验表明，为达到快速灭火和人员疏散的目的，基本消防配套设施如表 3.6 所示。

表 3.6 基本消防配套设施

设施分类	消防设施
通信、报警设备	广播系统
	应急电话
	火灾探测器
	应急报警装置
灭火设备	灭火器
	消火栓
	自动喷淋装置
疏散和指示设备	疏散指示标志灯
	安全通道
其他设备	通风设备
	排烟设备
	给水栓
	无线通信辅助设备
	无线电广播或扩音设备
	水喷雾设备
	监控设备

3.8 悬浮隧道的施工

根据悬浮隧道的结构特征,并参考沉管隧道,可以采取以下施工方法[59]。

3.8.1 管段施工法

悬浮隧道管段的制造过程与沉管隧道相同,也是在陆地干船坞中制造,同时在工程水域进行基础的施工。根据基础完成情况和施工进度安排,在完成部分或全部管段制造后,将管段两端密封,在船坞注水后,将管段拖引到现场。

沉管隧道单根管段的典型长度一般为 100～150m,但是悬浮隧道与沉管隧道的荷载状况不同,特别是悬浮隧道管段采取预应力混凝土设计时,悬浮隧道的管段长度可以根据实际荷载工况进行计算设计,并考虑悬浮隧道的支撑特征(支持物之间的设计距离)和已有船坞、船台滑道或制造船坞的可利用长度。

当隧道管段拖运到现场指定位置后,对管段布设压载,在安装位置有事先安设好的与支持件相连接的一组系缆,安装管段通过支持件拖拉下沉到指定的深度。然后用设置在已安设管段上的液压连接器把新管段牵引就位。当下沉管段装配到预定的锚索支持系统后,除去压载,使管段荷载从安设的驳船转移到锚索系统上。

在管段下沉定位过程中,系统中的力和位移在施工过程中要进行全程监控,通过遥控、潜水员或 ROV(遥控的操作工具)不断调整系缆的长度以防止系缆、待组装管段和已组装管段之间的相对位置出现偏移。

在浮运和下沉过程中,管段两端的不漏水密封由橡胶垫圈提供。当管段下沉定位后,先进行挡头板之间的排水,然后制作两管段之间的永久接缝。橡胶垫圈只在施工期间起临时作用。

整个作业过程与沉管隧道相似,最大的不同在于悬浮隧道的柔性锚索系统对管段的约束作用远弱于沉管隧道沟槽,悬浮隧道管段在水中的定位、接缝作业比沉管隧道在水底沟槽中的定位、接缝作业难度更大,对姿态控制的精度和稳定性要求更高。

悬浮隧道管段、锚索系统、基础三者之间的连接工序可以有不同的选择,既取决于管段与锚索之间的连接形式,即锚索连接于隧道结构外部或内部设置的连接结构,也取决于在沉放定位之前是锚索系统先连接到水底锚碇基础上还是先连接到隧道管段上。

3.8.2 逐段制造和下水

逐段制造和下水的方法是,首先建造或改建一个桥台,为管段制造、设备和材料放置提供场地,然后在桥台上制作管段。

在桥台的倾斜滑道上连续制造隧道管段的一些分段,每一节分段制造完后就通过桥台入口,采用类似于"顶管法"技术中使用的液压千斤顶向水中推移一节分段的长度。在分段被推到桥台的入口之前利用预加拉力与前面的那串分段连接。

已外推到水中的一部分隧道管段要用缆索系统和/或浮筒系统来保持可控。

如果采用浮筒系统,就需要布设锚固于海岸的缆索系统,以保证水中的隧道管段在水平方向上处于控制之下。为了使隧道管段向前移动,在缆索顶端需要设置特殊的导向系统和支持系统,如滚轴、导板或喷液轴承。当向前推动隧道管段时,在导向系统的作用下就可以利用隧道管段的浮力提供系缆的张力。

推出入口处的刚度与钢缆系统刚度之间的相对关系是必须考虑的重要因素。随着隧道管段不断向前推移,逐个把新的管段连接到浮筒上,进而跨越水道。

3.8.3 管段预先制造和逐段下水

可以将3.8.1节和3.8.2节所述的两种方法相结合,预先在陆地船坞中制造管段,然后把浮运到专门建造在桥台上的管段推出船坞中,沉到临时基础上。在推出船坞排水后将管段向前推移,与先前的管段相接,然后穿过下水闸门进入水中。

3.8.4 桥台

桥台的建造取决于选择的悬浮隧道制造过程,即预先制造管段或逐个下水。

在岩石桥台(图3.4)的情况下,可以采用收集室方法或混凝土塞方法来连接隧道和桥台。下面叙述这两种方法。

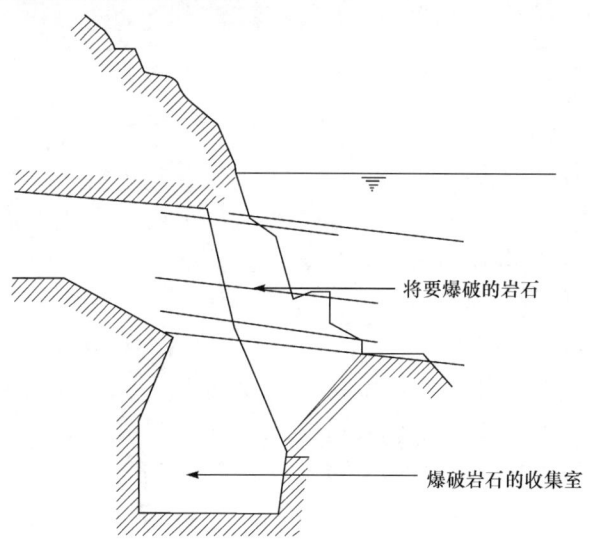

图 3.4 岩石中的桥台

1) 收集室方法

事先做好隧道入口以及接纳隧道管段的接头,然后用挡板临时密封桥台,再在桥台前面的岩石中修建一个收集室,用于收集桥台与水域之间的岩体爆破碎石,最后就可以设置隧道并与桥台相连。这个接头是按管段之间的接头方式相似的方法完成的,可以安装所有的各种特殊设施。

2) 混凝土塞方法

混凝土塞方法也需要提前做好隧道入口。在水域边上,通过清除水下足够的岩石,以便让隧道能够放在仰拱内。在用导管灌注了覆盖隧道前端上方的水下混凝土塞后,就可以从内侧清除掉桥台和隧道之间余下的岩石。

如果需要特殊设施,就必须在距桥台相当距离的地方修筑另一个接头。

对于其他的土壤条件,可能要在围堰中修筑一个坡道。在坡道完成后,打开围堰并把第一节管段连接到混凝土坡道上。就逐个下水法而言,可利用其中一个坡道作为制造管段的场地。在推出隧道的全部长度后,就可以完成坡道本身的结构。

3.8.5 锚碇点

可以使用若干可能的锚碇系统以保证把悬浮隧道锚系到水道下的基床上。这些锚碇系统包括重力锚头、打入桩和钻孔桩锚头。相应系统的选择将取决于现场地质条件。

在缆索支持系统的情况下,需要在海床上设锚碇点,这些锚碇点可能在相当的深处。

如上所述,从近海工业获得了以下两个概念:

(1) 基底重力锚头;

(2) 基底桩锚头。

1) 基底重力锚头

如果土质条件良好就可以采用放在基底上的重力锚头。这种类型的基底锚头可以采用沉箱(混凝土或钢)方式,先在陆地上的船坞里或在驳船上装配好沉箱,运到工地现场,然后用浮吊下沉到海底基床上,最后把镇载混凝土放入沉箱中以获得必要的重量。

2) 基底桩锚头

对于基底桩锚头及其系缆可以采用不同的布置。例如,系缆可以锚系在单桩或群桩基的锚头上。同样一个群桩基锚头也可用来锚系多根系缆。后一种情况可能需要有事先制造好的桩帽,它也可以起一个桩上的承板作用。

根据近海工业中获得的技术和经验,可预知在放置桩和承板期间不会有特殊问题。

可以用钢材或混凝土来制造承板,并装上套住桩头的套筒和与钢索连接的连接点,应该提供更多的连接点以有助于钢缆索的替换。桩是使用水下桩锤从水面船只上打入的,曾经在北海和 Messina 海峡深达几百米的深水中使用过这种技术。

在安装承板时必须注意可能采用的公差。这些公差取决于系缆调节的可能性和隧道中线定线的允许公差。

3) 固定的支撑墩

当使用固定的支撑墩作为隧道的基础时,支撑墩的施工方法可能与海上工作平台使用的方法相似。如果支撑墩的高度为 50～250m,那么这种支撑墩就可以预先制造好并浮运以沉放在深海峡中。

支撑墩完工后,必须装备一个能伸到水面的临时延伸段,以便将支撑墩安设到准备的位置上。

3.8.6 施工期限

施工期限主要取决于下列因素:

(1) 是否有适合组装制造管段的现存设施;

(2) 在桥台处是否有合适的空间、良好的进入通道可供就地组装制造管段;

(3) 施工期间原材料是否能充分供应;

(4) 施工和安装期间是否有适合的工厂、设备和人力;

(5) 是否有充足的适宜工作的气候周期,尤其是在安设阶段;

(6) 委托人是否有关于最终装备的要求。

显然,施工时间将随各个工程而变化。

第4章 悬浮隧道结构分析研究进展

悬浮隧道建设属于多学科交叉,不同于一般水工和近海工程结构物,在修建前期应重点研究和解决几个关键问题,包括:海洋自然环境调查与评估,如地质、地貌、水文、地震等;设计标准和荷载;结构形状与主要构筑物;结构分析和设计理论方法研究;施工工艺和程序研究;悬浮隧道可能引起的潮汐变化、生物生长过程的动态模拟和运营阶段的维修等方面的问题[60]。

悬浮隧道作为一种具有隧道和海洋工程双重特性的结构,应对其在各种荷载下的结构性态和设计、施工及运营的有关环节提出明确的标准和规范。本章对国内外悬浮隧道结构分析方面的研究进展进行综述,提出其特殊性和应专门研究的关键技术问题,以供我国进一步开展有关研究和制定相关标准与规范时参考。无论怎样的现场条件、施工方法和设计方案,首先必须解决结构建模和分析方法问题,主要是隧道管体结构、隧道锚固系统和作用荷载等的简化。本章将从上述三个方面详细论述目前关于悬浮隧道结构分析的研究现状。

4.1 隧道管体结构

对于隧道管体,悬浮隧道作为一种还未有工程实例的新型结构,目前对其简化还是以弹性梁为主,忽略隧道横截面的内力分布形式,进行各种荷载作用下隧道结构的整体受力分析。

Sato等[61]将悬浮隧道简化为弹性基础上的梁模型。他们认为如果隧道与其横截面的直径相比很长,可以将其看作弹性支撑上的梁。众所周知,在工程中,间距相等的支撑上的梁可以用弹性基础上的梁来替代。静力分析中,均值连续弹性基础的近似在 $kh^3/(EI)<1.2$ 时是合理的(k 为支撑的弹簧刚度,h 为支撑间距,EI 为梁的抗弯刚度),但是应验证该模型在动力分析中的可行性。因此,Sato等假定:①隧道的运动基于Bernoulli-Euler梁理论;②锚腿为只有轴向刚度 k 的弹簧;③锚腿的间距为定值。通过对等距弹性支撑上的梁和弹性基础上的梁的控制方程分析,Sato等认为当 $kh^3/(EI)<1.2$ 时在动力问题中也可以用均匀弹性基础来近似。随后,Sato等[62]又通过数学推导的方式,验证了弹性基础上的梁模型与弹性支撑上的梁模型的等价性。

Fogazzi和Perotti[63]采用空间梁单元,忽略轴向变形和扭转特性,来分析悬浮隧道在地震荷载作用下的响应。

Faggiano 等[64]考虑了为 Messina 海峡设计的悬浮隧道,也将隧道简化为空间梁单元,集中讨论了该悬浮隧道的设计、建模及响应评价等方面内容。考虑实际的锚固系统,假定锚索与隧道断面连接处的节点与隧道管体单元节点之间为刚性连接,在每个节点处扭转自由度被约束,扭转刚度由锚系统承担。显然,在静力荷载下进行结构的初步分析时,这种简化是可行的;但对动力分析则显得比较粗糙,主要是没有考虑周围流体对隧道特性的影响,且没有考虑悬浮隧道的柔性支撑体系动力特性的影响。

干湧[5]提出采用虚拟层合理论对悬浮隧道进行空间整体分析。该方法是在三维实体等参元的基础上,直接引入板壳的简化假定,修改弹性矩阵,构造出实体退化板壳单元。在实体退化板壳单元的基础上,通过对层合板壳单元截面的分层分段,引入"虚拟层"概念,提出了"虚拟层合单元"。动力试验表明,虚拟层合理论用于悬浮隧道的静力整体分析和空间动力分析是合适的。这一模型克服了上述模型只能考虑整体作用的缺点,可以考虑隧道截面的内力变化,也是目前唯一针对悬浮隧道管体提出的细致分析模型,具有很好的发展潜力。

麦继婷等[65-66]将单跨悬浮隧道简化为简支梁,利用梁的弯曲振动方程,在考虑结构黏性阻尼和非线性流体阻尼的条件下,采用伽辽金法和数值积分法,对悬浮隧道在波流作用下的动态响应进行了分析估算。此外,麦继婷等[67-70]还将悬浮隧道和支撑结构简化为空间梁系有限元模型,采用梁单元的 CR 列式法,在分别考虑水流、波浪和波流与结构相互作用的条件下,讨论了在水流及波流作用下悬浮隧道系统的响应计算方法,计算分析了波浪入射角、表面流速、隧道断面形式和支撑形式对悬浮隧道动态响应及支撑所受应力的影响。谢立广[71]以弹性梁(Bernoulli-Euler 型)模拟隧道管体,忽略梁的剪切变形、轴向变形和扭转,用弹性铰模拟管段接头,对悬浮隧道结构体系进行了静、动力分析。

4.2 隧道锚固系统

目前国外提出的悬浮隧道的支撑体系主要有水面浮筒锚固和海底锚索锚固两种形式。这两种形式的相关分析主要是考虑在波浪、流、地震等环境作用下的稳定性和承载能力,其中环境动力荷载作用下锚索的研究更丰富一些。

Fogazzi 和 Perotti[63]考虑到在变化的轴力作用下锚索单元会产生横向振动,将实际锚固系统简化为两个与实际锚杆总面积和柔度相同的等效单元。该单元为图 4.1 所示的具有五个自由度的平面铰接杆单元。计算平面铰接杆单元的单元刚度矩阵时,Fogazzi 和 Perotti 引入如下假设:①相对于杆弦的长度,单元的转动和横向位移很小;②单元的轴向变形很小且沿杆长不变,为节点位移的二次函数;③单元为弹性材料。

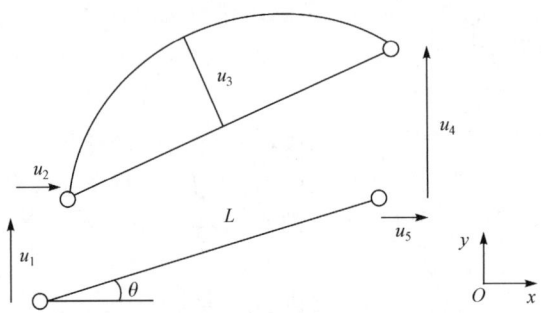

图 4.1　整体坐标系下的五自由度平面铰接杆单元

麦继婷等[72]、葛斐等[73-74]分别将悬浮隧道的张力腿(锚索)简化成竖向的简支梁,利用伽辽金法和数值积分法,计算分析了参数激励频率、外激励频率对张力腿(锚索)涡激动力响应的影响。

Faggiano 等[64]则采用桁架单元模拟锚索,假设锚索与隧道断面连接处的节点与隧道管体单元节点之间为刚性连接;在每个节点处扭转自由度被约束,扭转刚度由锚固系统承担;Faggiano 等研究分析了如图 4.2 所示的三种形式的锚固系统。

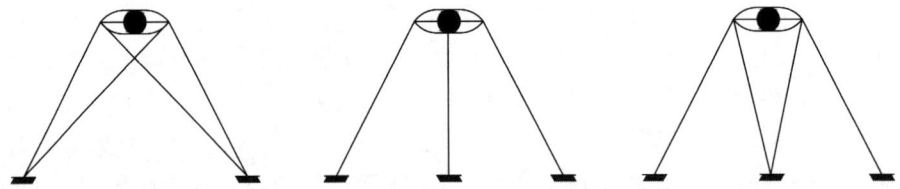

图 4.2　悬浮隧道三种形式的锚固系统

Kanie 等[75]研究了悬浮隧道利用倾斜锚腿锚固的情况,发现在恶劣情况下锚腿有时会发生突然松弛或拉断。另外,Kanie 等认为锚腿自身的变形会引起非线性恢复力。因此,他们首先研究了不同自重和浮力平衡下倾斜锚腿的非线性恢复力;其次进行了悬浮隧道动力响应的时域分析,并分析了锚腿的松弛和拉断现象;最后给出了非线性效应对悬浮隧道动力响应的影响:锚腿的自身变形会引起非线性恢复力,除非锚腿相当短,否则其对结构位移和锚腿张力的影响不可忽略。

Haugerud 等[16]对悬浮隧道进行了线弹性有限元静力分析和地震荷载作用下的动力分析。结构用一个线弹性框架模型来表示,由直的梁单元组成,梁单元之间在节点处固结。整个模型在桥台处完全固定,由线弹性弹簧支撑于基础上。

4.3 作用荷载

悬浮隧道承受的基本荷载包括自重、静水压力、浮力、流、波浪、附属设备自重、车辆荷载等,其中比较复杂的作用主要是流、波浪等环境荷载。特殊荷载则包括极限环境荷载,如极限波浪作用、地震动作用、外部和内部的爆炸冲击作用、船舶或潜艇等的撞击作用以及火灾等。由于悬浮隧道所处的流体环境、水弹性特征和热传导特征均不同于其他隧道,所以这方面的研究有其自身的特殊性,目前所涉及的研究并不多。

悬浮隧道分析的难点之一就是环境荷载如波浪和流的作用模型问题。关于波浪和流建模的工作相对比较多,但从目前的研究来看,还没有针对不同的悬浮隧道截面形式或锚固系统提出专门的波浪或流的作用模型,主要采用其他海洋工程中已有的经典成果进行分析。这对于结构整体受力研究的影响不大,但如果需要研究细部受力或者横截面的内力变化则有一定的影响,会使诸如虚拟层合单元等精细结构模型的分析效果大打折扣。

Hiroshi 等[76]用 Morison 方程和边界元方法研究了不同锚固形式下悬浮隧道在海水波浪荷载作用下的性能。他们认为:锚索的张力与波高成正比;作用在隧道上的波浪力主要为惯性力;用边界元方法计算的波浪力与试验所得的结果比较吻合。

Fogazzi 和 Perotti[63]为了模拟悬浮隧道在横向和竖直地震荷载以及法向波浪作用下的动力响应,根据 Chakrabarty 提出的 Morison 方程计算了作用在单元轴线法线方向单位长度上的波浪力。

麦继婷和关宝树[77]在计算悬浮隧道沿波动方向所受的总的波浪力时也采用了 Morison 方程进行计算。计算中假设:①悬浮隧道放在水下某一深度处,由桩式支撑或锚索固定在海底;坐标系如图 4.3 所示,z 轴竖直向上,x 轴沿波动方向,y 轴与悬浮隧道轴线平行,且与轴线在同一竖直平面上,坐标原点置于无波动时的水面位置上;②不考虑波流作用下隧道的变形、位移;③波动方向与悬浮隧道轴线垂直,且沿轴向波动情况相同;④由于海流的速度分布随深度衰减很慢,水质点的运动近似水平,假定海流为一稳定均匀水平流,流速 u 同波动方向(即 x 轴)夹角为 α。

此外,麦继婷等[78]还采用波浪绕射理论和源汇法对悬浮隧道所受波浪荷载进行了求解,并计算分析了作用在悬浮隧道上的波浪荷载随波浪入射角、隧道放置深度和表面流速的变化情况。

王广地等[79]认为悬浮隧道作为悬浮在水中的结构物,波浪、海流荷载必将是影响悬浮隧道结构稳定性的常规荷载。由于悬浮隧道在空间结构上为细长结构

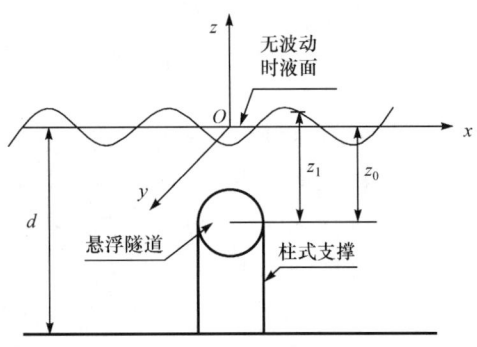

图 4.3 悬浮隧道及坐标系

物,他们利用 Morison 方程计算了结构所受到的波流力,分析了悬浮隧道结构所受波流荷载随悬浮深度、海水深度、海流速度和管段截面尺寸等因素的变化规律。

显然,采用 Morison 方程模拟荷载对于结构截面尺度与流体深度同等量级的悬浮隧道的分析并不合适,完全没有考虑悬浮隧道与流体之间的动力耦合。因此,Remseth 等考虑流固耦合对悬浮隧道进行了研究。

Haukaas 和 Remseth[80]认为悬浮隧道细长,应将其作为流体结构相互作用问题来分析;建立了控制整个耦合领域的基本方程,给出了在频域和时域中求解的计算机程序与简化的手算方法;研究了跨长为 1500m 的悬浮隧道的三种情况——两端简支的直线隧道和曲线隧道,以及通过张力腿锚固的曲线隧道。此外,Haukaas 和 Remseth 还分析了频域中直线隧道在短脊状波浪和长脊状波浪情况下的响应,得出短脊状波浪和长脊状波浪情况下的谱密度明显不同。Haukaas 和 Remseth 认为时域分析中所得的结果不理想,而长脊状波浪作用下,时域分析的结果与频域分析的结果吻合较好。

其后,Remseth 等[81]在 Navier-Stokes 方程的基础上,建立了流体结构相互作用有限元模型,以分析在风生波的作用下悬浮隧道的随机动力响应;进行了以动力平衡方程为基础的频域响应分析和对随机荷载过程的样本的模拟基础上的时域分析。他们认为耦合的流体结构相互作用问题的有限元模型主要由三个部分组成:①通过不可压缩 Navier-Stokes 方程求解的流体;②通过非线性弹性方程求解的固体;③定义这两个区域耦合的交界面。图 4.4 为流体区域的几何特性和网格划分情况。

在耦合的流体结构相互作用问题的二维分析中,梁结构的理想化模型应为一个两自由度的系统,包括一个质点和两个表示梁的整体抗弯刚度的弹簧,如图 4.5(a)所示。由于在 Remseth 等所采用的 SPECTRUM 程序中梁截面必须被定义为固体或壳体单元,所以他们将梁的横截面定义为 16 个固体单元,如图 4.5(b)所示。为避免梁截面绕其自身轴线旋转,竖向弹簧被分成两个与圆柱体的对边相连的桁架单元。

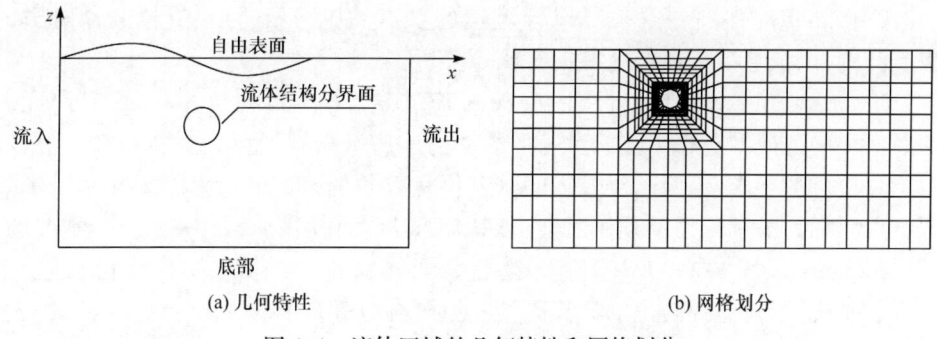

图 4.4　流体区域的几何特性和网格划分

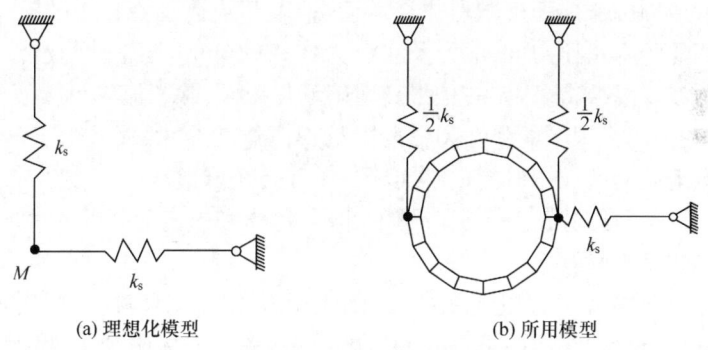

图 4.5　固体区域模型

Brancaleoni 等[82]在 Morison 理论的合理范围内,假设流体为无黏性、不可压缩的,提出了用耦合的结构流体动力相互作用问题计算地震和波浪作用下悬浮隧道的动力响应的特殊计算公式和原理,研究了两种本质不同的结构形式,前者为浮力大、跨度小(50~100m)、由锚索锚固在海底的悬浮隧道,后者为恒载与流体静荷载平衡、跨度大(可达 1000m)、由刚性桥墩来支撑的悬浮隧道。研究结果表明,在恶劣的环境下不宜采用净浮力、大跨度方案。

地震动对于悬浮隧道的受力特性也有重要作用,尤其是在地震动引起的动水压力波与海浪、海流的耦合作用下,悬浮隧道及其锚固系统的动力安全性至关重要。

Morita 等[83]假设:①流体为可压缩、非黏滞性的,运动是无旋转的;②地震和结构运动较小且为时谐的;③海底运动一致;④忽略海水表面波,流体区域的运动可以用速度势函数描述;⑤将锚索看作弹簧。他们考虑海水的压缩性,讨论了悬浮隧道在竖向地震激励下的响应;以格林函数法为基础,通过原型尺寸分析了海水压缩性对动水压力特性和隧道动力特性的影响,得出地震作用下海水压缩性对动水压力特性和隧道加速度响应的影响不可忽略的结论,但假定地基为刚性的会导致波的反射,得出的结论值需要商榷。

Carpaneto[84]讨论了锚索式悬浮隧道的多点激励分析、浮筒支撑悬浮隧道的海震问题,以及悬浮隧道的地震灾害风险分析。

Fogazzi 和 Perotti[63]则针对 Messina 海峡悬浮隧道设计方案,采用有限元方法对两个隧道模型进行了地震激励下的动力响应分析,尽管得到的结果还无法满足工程设计的要求,但对悬浮隧道的研究仍是有益的,例如,计算结果显示了细长锚杆由于惯性力和压力荷载作用会出现压力,从设计角度来看这一点是很重要的。

Faggiano 等[64]在意大利阿基米德桥公司提出的 Messina 海峡悬浮隧道初步设计的基础上,对悬浮隧道的计算模型和地震响应进行了研究。

实际上,与波浪荷载相比,地震荷载具有持时短、频率高、强度大的特点,短时间内能使管道周围流体产生剧烈往复运动,地震与流体动力作用的频率组成也是不同的。相比于静水压力、波浪力及水流力作用的分析,地震动与波浪、水流的耦合动水压力波要复杂得多,尤其是强烈地震动情况下,除了流体可压缩性有重要影响外,流体和地基无限域的弹性和辐射阻尼作用影响很大,而且由于流体的存在,悬浮隧道的地震动的作用机制也不同于桥梁和传统隧道。

此外,关于锚索的疲劳荷载、隧道的冲击、爆炸和撞击荷载以及火灾,目前借鉴其他隧道形式略有涉及。

惠磊等[85]建立了悬浮隧道在冲击荷载作用下的简化计算模型,用等效质量法将圆柱壳分布质量折算成冲击点处的集中质量,考虑流体附加质量和系统阻尼的影响,根据碰撞过程中的动量守恒、变形过程中的能量守恒以及结构的位移与内力关系,得到问题的解析解。随后,他们还建立了动态冲击有限元分析模型,验证了解析解。

董满生等[86]对曲线形悬浮隧道的温度内力进行了研究,认为曲线形悬浮隧道的内力会产生扭矩和弯矩,在设计中应予以考虑。

4.4 模型试验

迄今为止,还没有悬浮隧道建成,所以相关研究只能在案头研究的基础上进行。模型试验在模拟实际情况的基础上可以得出一些事先并不了解的设计参数,了解一些影响因素对隧道的作用规律和影响程度。因此,对悬浮隧道进行模拟试验也不失为一种好的分析方法。

Venkataramana 等[87]分析了静海中稳流作用下悬浮隧道的振动,并且试验模拟分析了单向流作用下模型的动力响应。试验在一个长为 6m、宽为 2m、深为 1m 且最大水流速度为 2m/s 的水道中进行。试验模型为中空的圆柱形聚氯乙烯(PVC)管,直径为 75mm,长度为 200mm。由于水道的宽度远远大于模型的尺寸,一个长为 2.5m、高为 1m、宽为 200mm 且由聚丙烯制成的水槽被放置在水道的中央,以模拟真实的二维流状态。模型放置在水槽的中央,每端用四个弹簧固定。四个弹簧中有两个为水平方向,两个为竖直方向,弹簧间的夹角为90°。为准确记录模型的运动,直径为220mm的聚丙烯圆盘连在穿过模型中心线的直杆两端。在每一个圆盘上,沿圆盘径向用黑色聚氯乙烯绝缘带等距离标记了八个点,在试验中将记录这些点的振动。模型的示意图如图4.6所示。试验在各种不同的水平弹簧和垂直弹簧刚度的结合下进行。

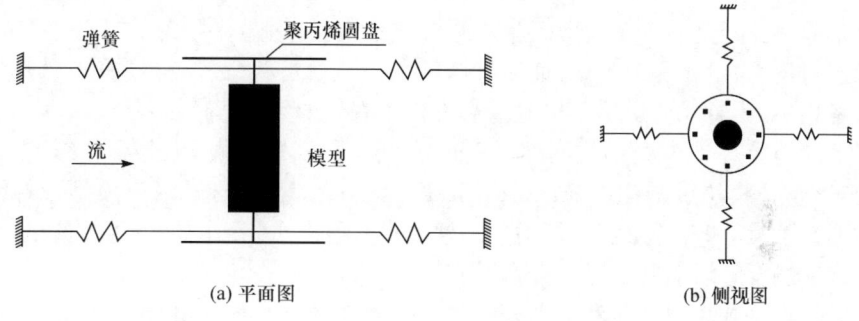

图4.6 模型示意图

Larrsen[88]提出了一种仅限于测试响应的系统识别方法。该方法有两个基本步骤:①确定固有频率和模态阻尼比;②在假定的数学关系和对给定的误差函数求最小值的基础上对基本参数进行估计。为了提高对悬浮隧道的水动力荷载和响应的认识,由挪威公共道路行政局在Trondheim的Marinte海盆进行了悬浮隧道的模型试验,测试了几种不同形状的规则波、不规则波、冲击波和流作用下的隧道。该模型为一置于水下深度为0.75m、长为20m、外径为0.25m的圆管。在这个模型试验中,进行了一系列的测试,主要测试了管体1/3处、跨中及2/3处的水平与竖向的变形和其中两处的加速度。

干湧[5]对金塘海峡悬浮隧道进行了节段模型试验,目的是查明该类复杂截面形式在荷载作用下的力学性能并检验虚拟层合单元在悬浮隧道空间整体分析中的可行性。节段模型采用4mm的有机玻璃板材制作而成,其总长为2.5m、宽为0.558m、高为0.242m。考虑到水下试验的防漏要求,节段模型的两端设置有厚3mm的工程塑料隔板。为了便于引出节段模型内应变片的导线,在端隔板上预留有两个直径为24mm的圆孔,在预留圆孔中套上PVC管,模型内部应变片的导线通过PVC管接驳至模型外。节段模型的锚索采用直径为1mm的不锈钢丝,通过黏结在模型管体上的构件与模型相连。

王长春[89]通过室内模型试验,研究了洋流对悬浮隧道结构的受力和变形的影响情况,并且采用了平面应变的管段模型试验进行研究,管体分别采用石膏、橡胶、混凝土等材料进行模拟,锚索采用直径为1mm的钢丝进行模拟。在采用模型试验和理论分析的基础上,还采用了以有限元分析为基础的流体-结构耦合的数值计算方法,并与模型试验结果进行比较分析,以验证模型试验的正确性和可靠性。

Nishio 和 Incecik[90]通过均匀流下的悬浮隧道模型试验,测量了振荡圆柱体的水动力,得出了流场振荡频域范围和力的关系。

4.5 其他相关研究

李静和林祥金[91-92]基于 BP 神经网络理论模型,对悬浮隧道施工中各项风险指标进行辨识、量化和评价,进而对其施工总体风险进行分析,得到施工风险的量化参考指标,为悬浮隧道施工风险管理提供了有效的风险分析工具。

王广地等[93]为探讨结构断面形状对悬浮隧道管段表面压力分布的影响,采用ANSYS流体模块重整化群(renormalization group,RNG)k-ε 湍流模型,对圆形、多边形、曲边形和椭圆形四种断面的悬浮隧道管段海水绕流场进行了数值模拟,分析了绕流场及管段表面的压力分布特点。

为了得到拖曳力系数和隧道管体的最优截面,Fujita 和 Mikami[94]通过二维和三维的振动分析方法计算了张力腿的锚固力。二维分析方法是为了确定隧道管体的最佳形状,该分析是在修正的 Morison 方程的基础上进行的。三维分析方法是为了给出悬浮隧道在运营阶段以及完工后在假定的位移、振动量、锚索的张力下的情况。该分析同样是在修正的 Morison 方程的基础上进行的。图 4.7 为振动分析模型示意图。

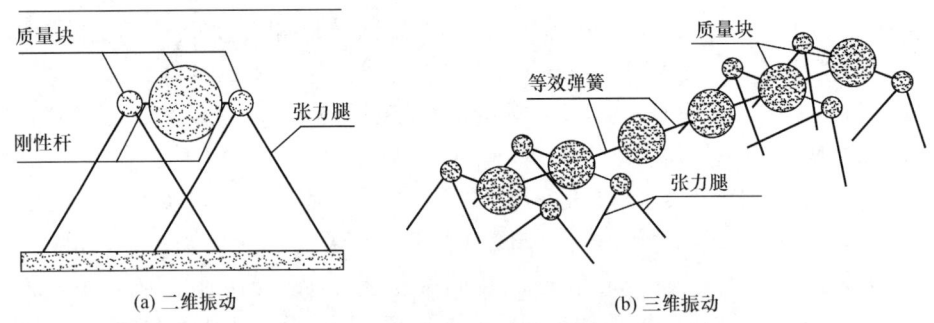

图 4.7 振动分析模型示意图

悬浮隧道承受的环境荷载本质上属于动力荷载,因此关于减小动力作用的措施也得到了研究,例如,Iijima 等[95]研究了空气喷射型致动器(air spouting type actuator)以减小正弦流对张力腿式悬浮隧道的作用和作用在垂直支撑的悬浮隧道上的流体升力。

对于一个比较成熟的结构分析,应该能够根据结构可靠度理论对正常使用极限状态、强度极限状态、渐进破坏极限状态、疲劳极限状态等各种工况下的受力和变形进行分析,为设计提供参考。例如,极端的环境荷载(如波浪、流、地震)、突发灾难荷载事件（如冲击、爆炸、碰撞等）以及局部构件失效等对结构整体失效和破坏形式的影响等。因此，结构分析应具有进行各种荷载作用下结构线性和非线性的响应特性与破坏机理分析的能力，必要时还可以结合模型试验进行反分析研究。但由于悬浮隧道所处的环境以及基本荷载的动力本质，研究中需要考虑流体-结构-地基之间的相互耦合作用，进而必须考虑水环境下的荷载作用机制和作用模型。这将导致计算的复杂性和计算规模巨大，因此不仅要使分析模型更加细致，考虑的因素更加全面，又要在此基础上从隧道模型、荷载作用机理、计算方法等多方面进行合理简化。

首先是采用隧道单元。隧道单元一方面应该具有反映隧道轴向和横截面力学特性的能力，不仅可以合理反映环境荷载以及各种内部荷载的分布规律，还可以合理模拟隧道在轴向及面内的变形和线性、非线性应力分布；另一方面应该尽可能简单，避免由此导致的周围流体区域计算规模的膨胀。因此，需要研究类似于虚拟层合单元的广义有限元或超单元模型，以及具有反映多耦合场分析能力的多变量有限元模型。

其次是周围流体和地基作用模型与分析模型的研究。这包括两方面问题，一是周围流体和地基固体介质的相互作用模型研究；二是环境荷载模型和作用机理的研究。两者是互相关联的。显然，目前多数悬浮隧道研究中各种荷载作用模型和结构动力分析是相互孤立的，没有真正考虑流体-结构-地基的耦合。流体或地基相对于结构属于无限域，既是结构的约束体又是荷载的施加体，因此从约束作用上讲要研究流体模型和地基模型的弹性与阻尼作用；从荷载施加上讲要根据流体-固体分析模型合理确定施加方法。例如，对于地震动，流体的存在是悬浮隧道与陆地桥梁结构的根本区别，悬浮隧道同时承受锚索和海底摆动所产生的动水压力波所传来的振动作用，这两者施加的地震荷载分布和荷载频谱特性是不一样的。由于隧道轴向尺寸远远大于横向尺寸，所以不同方向的波浪和流对于隧道与锚索的作用是不一样的。

如果同时模拟流体-固体区域进行耦合分析，则需要研究荷载的边界作用机制和模型，如悬浮隧道通过锚索与地基岩体之间在大范围内相互作用，地震波作用是通过地基模型边界以相互作用力的方式输入的，因此要建立同时考虑地震波与海流、海浪引起的动水压力波作用的边界输入模型。

如果以隧道-锚索系统分析为主体，流体和地基的弹性与阻尼作用采取简化模型，则需要研究荷载的直接作用模型，如要分别建立地震动引起的流体压力波对于隧道的作用模型以及通过锚索的作用模型。

综上所述，作为一种具有一定特色和竞争力的全新概念与结构形式，与传统的隧道和大跨度桥梁相比，悬浮隧道的分析手段还比较粗糙，研究的内容还很不全面，且面临大量的基础力学问题需要解决。然而，从世界各国学者关于悬浮隧道的研究现状来看，悬浮隧道的实现指日可待。

第 5 章　悬浮隧道地震响应模型试验

5.1　引　　言

模型试验[96-98]是重大工程建设中必不可缺的一环,是为结构分析提供数据和结论的主要手段之一。古今中外,模型试验在科学研究和技术革新等方面都起着重要作用。例如,张衡制造浑天仪时就先用竹篾做成小模型研究,然后制成青铜浑天仪。法国科学家容格密里用简支梁受弯试验验证了巴朗提出的中和轴理论[99]。

在计算机飞速发展的今天,模型试验方法仍然在工程技术发展和进步方面起到不可替代的作用。模型试验既可以验证数值计算方法的有效性和正确性,又可以直观地给出复杂细节的受力状态。特别是对于未能建立理想数学模型问题的研究,模型试验更是不可缺少的研究方法[100]。

地震[101-102]是典型的随机过程,地震加速度不能用数学公式表达,所以结构的动力方程也就无法通过解析的方法求解,只能采用离散化的数值积分方法求解各个时刻的地震反应,计算工作量非常大。同时,由于一些问题的复杂性,至今很多问题仍不能给出满意的数学模型。因此,利用物理模型和试验方法研究工程问题仍是不可缺少的有力工具。

振动台模型试验[103-104]是实验室模拟地震的重要手段,它能模拟比较接近实际地震时地面的运动情况以及地震对建筑结构的作用情况,是研究结构地震破坏机理和破坏模式、评价结构整体抗震能力和衡量减震、隔震效果的重要手段和方法,因此在地震工程的理论研究和工程实际中得到广泛的应用[105-106]。尽管由于台面尺寸、台面承载力等因素的限制,振动台模拟地震试验目前还存在一定的局限性,但这种试验对揭示工程结构的抗震性能和地震破坏机理仍不失为一种比较直观的研究途径[107]。

振动台模型试验研究的主要项目有以下几种[108]。

(1) 确定结构在线弹性范围内的动力特性。其中最基本的动力特性是有意义的自振频率和相应的振型,以及各振型的能量耗散或阻尼值。

(2) 确定结构在线弹性范围内、在各种特定动力荷载作用下的动力反应,如应力和位移等。特定的动力荷载有地震荷载等引起的振动荷载等。

(3) 研究结构的非线性动力问题,如研究结构的屈服条件、屈服情况下的能量耗散、结构的破坏机理和准则,以及地基基础结构、地下结构等。

悬浮隧道目前尚未出台适用的规范、规准,其设计、建造、运营程序不受既有标准的支持,因此需要通过试验,特别是振动台模型试验,对其抗震性能做出合理的评估。

与普通民用建筑物相比,悬浮隧道抗震计算的特点是必须考虑水体的影响。水体的存在,导致悬浮隧道管体上有一个除静水压力以外的附加的动水压力,这会引起结构自振频率与振型的改变并产生附加的阻尼。悬浮隧道管体周围水体的存在,使得悬浮隧道的振动响应复杂得多。悬浮隧道振动时,一方面,由于水体的存在,悬浮隧道体系的振动频率和振动形状发生变化,另一方面,悬浮隧道的振动形态又对水体的运动产生影响,这样就形成了一个统一的悬浮隧道-水体相互作用的运动体系。

为模拟悬浮隧道-水体相互作用的真实情况,在大连理工大学海岸和近海工程国家重点实验室拥有的国内唯一的大型水下振动台上进行了国内外首次悬浮隧道地震响应模型试验。随后根据模型试验的现象和试验数据,分析了悬浮隧道地震时的反应特点,以及悬浮隧道地震响应的影响因素。

5.2 模型介绍

本节参考拟建悬浮隧道的设计参数,根据弹性相似理论设计了悬浮隧道的地震响应模型试验。考虑到严格保持几何比尺会使管体的截面尺寸不利于传感器的布置和保证测量精度,因此截面采用的刚度相似[109-111],其他比尺根据基本比尺和相似关系导出。

$$\lambda_\rho \cdot \lambda_A \cdot \lambda \cdot \lambda_u \cdot \lambda_t^{-2} = \lambda_I \cdot \lambda_E \cdot \lambda_u \cdot \lambda^{-3} \tag{5.1}$$

$$\lambda_t^2 = \lambda_\rho \cdot \lambda^4 \cdot \lambda_E^{-1} \cdot \lambda_r^{-2} \tag{5.2}$$

式中,λ_ρ、λ_A、λ、λ_u、λ_t、λ_E、λ_I 和 λ_r 分别为模型和原型间的密度比尺、截面面积比尺、几何比尺、位移比尺、时间比尺、弹性模量比尺、惯性矩比尺和惯性半径比尺。其中 $r^2 = I/A$,r 为惯性半径。

根据振动台尺寸及拟考虑的悬浮隧道管段长度,确定模型试验的几何比尺为50。由于模型试验中水体材料的限制,原型与模型中材料质量密度比值与水体质量密度的比值相等,即

$$\rho_p/\rho_m = \gamma_p/\gamma_m = 1.0 \tag{5.3}$$

式中,ρ_p 和 ρ_m 分别为原型和模型中材料的质量密度;γ_p 和 γ_m 为原型和模型中水体的质量密度。

悬浮隧道管体模型采用 PVC 材料制作。这种材料的特点是造价低,强度高,易于进行机械加工。整个悬浮隧道管体模型的长为 3m、外径为 0.16m、壁厚为 4mm,弹性模量为 8.7537GPa。锚索采用直径为 1.5mm、间距为 100cm 的钢绞线

模拟,钢绞线的弹性模量为210GPa。

由于PVC材料质量密度较小,由模型相似理论要求的密度比尺可知,需要在模型上增加配重以弥补质量密度差距,试验中以铅环作为配重,采用均匀方式布置,以满足模型相似所要求的条件。

考虑到水下试验的防漏要求,悬浮隧道的两端采用PVC板密封。为了便于引出管体内动水压力传感器的导线,在两端的PVC板上预留了一个直径为15mm的圆孔,如图5.1所示。导线在预留圆孔处用橡胶薄膜进行封扎,防止导线来回扯动导致漏水,影响试验结果。此外,所有可能进水的部位都用耐老化、耐酸碱、耐高低温、无腐蚀、绝缘、防水防震效果好的硫化硅橡胶进行了密封。

为调节锚索的拉力,在锚索端部接入了花篮螺丝,如图5.2所示。

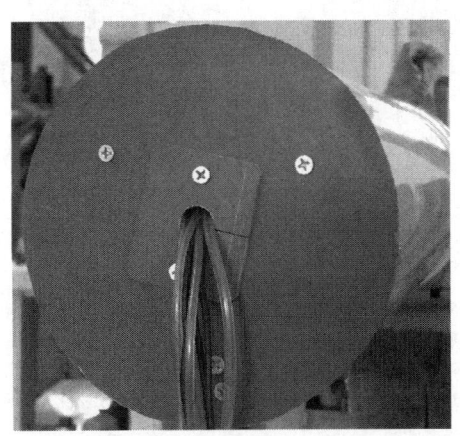 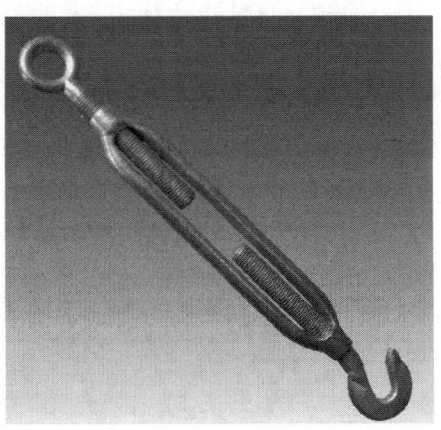

图5.1 悬浮隧道模型端隔板图　　　　图5.2 花篮螺丝

5.3 试验设备和仪器

5.3.1 地震激励系统

悬浮隧道地震响应模型试验的激励装置采用大连理工大学海岸和近海工程国家重点实验室的大型电-液伺服控制水下地震模拟系统。该系统由水下振动台、驱动系统、中心控制系统、水池组成,不仅是目前国内唯一具有隔水密封功能的,可进行水下、陆上结构模型试验的地震模拟系统,还具有20世纪90年代国际先进的数控水平,它采用国际上先进的APC、AHC、OLI和AIC等自适应控制方式,可以准确地实现各种规则波或随机波的再现。水下振动台的主要技术参数如表5.1所示。振动台为准椭圆形,长轴为4m,短轴为3m;水槽宽为15m,长为7.4m,最大水深为1m。为了防止水平振动时波浪在水池两端的反射,在水池的长边两端安装了消能网。振动台中心控制系统和水下地震模拟系统分别如图5.3和图5.4所示。

表5.1 水下振动台的主要技术参数

特性	说明	特性	说明
振动方向	水平+竖向+摇摆	最大水平加速度	1.0g
控制模式	数字控制	最大竖向位移	±50mm
振动台最大载重	10tf	最大竖向速度	±35cm/s
最大水平位移	±75mm	最大竖向加速度	0.7g
最大水平速度	±50cm/s	工作频率	0.1~50Hz

注:1tf=9806.65N。

图5.3 振动台中心控制系统

图5.4 水下地震模拟系统

5.3.2 传感器和数据采集系统

1) 加速度的测试与采集

本次试验采用日本东京测定器材株式会社生产的ARH-100A型压阻式加速度传感器(图5.5),其具有体积小、重量轻、灵敏度高、防水性好、稳定性好等优点,适用于水下测试。信号采集系统采用北京京南航天数据技术有限公司制造的DSPS(Digital Signal Process System)多变量数据分析系统,如图5.6所示。该系统提供了电压、电荷、应变信号入口,可测试多种类型的信号。动态信号的实时处理和分析采用DSPSV5.0软件,能够完成信号的滤波、时域分析、频域分析等功能。

2) 应变的测试与采集

本次试验主要测量悬浮隧道管体与锚索的应变。

传统测量应变的传感器一般为电阻应变片,由于其尺寸小、重量轻、测试技术简单、价格低廉、精度可以达到一般要求而得到了广泛的应用[112]。但是电阻应变片易受环境电磁场干扰[113],在地震模拟系统的强电磁干扰情况下,电阻应变片的

图 5.5　压阻式加速度传感器　　　图 5.6　多变量数据分析系统

噪声很大,很难测量到较弱的应变信号,且信号传输距离短,耐腐蚀性差,长期稳定性差,必须进行防水处理才能进行水下工作。光纤光栅(fiber Brag grating,FBG)是近十几年出现的一种新型智能传感元件,具有稳定性好、灵敏度高、耐腐蚀、抗电磁干扰、准分布测量、体积小、重量轻和结构简单等优点[114-116],符合本次试验水下应变测量的要求。因此,悬浮隧道管体的应变测量采用大连理工大学自行研发的夹持式封装光纤光栅应变传感器,如图 5.7 所示。夹持式封装光纤光栅应变传感器的主要原理是在钢管封装的光纤光栅应变传感器的两端安装夹持构件,待测结构的应变通过夹持构件传递给光纤光栅[100]。

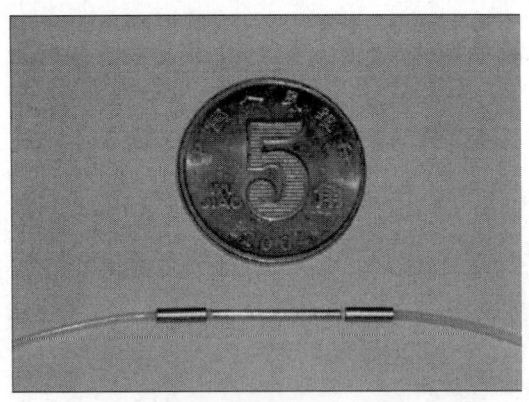

图 5.7　夹持式封装光纤光栅应变传感器

由于模型试验中所采用的锚索直径很小,使用常规的应变传感器无法完成预期目标。本次试验采用裸光纤光栅作为应变传感器直接粘贴在钢绞线表面进行锚索应变的测量。裸光纤光栅非常纤细,直径只有 125μm,用硫化硅橡胶密封处理后即可进行水下测量。然而,裸光纤光栅比较脆,抗剪能力差[117]。为防止钢绞线安装、调整过程中裸光纤光栅被折断,将钢绞线上粘有裸光纤光栅的部分固定在钢筋棍上,等钢绞线受力拉直后再将钢筋棍拆除。

应变采集系统由 Si425 光纤光栅传感解调仪、NI PXI-1044 插槽机箱和大连理工大学工程抗震研究所开发的光纤光栅解调器与应变采集仪同时测量程序组成。本次试验使用的 Si425 光纤光栅传感解调仪为美国微光光学公司生产的 Si425 Swept Laser Interrogator 光纤光栅解调器,采样频率为 250Hz,4 通道,每通道可串联 128 个光纤光栅传感器。该解调器具有测量精度高、灵敏度高、可靠性高、测量点多、测量范围大、抗电磁干扰强、耐腐蚀、能在比较恶劣的化学环境下工作等特点[100]。Si425 光纤光栅传感解调仪、NI PXI-1044 插槽机箱分别如图 5.8 和图 5.9 所示。

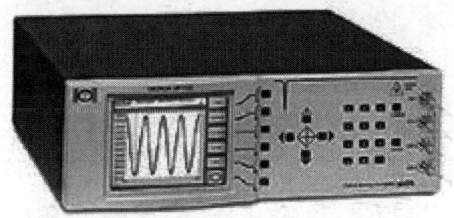 

图 5.8　Si425 光纤光栅传感解调仪　　　　图 5.9　NI PXI-1044 插槽机箱

3) 水压力的测试与采集

本次试验采用硅压阻式传感器(图 5.10)测量作用在悬浮隧道管体上的水压力。硅压阻式传感器的特点是测量范围广、分辨率高、误差小。数据采集和数据处理系统由 YL-100 型多点压力仪(图 5.11)和中国水利水电科学研究院编制的 DJ800 型多功能检测系统(图 5.12)组成。试验仪器的总体布局如图 5.13 所示。

图 5.10　硅压阻式传感器　　　　图 5.11　YL-100 型多点压力仪

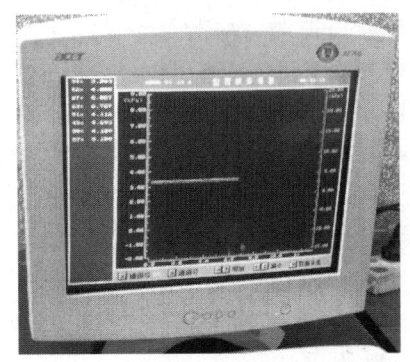
图 5.12　DJ800 型多功能检测系统

图 5.13　试验仪器的总体布局图

5.4　试验测试内容

本次试验的测试内容主要包括悬浮隧道管体的加速度、应变和锚索的轴力,以及作用在悬浮隧道管体上的水压力。

1) 悬浮隧道管体的加速度

沿悬浮隧道管体长度方向在管体的顶面纵轴线上布置 4 个竖向加速度传感器,在悬浮隧道管体的侧面纵轴线上布置 4 个水平加速度传感器,如图 5.14 所示。在振动台台面上各布置一个水平加速度传感器和一个竖向加速度传感器用于测试台面输入的加速度。

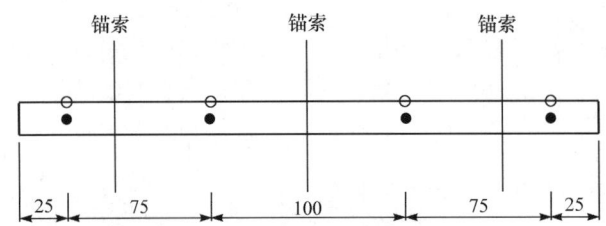

○ 竖向加速度传感器　● 水平加速度传感器

图 5.14　悬浮隧道管体加速度传感器的布置示意图(单位:cm)

2) 悬浮隧道管体的应变

沿悬浮隧道管体轴向取两个测试断面,即 1-1 断面和 2-2 断面,每个断面布置 4 个测点。每个测点处布设 2 个应变传感器,切向 1 个,轴向 1 个。同时,为了检验光纤光栅应变传感器的测试效果,在每个光纤光栅应变传感器旁布设一只电阻应变计,以便进行比较。悬浮隧道管体光纤光栅应变传感器的布置示意图如图 5.15 所示。

3) 悬浮隧道锚索的轴力

本次试验通过测量锚索应变的方法来获取锚索的轴力,每根锚索上布设一个裸光纤光栅传感器。试验前,在 CMT5000 电子式材料试验机(图 5.16)上对每一

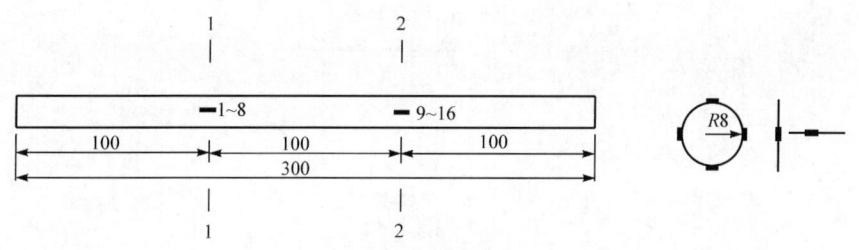

图 5.15 悬浮隧道管体光纤光栅应变传感器的布置示意图(单位:cm)

根粘有裸光纤光栅传感器的锚索进行拉伸试验,同时记录光纤光栅的响应。该试验机为伺服电机驱动,双工作间平台,配有全数字闭环测控系统和试验软件,最大试验力为 100kN,采样速率为 50 次/s,试验速度为 0.001~500mm/min,位移分辨率为 $0.025\mu m$。所得的各个裸光纤光栅传感器的波长-荷载换算系数如表 5.2 所示。裸光纤光栅传感器的标定结果如图 5.17 所示。

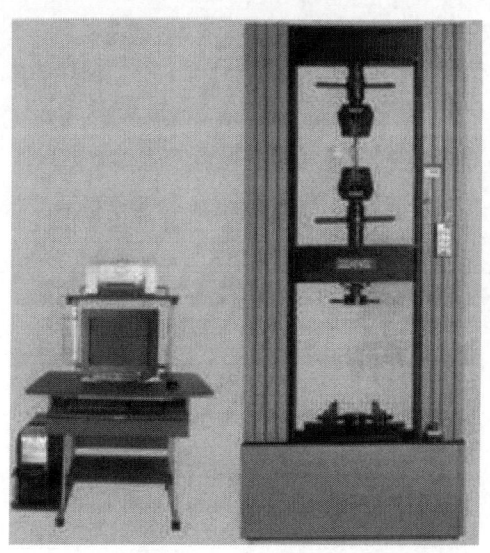

图 5.16 CMT5000 电子式材料试验机

表 5.2 裸光纤光栅传感器的波长-荷载换算系数表

锚索编号	换算系数/(nm/N)
1	0.00650
2	0.00570
3	0.00564
4	0.00676
5	0.00798
6	0.00433

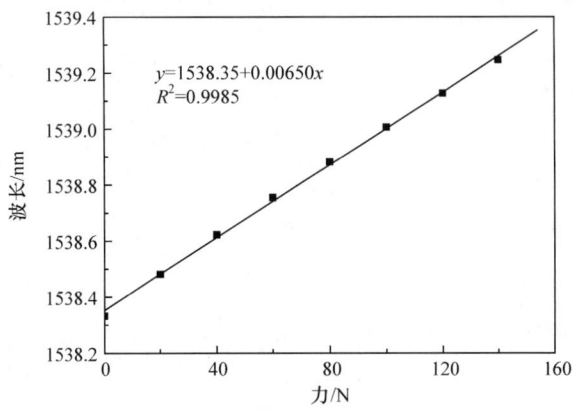

图 5.17 裸光纤光栅传感器的标定结果

4) 作用在悬浮隧道管体上的水压力

沿管体轴向取两个测试断面,即 1-1 断面和 2-2 断面,每个断面布置 4 个测点,每个测点处布设 1 个压力传感器。悬浮隧道管体压力传感器的布置示意图如图 5.18 所示。

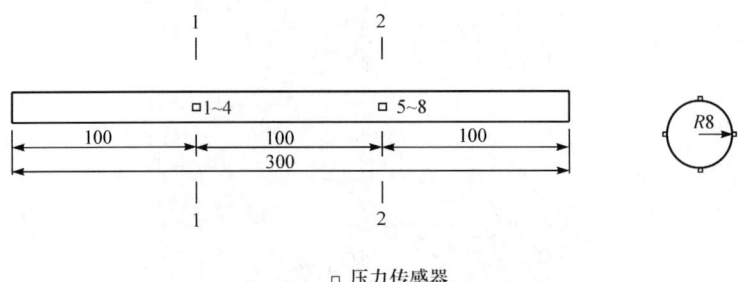

图 5.18 悬浮隧道管体压力传感器的布置示意图(单位:cm)

5.5 模型试验基本情况

5.5.1 试验工况

本次试验主要进行了不同激励波形、不同激励方向、锚索不同倾斜角度(锚索倾斜角度是指锚索与水平面的夹角)等工况下的试验研究。详细的试验工况如表 5.3 所示。

表 5.3　试验参数及工况表

影响因素	试验工况
激励波形	白噪声,正弦波,人工波1,人工波2
激励方向	水平,竖向
悬浮隧道放置深度/cm	35,40,45
水深/cm	80,85,90
锚索倾斜角度/(°)	45,60

无水时与有水时的悬浮隧道模型分别如图 5.19 和图 5.20 所示。

图 5.19　无水时的悬浮隧道模型

图 5.20　有水时的悬浮隧道模型

5.5.2　试验步骤

试验的具体步骤如下:
(1) 选择质量合格的 PVC 管段,按相似准则要求的配重加工铅环;
(2) 安装压力传感器,放置铅环,对管体进行密封防水处理;
(3) 粘贴应变片、光纤光栅应变传感器、加速度传感器、裸光纤光栅传感器;
(4) 将管段吊起,并将锚索连接到管段上,固定管段在预先设计的位置上;
(5) 开动水泵,放水到淹没管段结构时,解除绳索;
(6) 放水至预先设计的水位,调整试验仪器;
(7) 开启振动台,输入地震波,进行数据采集;
(8) 数据采集结束,关闭振动台;
(9) 排水;
(10) 重复试验步骤(4)~步骤(9)。

5.5.3　地震波加载方案

试验地震波加载分为以下 3 个阶段。

(1) 白噪声激振法测定结构的频率。采用振动台产生白噪声随机波对结构进行激振,测定结构的频率。白噪声频率范围为 0.5~50Hz,加速度幅值为 0.05g~0.15g,振动时间为 30~60s。

(2) 输入正弦波,研究悬浮隧道模型在共振下的动力响应,并且验证模型是否具有缺陷。

(3) 输入人工波 1(图 5.21)和人工波 2(图 5.22),研究悬浮隧道动力响应规律。

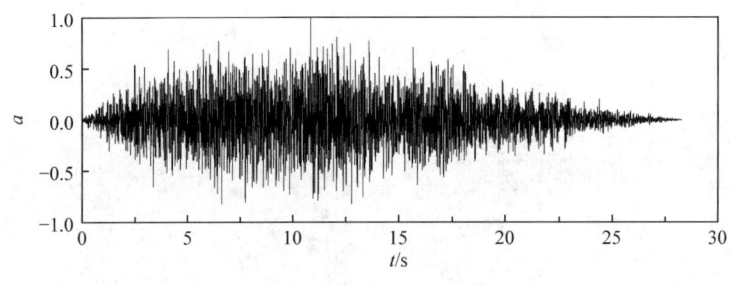

图 5.21 人工波 1

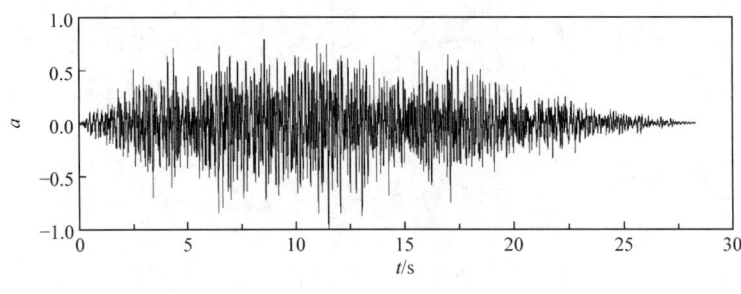

图 5.22 人工波 2

5.6 试验结果及分析

1) 试验现象

地震激励时,激励方向不同导致试验现象有较大的不同。水平激励时,悬浮隧道管体发生整体水平转动,水面总体平静,局部有细小波纹出现;竖向激励时,振动台与悬浮隧道管体一起竖向运动,带动水面做较大的竖向起伏,水面出现波浪。

2) 地震激励方向对悬浮隧道动力响应的影响

不同地震激励方向时悬浮隧道动力响应峰值对比如图 5.23~图 5.25 所示。图中,a_H、a_V 分别为管体水平加速度和竖向加速度的峰值;a_{H0}、a_{V0} 分别为振动台输入的水平加速度和竖向加速度的峰值;ε_H、ε_V 分别为管体水平应变峰值和竖向应变峰值;N_H、N_V 分别为水平地震激励作用下和竖向地震激励作用下的锚索轴力峰值;P_H、P_V 分别为水平地震作用下和竖向地震作用下管体受到的动水压力峰值。

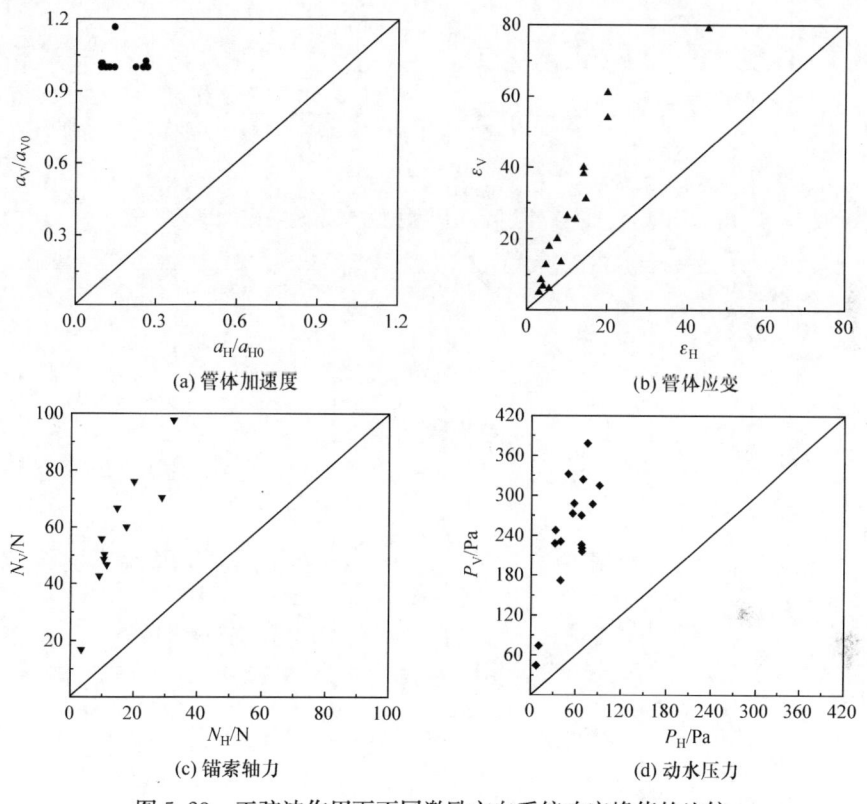

图 5.23 正弦波作用下不同激励方向系统响应峰值的比较

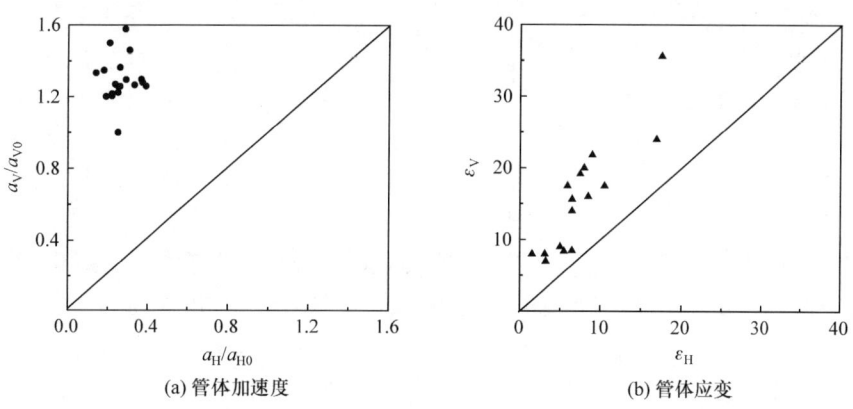

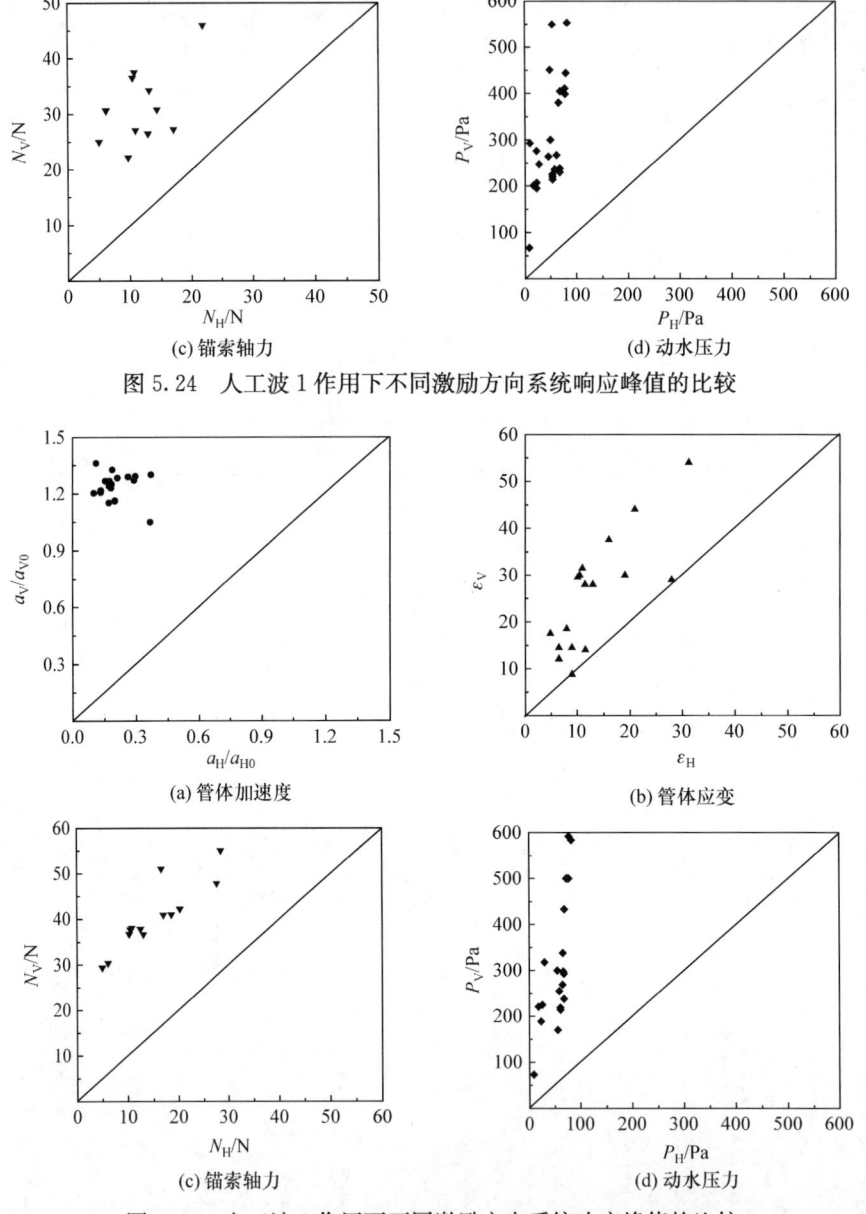

(c) 锚索轴力 (d) 动水压力

图 5.24 人工波 1 作用下不同激励方向系统响应峰值的比较

(a) 管体加速度 (b) 管体应变

(c) 锚索轴力 (d) 动水压力

图 5.25 人工波 2 作用下不同激励方向系统响应峰值的比较

由图 5.23～图 5.25 可以看出,地震激励方向对悬浮隧道有很大影响,无论是正弦波激励还是随机波激励,悬浮隧道在承受竖向激励时的响应普遍大于水平激励时的响应。

3) 锚索倾斜角度对悬浮隧道动力响应的影响

锚索倾斜角度分别为 45°和 60°时,水平地震激励作用下和竖向地震激励作用下的悬浮隧道动力响应峰值的比较如图 5.26 和图 5.27 所示。其中 a、ε、N、P 分别代表悬浮隧道管体加速度、管体应变、锚索轴力和管体所受到的动水压力峰值，a_0 为振动台输入的台面加速度峰值，下标 45 和 60 代表锚索倾斜角度数。由图可知，除竖向地震激励作用下，悬浮隧道管体上受到的动水压力基本相等外，无论在正弦波还是随机波激励下，锚索倾斜角度为 60°时悬浮隧道的地震动力响应要大于锚索倾斜角度为 45°的情况。

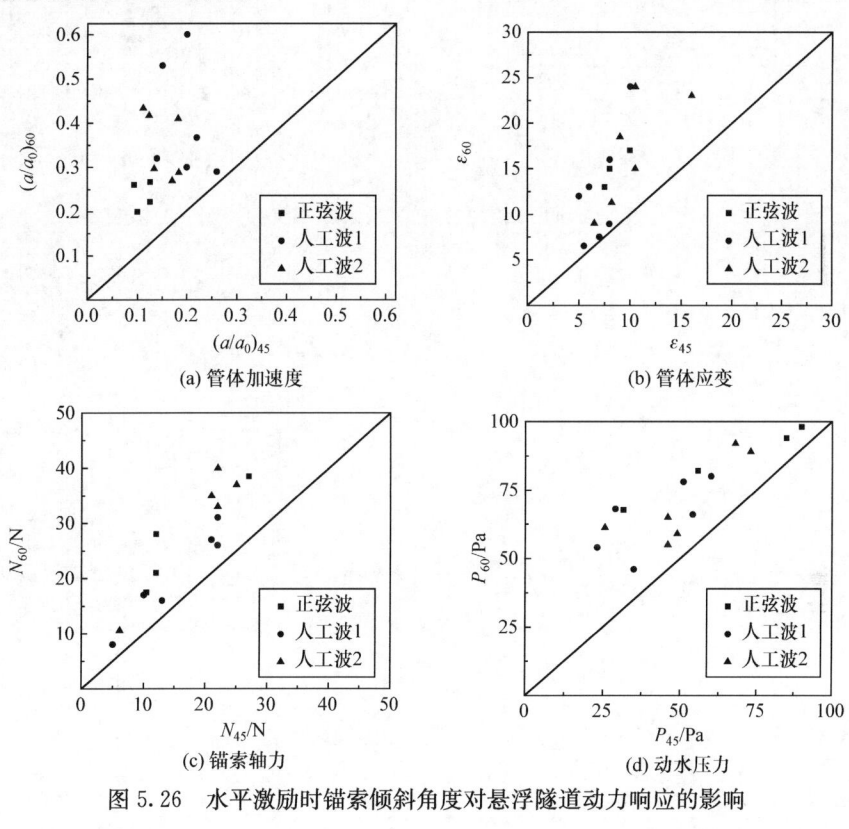

图 5.26 水平激励时锚索倾斜角度对悬浮隧道动力响应的影响

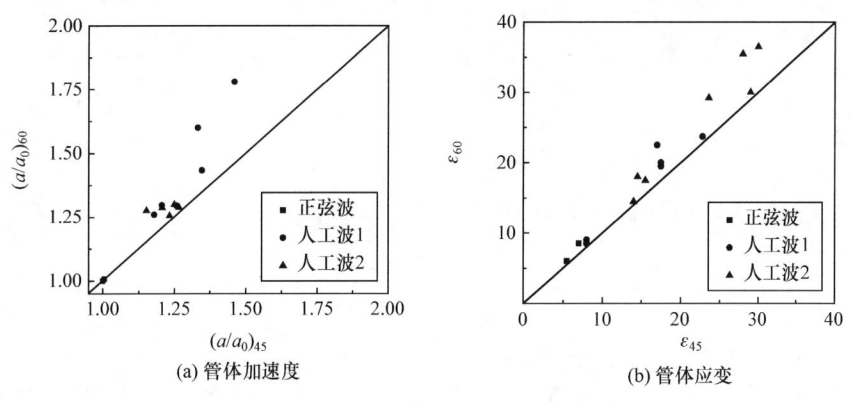

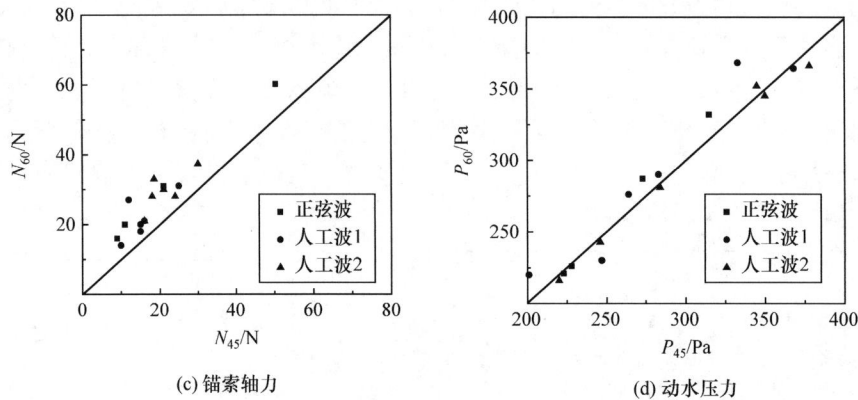

(c) 锚索轴力 (d) 动水压力

图 5.27 竖向激励时锚索倾斜角度对悬浮隧道动力响应的影响

第6章 悬浮隧道地震响应数值分析

6.1 引　言

虽然动力模型试验能够在一定程度上反映悬浮隧道地震作用下的动力特性，但是影响悬浮隧道地震响应的因素较多，室内振动台无法考虑全部影响因素，因此若能建立与实际工程固有特性相似的数值模型，则需要利用数值模型完成多种工况下的实际工程受力分析，既可保证实际工程结构体系的安全，又可节约时间及成本。

近几十年来，随着计算机软硬件技术的高速发展，以及新的数值计算方法的不断出现，大型复杂问题的有限元分析已成为工程技术领域的常规工作。有限单元法是在20世纪60~70年代发展起来的强有力的数值分析方法，它使许多复杂的工程分析问题迎刃而解，而且由于前、后处理的发展，计算效率非常高，实际应用越来越广泛，成为解决各类工程实际问题的有效途径。过去工程研究主要依靠模型试验，现在有限单元法已成为一个重要的研究手段，并已取代了部分模型试验工作[118]。

悬浮隧道作为一种尚未建成的新型结构，很多专家学者采用大型有限元软件对其进行了计算、分析、评估。Faggiano等[64]以为Messina海峡设计的悬浮隧道为对象，采用大型通用软件ABAQUS对其进行了水动力荷载作用下的动力时程分析和考虑水动力荷载的地震谱分析，讨论了悬浮隧道管体的放置深度对锚固形式的影响。Jakobsen等[119]将悬浮隧道管体看作锚索间的刚体，采用ABAQUS软件对悬浮隧道进行了模态分析。王长春[89]采用有限元分析软件ANSYS求解了洋流与悬浮隧道之间的流固耦合问题。李剑[12]采用大型有限元计算软件Stru-CAD-3D计算了不同管径的悬浮隧道在不同水深情况下的波浪作用力。

本章在势流体理论的基础上，对悬浮隧道进行地震响应数值分析。首先，建立贴近悬浮隧道地震响应模型试验的数值模型，将计算结果与试验结果进行对比；然后，在验证数值模型正确的基础上，以拟建悬浮隧道为研究对象，对悬浮隧道进行模态分析和地震响应影响因素的敏感性分析。

6.2　流固耦合的基本理论

流固耦合理论的重要特征是两相介质间的交互作用，即固体在流体荷载作用下会产生变形或运动,而变形或运动反过来又影响流场的流动,从而改变流体载荷的分布和大小。一般流固耦合方程的特点是方程的定义域同时有流体域和固体域,未知变量既有流体变量又有固体变量,而且流体域和固体域通常无法单独求解。

从总体上看,按照耦合机理,流固耦合问题可以分为两大类[120]:第一类问题是两相域部分或全部重叠在一起,很难明显地分开,如渗流问题;第二类问题的特征是耦合作用仅发生在两相的交界面上。本章所涉及的流固耦合作用属于第二类问题。

Zienkiewcz 和 Bettess 曾将上述第二类流固耦合问题分为三种情况:一是流固耦合间有大的相对运动情况,如飞机飞行状态下的气动弹性力学问题;二是有限流体运动的短周期情况,如流体受冲击和水下爆炸问题;三是有限流体位移的长周期情况,如含液容器的流固耦合振动问题。在研究流固耦合问题时,根据研究问题的特点和目的,可将重点放在流场或固体结构上进行研究,而对另一部分做适当的简化。

本章根据悬浮隧道-水体流固耦合系统的特点,假设水体为无黏性的理想流体,且流动是在稳定状态附近的小扰动,同时假设悬浮隧道为线弹性固体。

1. 无黏小扰动流动的基本方程

1) 场方程

连续方程:
$$\rho_0 v_{i,i}=0, \quad i=1,2,3 \tag{6.1}$$

运动方程:
$$\rho_0 \dot{v}_i=-p_{,i}, \quad i=1,2,3 \tag{6.2}$$

状态方程:
$$p=c_0^2 \rho \tag{6.3}$$

以上各式中,v_i 是流体扰动的流体速度分量;ρ_0 是扰动前流体的质量密度;ρ 和 p 分别是扰动引起的质量密度变化和流场压力变化;c_0 是流体中的声速,可表示为

$$c_0^2=\frac{k}{\rho_0} \tag{6.4}$$

其中,k 是体积模量。

若有体积变化 $u_{i,i}$,则压力变化 p 的表达式为
$$p=-k u_{i,i} \tag{6.5}$$

式中,u_i 是流体扰动引起的位移变化。

2) 边界条件

(1) 自由液面(S_f)。

对于水平液面,有

$$p = 0 \tag{6.6}$$

对于波动液面,有

$$p = \rho_0 g u_3 \tag{6.7}$$

(2) 刚性固定边界(S_b),有

$$u_n = u_i n_i = 0 \tag{6.8}$$

式(6.6)和式(6.7)分别表示分析中是否考虑流体自由液面的波动。若不考虑表面的波动,即假设自由液面保持为水平面,这时 $p=0$。若考虑表面的波动,则 $p=\rho_0 g u_3$。式中的 u_3 为竖直方向的位移,g 为重力加速度。式(6.8)则表示在刚性固定边界(S_b)上流体的法向位移为零,式中的 n_i 是刚性固定边界的外法线的方向余弦。

2. 以压力 p 为场变量的表达形式

从式(6.1)~式(6.3)中消去 v_i 和 ρ,可以得到以下场方程,即

$$p_{,ii} - \frac{1}{c_0^2}\ddot{p} = 0 \tag{6.9}$$

该式是标准的波动方程,它表明无黏小扰动流动问题可以归结为求解以压力扰动 p 为常变量的波动方程。利用式(6.2)可将原问题的边界条件式(6.6)~式(6.8)改写为与方程(6.9)相对应的形式。

(1) 自由液面(S_f)。

对于水平液面,有

$$p = 0 \tag{6.10}$$

对于波动液面,有

$$\ddot{p} = -g p_{,3} \tag{6.11}$$

(2) 刚性固定边界(S_b),有

$$p_{,n} = 0 \tag{6.12}$$

由式(6.10)~式(6.12)可以看出,以上场方程和边界条件中只包含了一个标量场变量,即压力 p。因此,有限元离散后,每个节点只有一个节点变量,计算效率较高,所以在流固耦合系统的有限元分析中,通常情况下流体采用以压力 p 为基本变量的表达格式。

3. 流固耦合系统有限元分析的 (u_i, p)

在流固耦合系统中,固体域的方程通常总是以 u_i 作为基本未知量,而流体域的方程如上所述,通常采用流场压力 p 作为基本未知量。相应的有限元表达格式称为流固耦合分析的位移-压力 (u_i, p) 格式。

图 6.1 为悬浮隧道-水体流固耦合系统示意图。图中,V_s 和 V_f 分别代表固体域和流体域,S_0 代表流固交界面,S_f 代表流体自由表面边界,ξ 为流体自由表面波

高,S_u 代表固体位移边界,$\boldsymbol{n}_f$ 为流体边界单位外法线向量,$\boldsymbol{n}_s$ 为固体边界单位外法线向量,$\boldsymbol{n}_f$ 和 $\boldsymbol{n}_s$ 的方向相反。

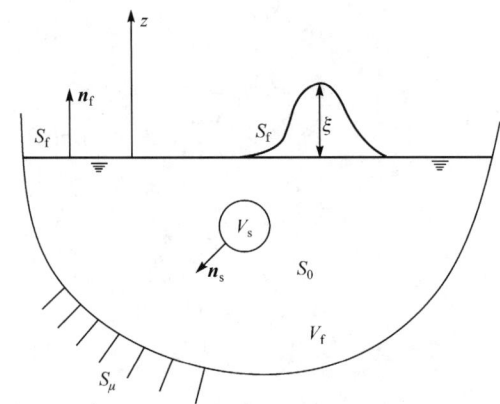

图 6.1 悬浮隧道-水体流固耦合系统示意图

1) 流体域(V_f 域)

(1) 流体场方程：

$$p_{,ii} - \frac{1}{c_0^2}\ddot{p} = 0 \tag{6.13}$$

式中,p 为流体压力；c_0 为流体中的声速。

(2) 流体边界条件。

对于刚性固定边界(S_b),有

$$\frac{\partial p}{\partial \boldsymbol{n}_f} = 0 \tag{6.14}$$

对于自由液面(S_f),有

$$\frac{\partial p}{\partial z} + \frac{1}{g}\ddot{p} = 0 \tag{6.15}$$

2) 固体域(V_s)

(1) 固体场方程：

$$\sigma_{ij,j} + f_i = \rho_s \ddot{u}_i \tag{6.16}$$

式中,σ_{ij} 为固体应力分量；u_i 为固体位移分量；f_i 为固体体积力分量；ρ_s 为固体质量密度。

(2) 固体边界条件。

力边界条件(S_σ)为

$$\sigma_{ij} n_{sj} = \overline{T}_i \tag{6.17}$$

位移边界条件(S_u)为

$$u_i = \overline{u}_i \tag{6.18}$$

式中，$\overline{T}_i$、$\overline{u}_i$ 分别为固体上的已知面力分量和位移分量。

3) 流固交界面需满足的条件

(1) 运动学条件。

流固交界面(S_0)上法向速度应保持连续，即

$$v_{fn} = \bm{v}_f \cdot \bm{n}_f = \bm{v}_s \cdot \bm{n}_f = -\bm{v}_s \cdot \bm{n}_s = v_{sn} \tag{6.19}$$

利用流体运动方程(6.2)，可以将式(6.19)改写为

$$\frac{\partial p}{\partial \bm{n}_f} + \rho_f \ddot{\bm{u}} \cdot \bm{n}_f = 0, \quad 在 S_0 界面 \tag{6.20}$$

式中，$\bm{u}$ 为固体位移向量；ρ_f 为流体质量密度。

(2) 力连续条件。

流固交界面(S_0)上法向力应保持连续，即

$$\sigma_{ij} \bm{n}_{sj} = \tau_{ij} \bm{n}_{fj} = -\tau_{ij} \bm{n}_{sj} \tag{6.21}$$

式中，τ_{ij} 代表流体应力张量的分量。对于无黏流体，τ_{ij} 表示为

$$\tau_{ij} = -p \delta_{ij} \tag{6.22}$$

将式(6.22)代入式(6.21)，可得

$$\sigma_{ij} \bm{n}_{sj} = p \bm{n}_{sj}, \quad 在 S_0 界面 \tag{6.23}$$

4. 用伽辽金法建立流固耦合的有限元方程

1) 将求解域离散化并构造插值函数

对流体采用压力格式，则流体单元内的压力分布可以表示为

$$p(x,y,z,t) \approx \sum_{i=1}^{m_f} N_i(x,y,z) p_i(t) = \bm{N} \bm{p}^e \tag{6.24}$$

式中，m_f 为流体单元的节点数；$\bm{p}^e$ 为单元的节点压力向量；N_i 为对应节点 i 的插值函数。

对固体采用位移格式，则固体单元内的位移分布可以表示为

$$\bm{u}(x,y,z,t) = \begin{bmatrix} u \\ v \\ w \end{bmatrix} \approx \sum_{i=1}^{m_s} \overline{N}_i(x,y,z) \begin{bmatrix} u_i \\ v_i \\ w_i \end{bmatrix} = \sum_{i=1}^{m_s} \overline{N}_i(x,y,z) a_i(t) = \overline{\bm{N}} \bm{a}^e \tag{6.25}$$

式中，m_s 为固体单元的节点数；$\bm{a}^e$ 为单元的节点位移向量；$\overline{N}_i$ 为对应节点 i 的插值函数。

2) 利用伽辽金法形成求解方程

流固耦合系统的基本方程和边界条件(6.13)~(6.23)的加权余量的伽辽金法，对流体域表达为

$$\int_{V_f} \delta p \left(p_{ii} - \frac{1}{c_0^2} \ddot{p} \right) dV - \int_{S_b} \delta p \left(\frac{\partial p}{\partial \bm{n}_f} \right) dS - \int_{S_f} \delta p \left(\frac{1}{g} \ddot{p} + \frac{\partial p}{\partial z} \right) dS$$

$$- \int_{S_0} \delta p \left(\frac{\partial p}{\partial \bm{n}_f} + \rho_f \ddot{\bm{u}} \cdot \bm{n}_f \right) dS = 0 \tag{6.26}$$

对固体域假定已满足结构的位移边界条件，则可表达为

$$\int_{V_s} \delta u_i(\sigma_{ij,j}+f_i-\rho_s \ddot{u}_i)\mathrm{d}V - \int_{S_\sigma} \delta u_i(\sigma_{ij}\boldsymbol{n}_{sj}-\overline{T}_i)\mathrm{d}S - \int_{S_0} \delta u_i(\sigma_{ij}\boldsymbol{n}_{sj}+p\boldsymbol{n}_{si})\mathrm{d}S = 0 \tag{6.27}$$

对式(6.26)的第一项进行分部积分，则可得到

$$\int_{V_f}\left[(\delta p_{,i})p_{,i}+\frac{1}{c_0^2}\delta p \ddot{p}\right]\mathrm{d}V + \int_{S_f}\delta p\left(\frac{1}{g}\ddot{p}\right)\mathrm{d}S + \int_{S_0}\delta p(\rho_f \ddot{\boldsymbol{u}} \cdot \boldsymbol{n}_f)\mathrm{d}S = 0 \tag{6.28}$$

对式(6.27)的第一项进行分部积分，并代入物理方程，则可得到

$$\int_{V_s}[\delta \varepsilon_{ij}D_{ijkl}-f_i+\delta u_i(\rho_s \ddot{u}_i)]\mathrm{d}V - \int_{S_\sigma}\delta u_i \overline{T}_i \mathrm{d}S + \int_{S_0}\delta u_i(p\boldsymbol{n}_{si})\mathrm{d}S = 0 \tag{6.29}$$

将式(6.24)、式(6.25)代入式(6.28)、式(6.29)，并考虑 δp 和 δu_i 的任意性，则可以得到如下流固耦合系统的有限元方程，即

$$\begin{bmatrix} \boldsymbol{M}_s & 0 \\ -\boldsymbol{Q}^\mathrm{T} & \boldsymbol{M}_f \end{bmatrix}\begin{bmatrix} \ddot{\boldsymbol{a}} \\ \ddot{\boldsymbol{p}} \end{bmatrix} + \begin{bmatrix} \boldsymbol{K}_s & \dfrac{1}{\rho_f}\boldsymbol{Q} \\ 0 & \boldsymbol{K}_f \end{bmatrix}\begin{bmatrix} \boldsymbol{a} \\ \boldsymbol{p} \end{bmatrix} = \begin{bmatrix} \boldsymbol{F}_s \\ 0 \end{bmatrix} \tag{6.30}$$

式中，p 为流体节点压力向量；a 为固体节点位移向量；Q 为流固耦合矩阵；$\boldsymbol{M}_f$ 和 $\boldsymbol{K}_f$ 分别为流体质量矩阵和流体刚度矩阵；$\boldsymbol{M}_s$ 和 $\boldsymbol{K}_s$ 分别为固体质量矩阵和固体刚度矩阵；$\boldsymbol{F}_s$ 为固体外载荷向量。各矩阵相应的单元矩阵表达式为

$$\boldsymbol{M}_f^e = \int_{V_f^e}\frac{1}{c_0^2}\boldsymbol{N}^\mathrm{T}\boldsymbol{N}\mathrm{d}V + \int_{S_f^e}\frac{1}{g}\boldsymbol{N}^\mathrm{T}\boldsymbol{N}\mathrm{d}S \tag{6.31}$$

$$\boldsymbol{K}_f^e = \int_{V_f^e}\frac{\partial \boldsymbol{N}^\mathrm{T}}{\partial x_i}\frac{\partial \boldsymbol{N}}{\partial x_i}\mathrm{d}V \tag{6.32}$$

$$\boldsymbol{Q}^e = \int_{S_0^e}\rho_f \overline{\boldsymbol{N}}^\mathrm{T}\boldsymbol{n}_s \boldsymbol{N}\mathrm{d}S \tag{6.33}$$

$$\boldsymbol{M}_s^e = \int_{V_s^e}\rho_s \overline{\boldsymbol{N}}^\mathrm{T}\overline{\boldsymbol{N}}\mathrm{d}V \tag{6.34}$$

$$\boldsymbol{K}_s^e = \int_{V_s^e}\boldsymbol{B}^\mathrm{T}\boldsymbol{D}\boldsymbol{B}\mathrm{d}V \tag{6.35}$$

$$\boldsymbol{F}_s^e = \int_{V_s^e}\overline{\boldsymbol{N}}^\mathrm{T}f\mathrm{d}V + \int_{S_\sigma^e}\overline{\boldsymbol{N}}^\mathrm{T}\overline{\boldsymbol{T}}\mathrm{d}S \tag{6.36}$$

式(6.35)中，B 为固体的位移-应变关系矩阵。

从式(6.31)可以看出，$\boldsymbol{M}_f^e$ 通常由两部分构成，即

$$\boldsymbol{M}_f^e = \boldsymbol{M}_{fv}^e + \boldsymbol{M}_{fs}^e \tag{6.37}$$

式中，$\boldsymbol{M}_{fv}^e$ 为由流体可压缩性引起的质量矩阵；$\boldsymbol{M}_{fs}^e$ 为由流体自由表面波动引起的质量矩阵。如果假定流体是不可压缩的，则 $\boldsymbol{M}_{fv}^e = 0$。

6.3 模型试验的流固耦合数值分析

6.3.1 模型简介

本节基于势流理论,对第2章的模型试验进行数值建模。悬浮隧道管体采用壳单元进行模拟,水体采用三维势流体单元进行模拟,锚索采用杆单元进行模拟,地面(含振动台面)采用刚性壳单元进行模拟。水体表面采用流体自由表面边界,水槽底部和长边侧壁采用固定边界,水槽短边侧壁采用无穷边界模拟消能网,即允许波浪的透射而无反射[121]。数值模型共包括36384个单元和38614个节点。数值模型网格剖分信息如表6.1所示。模型的网格剖分如图6.2所示。

表6.1 数值模型网格剖分信息

模型试验	数值模型单元类型	单元数目
悬浮隧道管体	壳单元	1200
水体	三维势流体单元	32472
锚索	杆单元	120
地面(含振动台面)	壳单元	2592

图6.2 悬浮隧道-水体网格剖分图

6.3.2 数值结果与试验结果比较

与试验工况对应,本节对悬浮隧道进行了不同激励方向、不同激励波形的地震响应数值模拟,并将数值模拟结果与试验相同测点的结果进行了比较。值得注意的是,数值模型计算得到的加速度是相对加速度,而加速度传感器得到的是绝对加速度,因此,将有限元计算得到的各点加速度与地震加速度叠加后才与加速度传感器采集的信号一致。计算值与试验值的峰值比较结果如表 6.2 所示。

表 6.2　计算值与试验值的峰值比较

查看内容	激励波形	激励方向	试验值	计算值	相对误差/%
管体加速度 /(m/s^2)	正弦波	水平	0.1	0.095	5.0
		竖向	1	1.005	0.5
	人工波 1	水平	0.62	0.66	6.45
		竖向	3.53	3.62	2.54
	人工波 2	水平	0.37	0.40	8.11
		竖向	3.68	3.62	1.63
管体应变/×10^{-6}	正弦波	水平	4.50	4.71	4.67
		竖向	12	12.7	5.83
	人工波 1	水平	7	7.9	12.86
		竖向	21	22.8	8.57
	人工波 2	水平	7.5	8.2	9.33
		竖向	26	23.6	9.23
动水压力/Pa	正弦波	水平	10	10.5	5.0
		竖向	72	74.3	3.19
	人工波 1	水平	21.5	23.1	7.44
		竖向	206	201	2.43
	人工波 2	水平	27.4	25.6	6.57
		竖向	230	220	4.35
锚索轴力/N	正弦波	水平	4.00	3.5	12.5
		竖向	17.8	17	4.49
	人工波 1	水平	5.76	6.13	6.42
		竖向	31.5	30.8	2.22
	人工波 2	水平	5.5	6.11	11.09
		竖向	32.8	30.5	7.01

注：相对误差＝ABS(|计算值－试验值|/试验值)。

由表 6.2 可知，就峰值比较而言，数值分析的加速度结果及动水压力结果与试验结果比较接近，而应变结果及锚索轴力有一定的误差；竖向激励作用下的数值结果比水平激励作用下的数值结果更接近试验结果。

正弦波和随机波作用下，不考虑重力作用，对应测点的数值分析结果与试验结果的时程比较如图 6.3～图 6.8 所示。

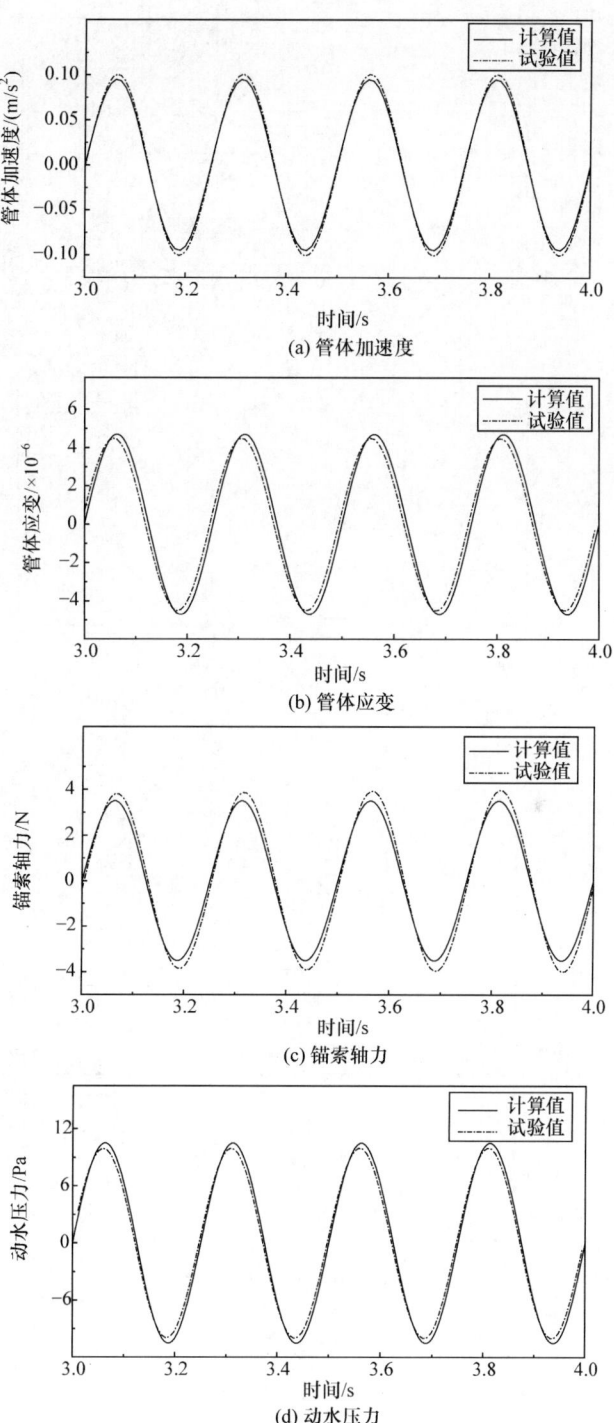

图 6.3 正弦波水平激励时计算值与试验值的比较

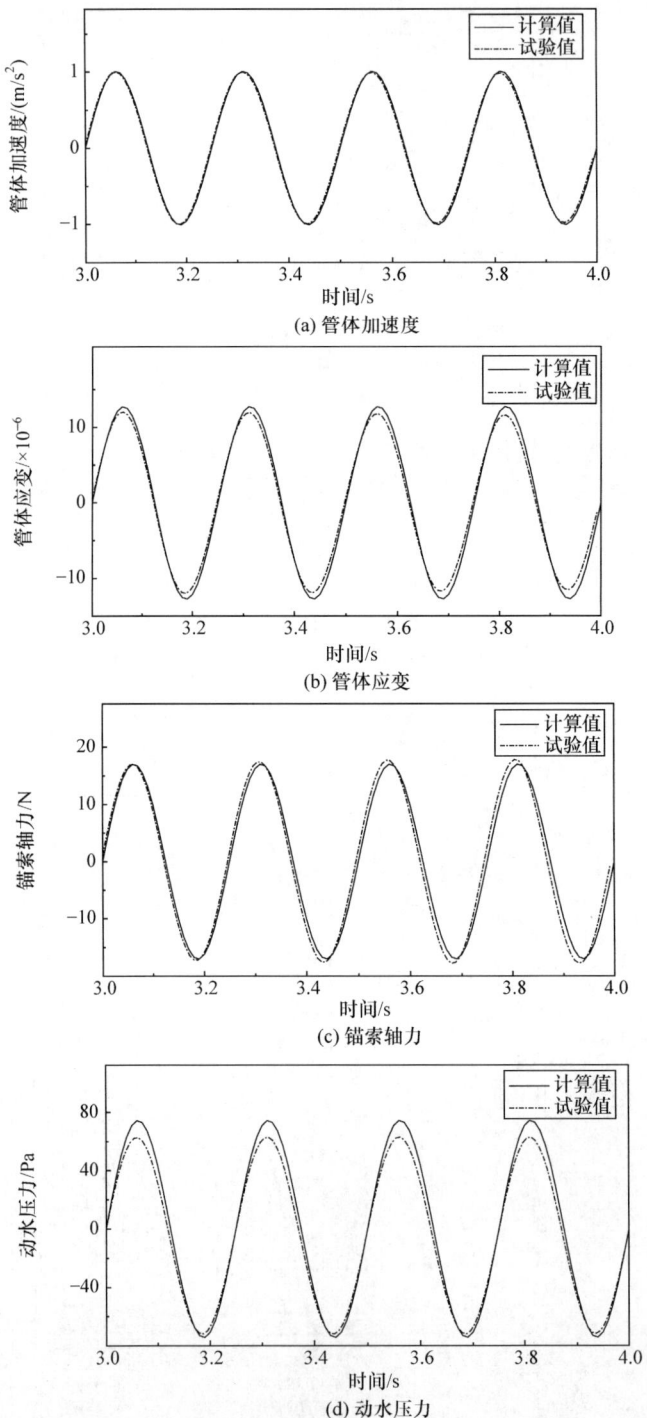

图 6.4 正弦波竖向激励时计算值与试验值的比较

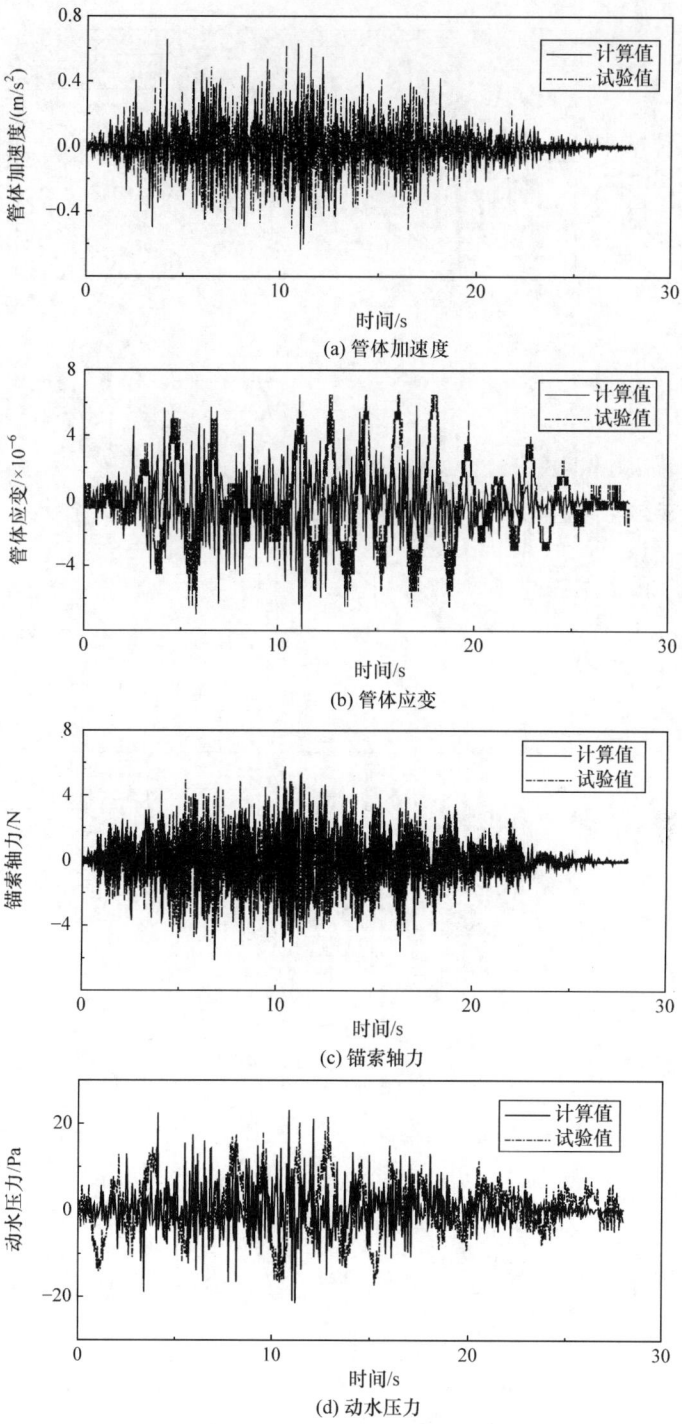

图 6.5 人工波 1 水平激励时计算值与试验值的比较

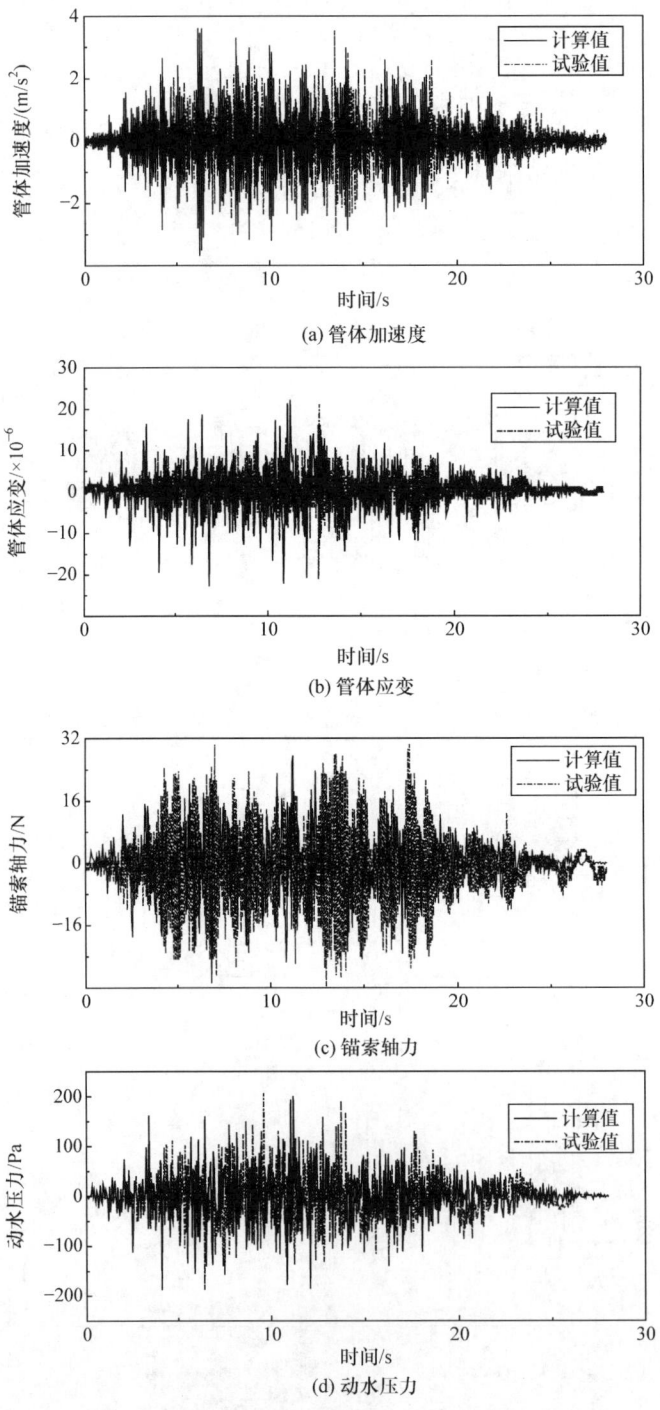

图 6.6 人工波 1 竖向激励时计算值与试验值的比较

第6章 悬浮隧道地震响应数值分析

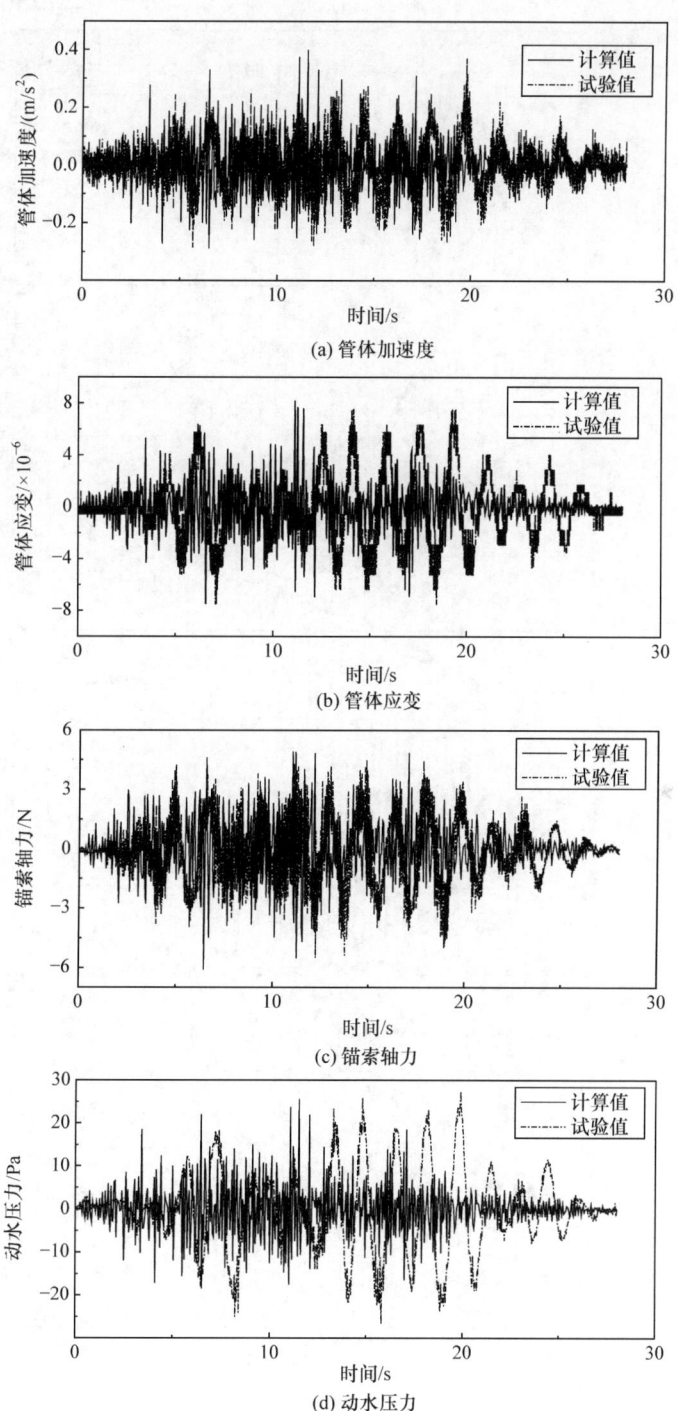

图 6.7 人工波 2 水平激励时计算值与试验值的比较

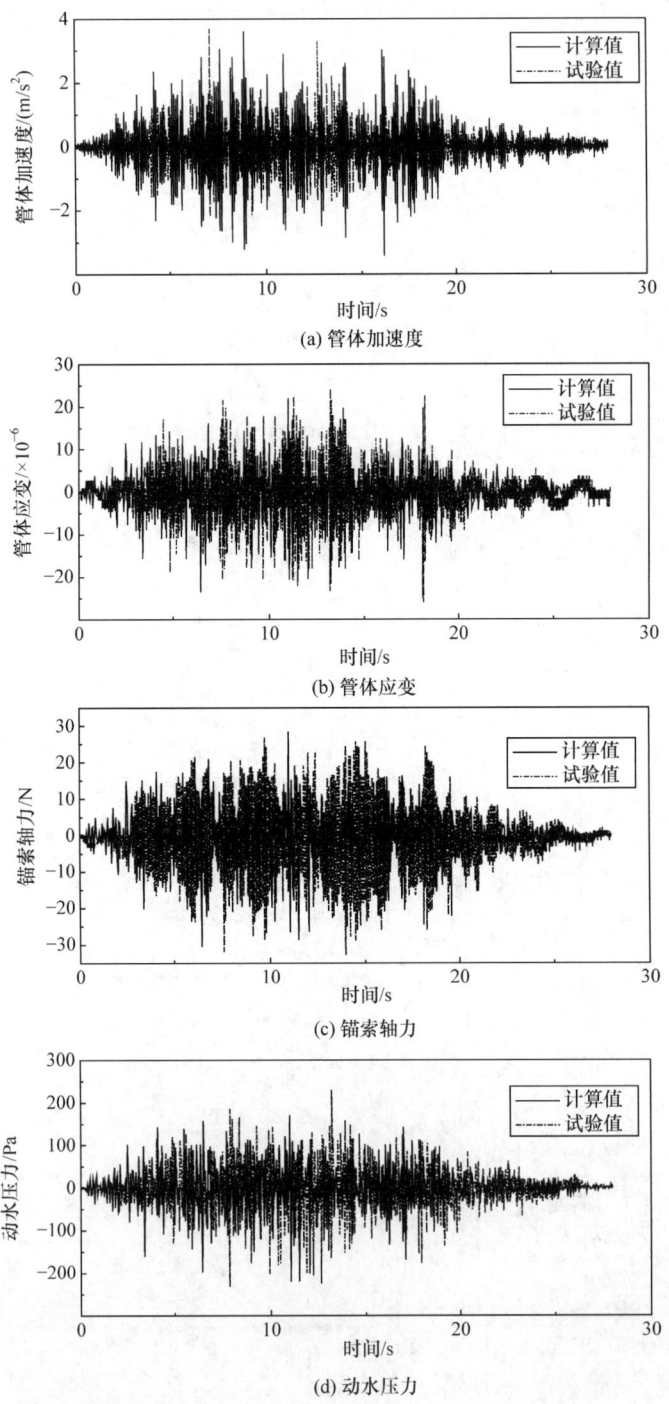

图 6.8 人工波 2 竖向激励时计算值与试验值的比较

由图 6.3~图 6.8 可以看出,就时程比较而言,正弦波激励下计算结果与试验结果的吻合程度要优于随机波激励下的情况;相对水平地震激励而言,竖向地震激励的计算结果更接近于试验结果;与峰值比较相同,数值分析的加速度结果与试验结果比较接近,而应变结果与试验结果有一定的误差。这与数值分析时,数值模型与试验模型的一定差别有关,尤其是边界条件的理想化。因此,可以认为这在容许的误差范围内。

总体来说,数值分析对悬浮隧道地震响应试验进行了较好的模拟,可以在一定程度上反映地震作用下悬浮隧道的动力响应情况。因此,在进行数值分析时,只要使计算中采用的简化假定、计算参数和设计荷载等尽量符合实际情况,且选取适当的计算网格,就可以在某些方面取代部分模型试验工作。本章的后面部分将在建立合理数值模型的基础上,对拟建悬浮隧道进行分析,包括模态分析和地震响应影响因素敏感性分析。

6.4 悬浮隧道地震响应数值分析

6.4.1 模型简介

根据现阶段研究成果,悬浮隧道的管体材料一般为钢筋混凝土或者钢壳。钢壳悬浮隧道的内壁和外壁可以采用钢壳,中间用钢筋混凝土或者混凝土,是钢壳和混凝土共同受力的复合结构。钢筋混凝土悬浮隧道完全由钢筋混凝土制成,并由其单一受力。本节选取钢壳悬浮隧道为研究对象,断面形式采用最稳定的流体静力学结构形式——圆形。基本工况中悬浮隧道管体外径取为 20m,壁厚为 1.05m,钢壳内、外壁厚均为 0.025m,混凝土层厚度为 1m;锚索采用 7 组横截面面积为 0.485m^2 的钢丝绳;单跨长度取为 50m。

悬浮隧道管体采用三维固体单元进行模拟,水体采用三维势流体单元进行模拟(其边界取为 5 倍管体外径),锚索采用杆单元进行模拟,水底土体采用三维固体单元进行模拟。水体表面采用流体自由表面边界,水体侧面分别采用固定边界和无穷边界,土体采用约束边界(侧向法向约束和底部全约束)。计算模型共包括 20824 个单元和 23267 个节点。所建数值模型的网格剖分如图 6.9 所示。

6.4.2 模态分析

模态分析可用来确定设计结构的振动特性,即结构的固有频率和振型,而它们是承受动态载荷结构设计中的重要参数,同时可作为其他动力学分析问题的起点[122]。

流固耦合系统中的流体频率是由两部分组成的,即低频部分和高频部分[120]。低频部分对应于流体自由表面波动,此时流体动压力仅在自由表面附近不为零,而

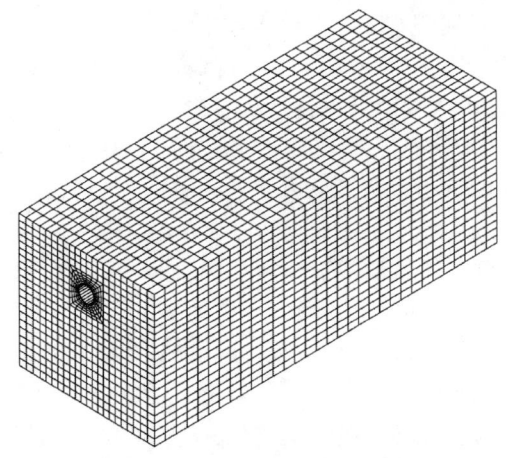

图 6.9 数值模型的网格剖分图

在流体内部为零。高频部分则对应于流体可压缩性引起的内部动压力波动,而动压力在自由表面等于零。本节在计算中不考虑水体自由表面波动,即认为水体自由表面上动压力 $p=0$,这时特征值计算只能得到高频部分的结果。

本小节采用兰索斯法进行模态分析,并采用稀疏矩阵方程求解器进行求解。基本工况下,悬浮隧道体系前五阶振型对应的管体振型和锚索振型分别如图 6.10 和图 6.11 所示。图中,实线为原始网格,虚线为变形后网格。

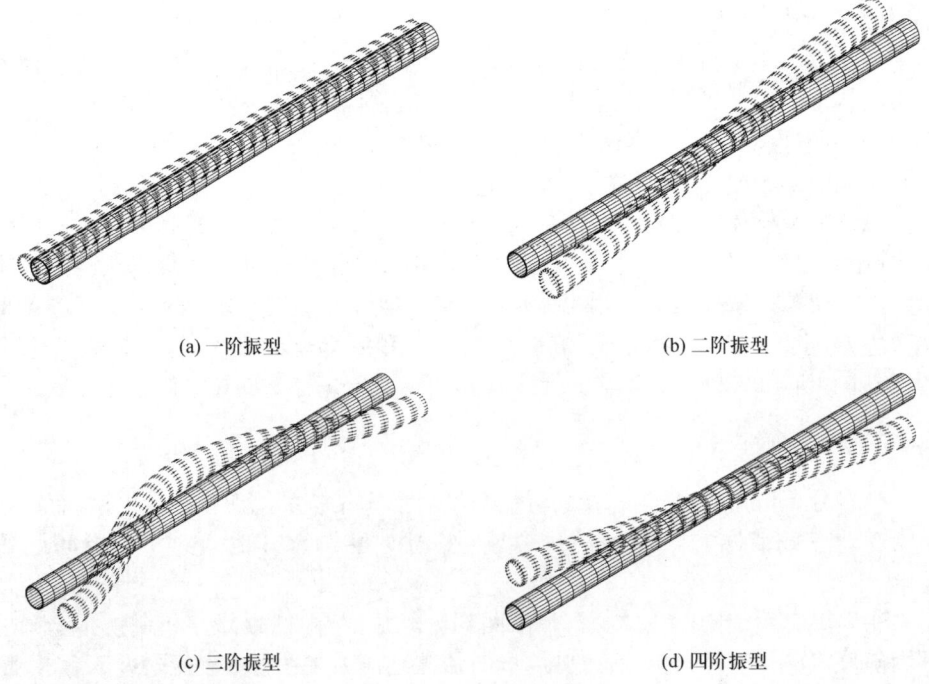

(a) 一阶振型 (b) 二阶振型

(c) 三阶振型 (d) 四阶振型

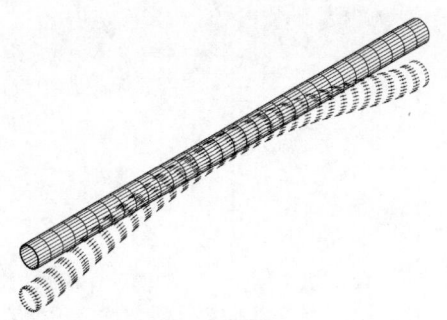

(e) 五阶振型

图 6.10 悬浮隧道前五阶振型相应的管体振型

由图 6.10 可以看出,管体前三阶为水平振型,第四、五阶为竖向振型。一阶振型为管体水平位移的同时整体转动;二阶振型为管体以中点为中心进行水平摆动;三阶振型为管体水平弯曲变形;四阶振型为管体以中点为中心进行竖向摆动;五阶振型为管体竖向弯曲变形。悬浮隧道的前五阶频率分别为 0.0362Hz、0.55916Hz、0.89504Hz、1.0924Hz 和 1.1018Hz。

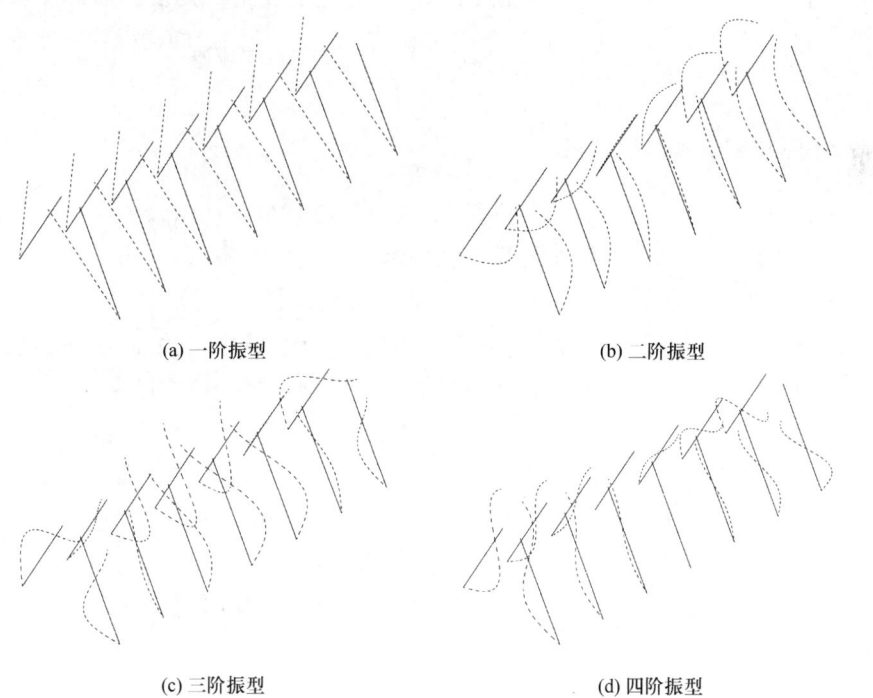

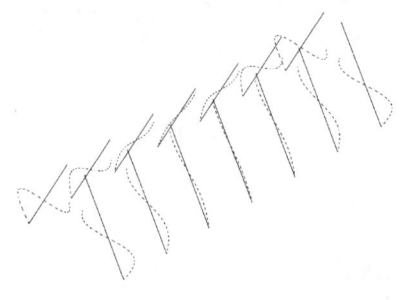

(e) 五阶振型

图 6.11 悬浮隧道前五阶振型相应的锚索振型

由图 6.11 可以看出,管体整体水平转动时,锚索不产生横向变形。管体水平摆动时,锚索随所在位置管体的摆动产生同方向的水平弯曲,同组的两根锚索变形方向相同。管体水平弯曲时,锚索产生二次弯曲变形,同组的两根锚索变形方向相同,管体端部的两组锚索与其他组锚索的变形方向相反。管体竖向摆动时,锚索仍然是二次弯曲变形,但同组的两根锚索变形方向相反;以管体中点为中心,对称位置的锚索变形方向相反,管体中心处的那组锚索没有变形。管体竖向弯曲时,各组锚索都产生变形方向相同的二次弯曲,但同组的两根锚索变形方向相反。

6.4.3 影响因素敏感性分析

悬浮隧道的受力特性是受多种因素综合影响的,很难用函数关系式表达。本小节的目的就是通过分析各种因素变化对体系响应的影响,揭示悬浮隧道结构响应与影响因素的内在联系和规律,为优化设计提供依据。

影响因素敏感性分析一般是假定结构中某个参数发生变化,而其他参数均不改变,通过数值计算得到结构关心截面、关心位置的位移或内力结果,从中总结得到该参数对体系受力的影响规律[123]。

第 2 章的模型试验局限于振动台的尺寸,仅考虑了地震动输入方向与锚索倾斜角度对悬浮隧道地震响应的影响。为进一步探讨锚索间距、管体外径、管体放置深度(水表面至悬浮隧道管体中心的垂直距离)、管体混凝土层厚度等对悬浮隧道管体所受到的动水压力、管体应力及锚索轴力的影响程度,本小节通过数值建模的方式对人工波 1 作用下的悬浮隧道进行分析,并讨论一致激励下的地震响应。详细的计算参数如表 6.3 所示。

表 6.3　计算参数列表　　　　　　　　　　　　（单位:m）

计算参数	取值
锚索间距	40,50,100
管体外径	17,18,19,20
管体放置深度	35,40,45,50,55
管体混凝土层厚度	0.9,1,1.1,1.2,1.3,1.4

1) 锚索间距的影响

影响悬浮隧道结构内力和变形的诸因素中,锚索间距是较为活跃的因素。锚索沿隧道管体间距的大小,对结构的内力、位移、施工等方面产生的影响较大。锚索间距的设计是一个优化过程,优化参数包括锚索数量、管体内力、基础数量和单索轴力。如果基础修建困难、管体允许承受较大内力,则尽量把锚索间距加大,反之,采用较小的锚索间距。

由图 6.12 和图 6.13 可以看出,除竖向地震激励作用下悬浮隧道管体受到的动水压力外,悬浮隧道水平和竖向地震下的响应皆随锚索间距的增大而增大。因

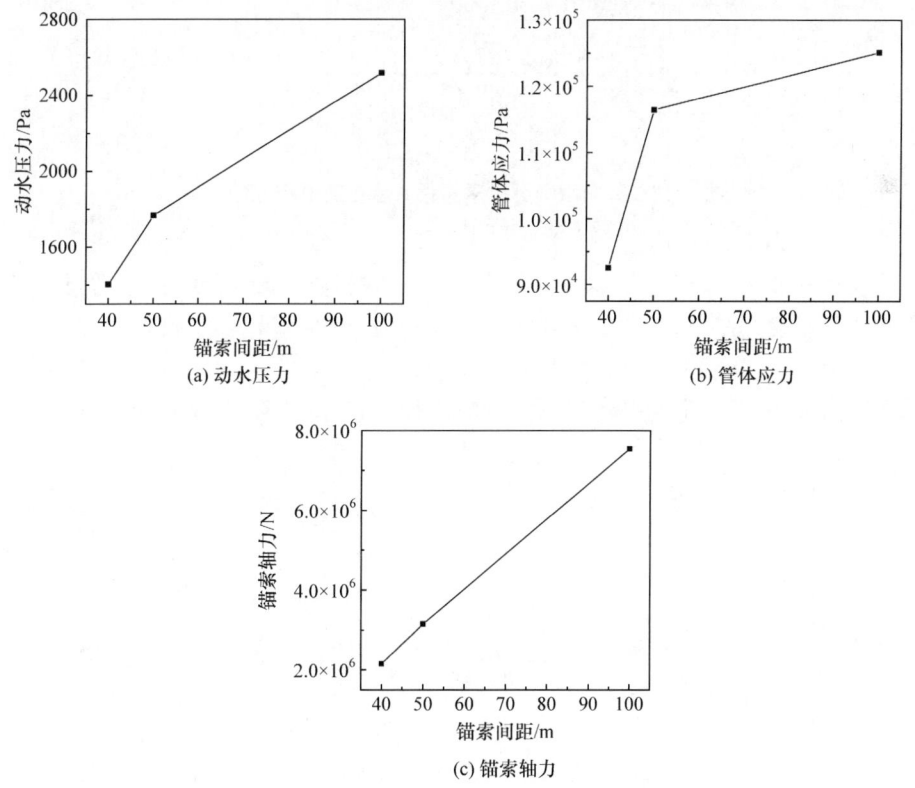

图 6.12　水平激励下锚索间距对悬浮隧道响应的影响

此,一般来说,锚索的间距宜小不宜大。但是锚索间距也不宜太小,否则不够经济。

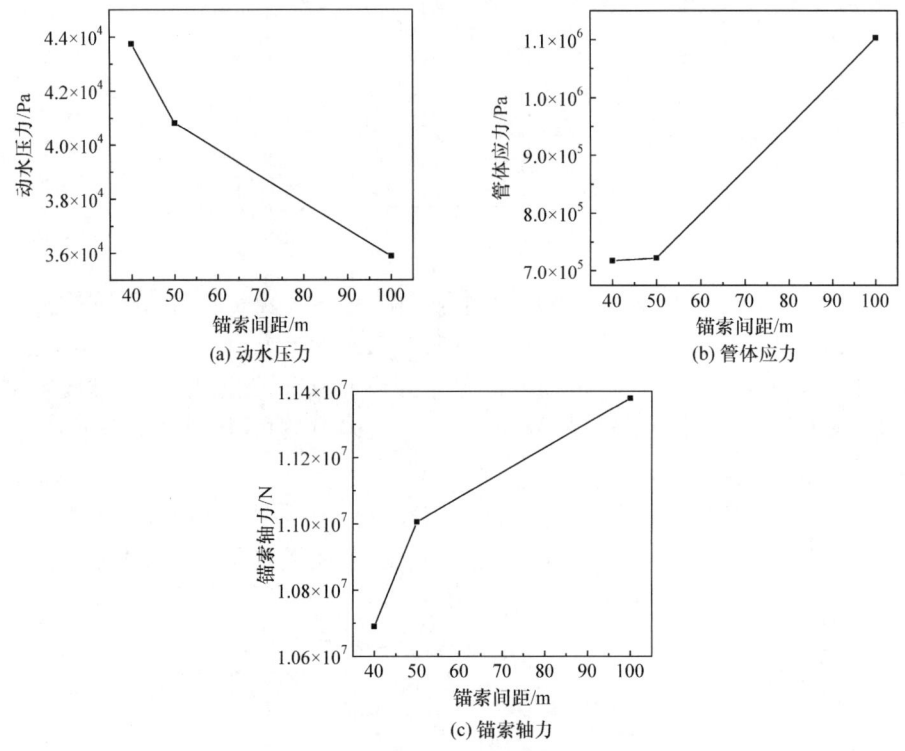

图 6.13 竖向激励下锚索间距对悬浮隧道响应的影响

2) 管体外径的影响

悬浮隧道的稳定需要一定的浮力,因此悬浮隧道管体外径的大小需要满足设定浮力的要求。此外,还需要满足通风、照明及其他设施布置的要求。

由图 6.14 和图 6.15 可以看出,除竖向地震激励作用下悬浮隧道管体受到的动水压力外,悬浮隧道在两种激励下的响应均随管体外径的增大而增大。

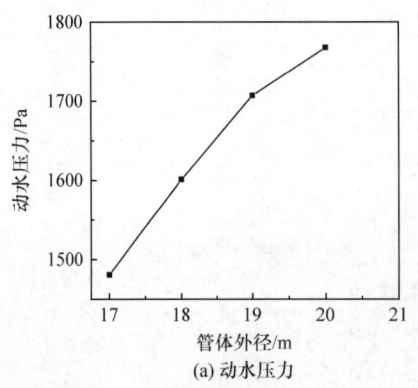

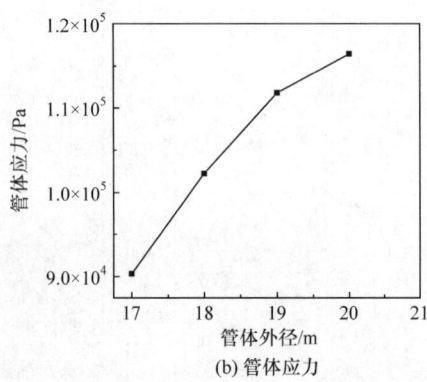

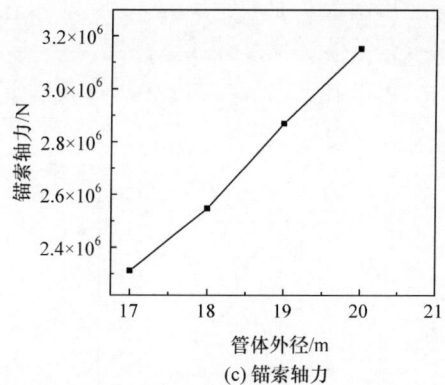

(c) 锚索轴力

图 6.14　水平激励下管体外径对悬浮隧道响应的影响

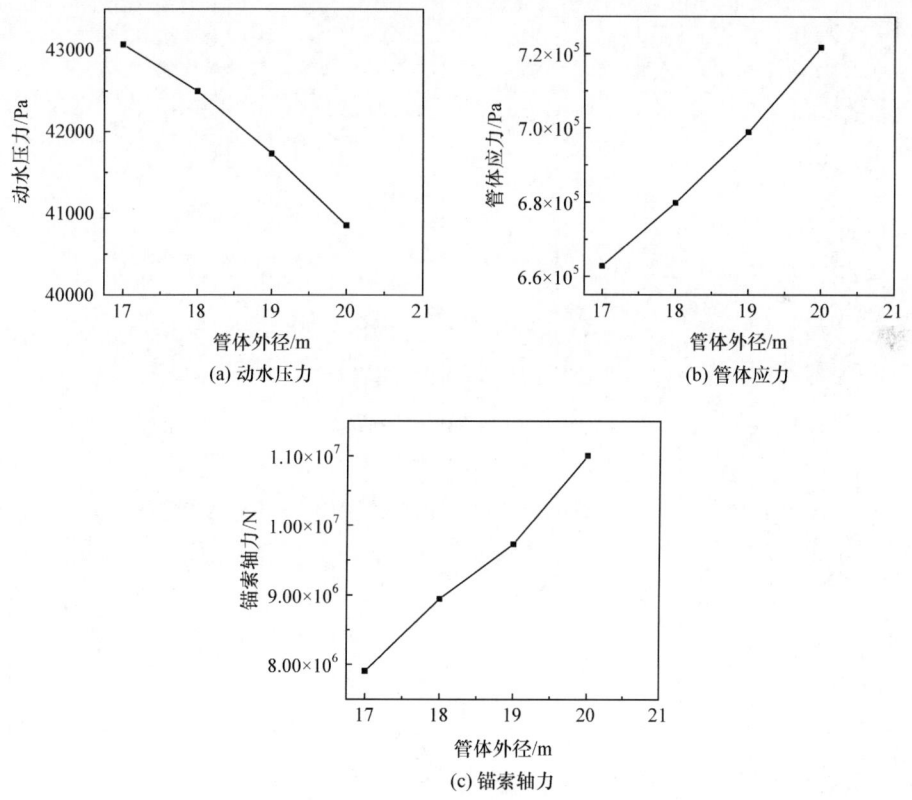

图 6.15　竖向激励下管体外径对悬浮隧道响应的影响

3）管体放置深度的影响

悬浮隧道在水面下的放置深度是由水面的通航要求决定的,特别是最大行船吨位。一般要求悬浮隧道顶部距水面的距离为 30m 以上,这样基本可以满足正常通航。在特殊水域可以根据具体情况设计放置深度。

由图 6.16 和图 6.17 可以看出,悬浮隧道在两种激励下的响应均随放置深度的增大而增大。

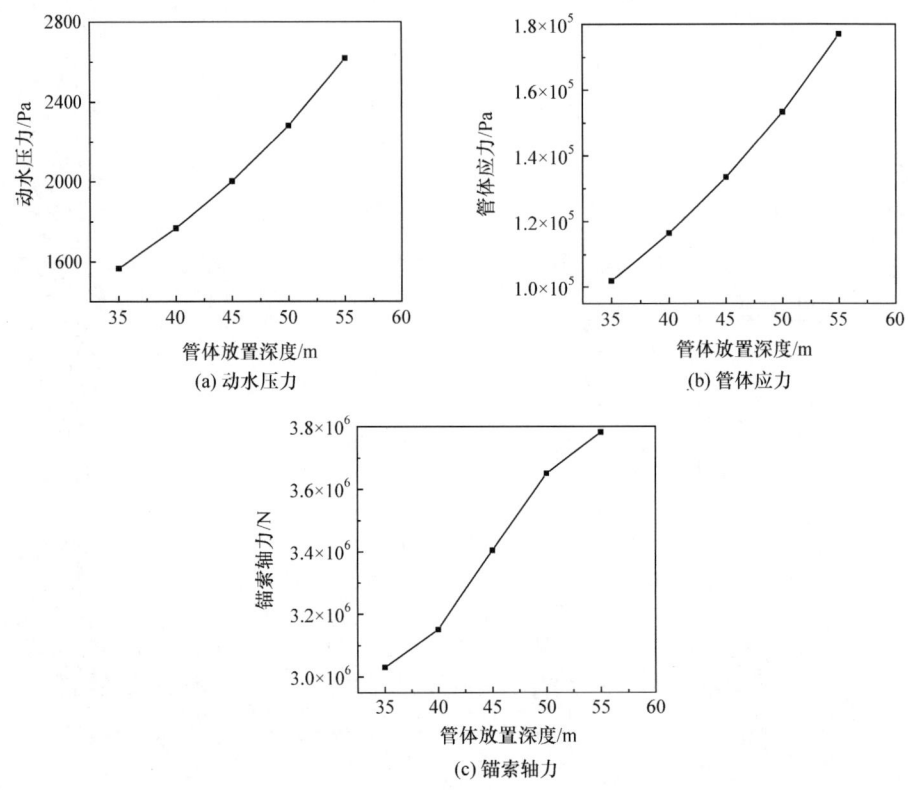

图 6.16 水平激励下管体放置深度对悬浮隧道响应的影响

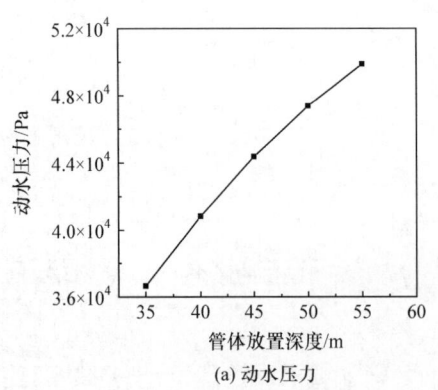

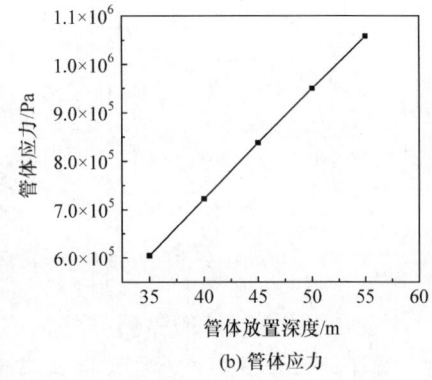

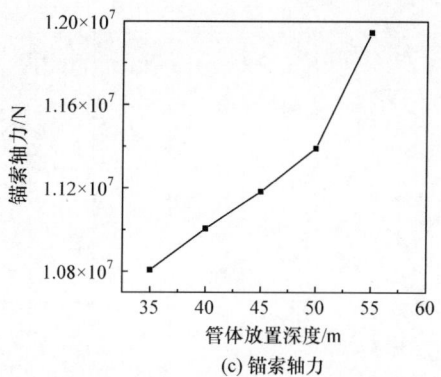

(c) 锚索轴力

图 6.17 竖向激励下管体放置深度对悬浮隧道响应的影响

4）管体混凝土层厚度的影响

管体混凝土层厚度的变化主要导致悬浮隧道管体质量和刚度的变化。由图 6.18 和图 6.19 可以看出，水平激励下悬浮隧道的地震响应随管体混凝土层厚度的增大而增大；竖向激励下悬浮隧道的响应随管体混凝土层厚度的增大而减小。

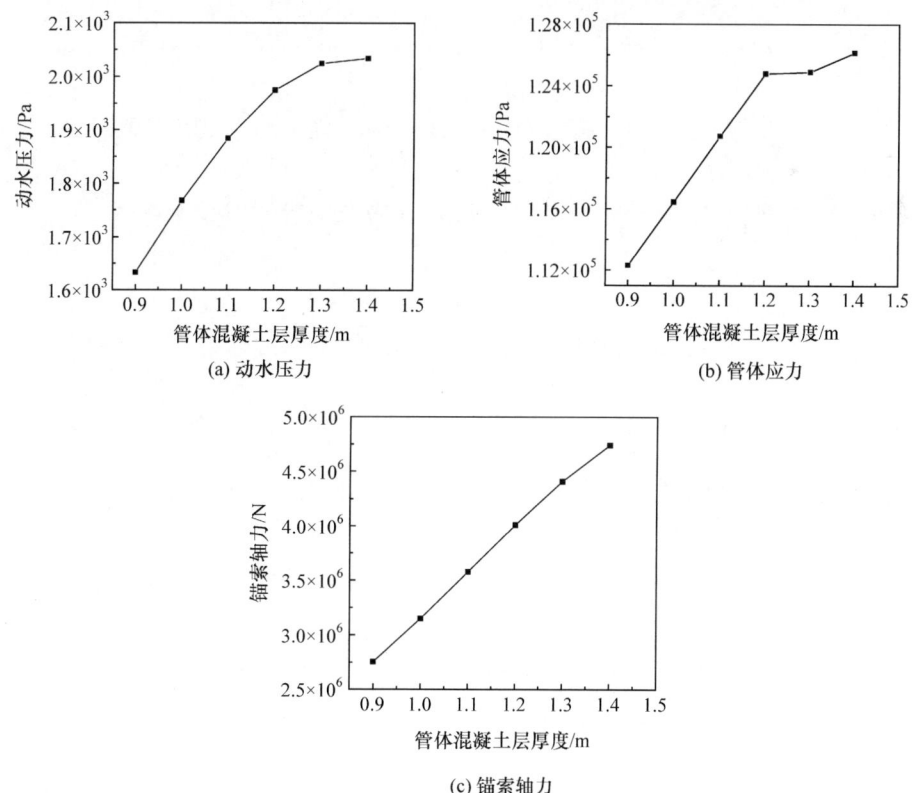

图 6.18 水平激励下管体混凝土层厚度对悬浮隧道响应的影响

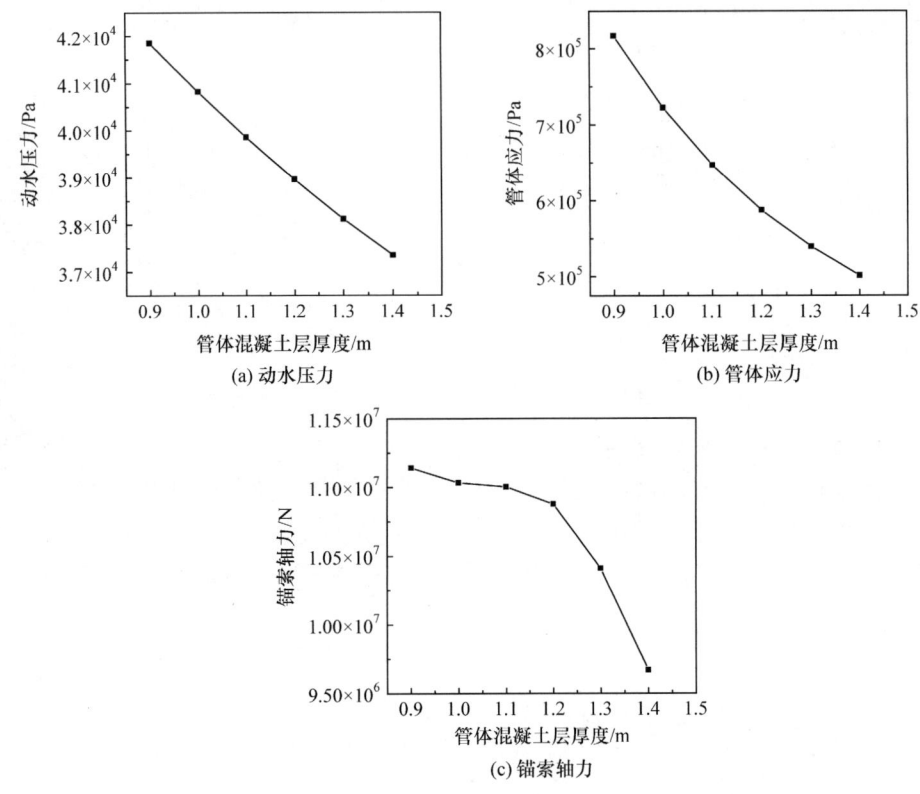

图 6.19 竖向激励下管体混凝土层厚度对悬浮隧道响应的影响

第7章 悬浮隧道锚索参数振动研究

7.1 引　　言

悬浮隧道一般由悬浮在水中的管体组成,由浮力保持在适当的位置上,通过合理的锚固系统(如锚索)或张力腿锚固在海床上。由此可见,相对传统隧道而言,悬浮隧道在动力作用下更易产生振动[82,88]。

悬浮隧道的自振特性包括两部分内容:一是结构总体的动力性能,将锚索处理为一个受轴向拉力的杆单元(或索单元),其弹性模量必须考虑垂度影响进行修正;二是锚索的自身局部振动问题。一般来说,悬浮隧道管体刚度比较大,所以其整体振动幅值通常不会很大。然而,悬浮隧道锚索小阻尼、小质量、大柔度的特性使其成为一种极易发生振动的构件。经常性的振动一方面易引起锚索的疲劳破坏,另一方面易产生疲劳裂纹进而破坏锚索的防腐系统,严重的还会导致锚索丧失承载力,令驾驶员和行人感到不适,从而对悬浮隧道的安全性产生怀疑。因此,从安全角度来说,锚索的局部振动十分关键。

锚索的振动可以分为两类:第一类为锚索受到隧道的端部激励引起的振动;第二类为锚索的强迫振动,典型的强迫振动包括环境荷载作用下的涡激振动等。第一类振动又可以进一步分为两类:一是由锚索和悬浮隧道管体的线性耦合引起的振动;二是参数振动[124]。锚索的参数振动[125]现象是指悬浮隧道管体的振动使锚索的轴向拉力发生周期变化,当隧道管体的频率接近于锚索的局部振动频率的两倍时,小幅值的管体振动也会引发锚索大振幅的局部振动。

悬浮隧道锚索的参数振动未见有文献提及,而受力方式与悬浮隧道锚索极为相似的斜拉索的参数振动研究已经取得了丰硕的成果。Kovacs首次用参数共振来解释在无风无雨情况下索的大幅横向振动[126]。Tagata[127]研究了拉索的一阶参数振动,不计垂度影响,把拉索视为无重量的弦,导出了无量纲的Mathieu方程。Takahashi[128]对索的参数共振动态稳定区间进行了探讨。Perkins[129]用多尺度和试验方法分析了悬挂的弹性索在一端小的切向周期激励下的非线性响应,并探讨了索非线性振动的可能性和动态稳定性。Uhrig[130]采用简化的Mathieu方程研究了参数共振。Fujino等[131]对斜拉索参数共振进行了试验。Lilien[132]利用Tagata的方法导出标准弦方程,并采用谐波平衡法研究了稳态振动时索的振动幅值、瞬态(达到稳态之前)振动时索张拉力的表达方程。Pinto等[133]研究了桥面的竖向振动引起索的参数振动问题。Virlogeux[134]将索桥耦合振动分解为沿轴向的参数振动和垂直于索轴向的强迫振动,建立了索桥相互作用的两质量模型,并重点研究了强迫振动。他认为当索与主体结构固有频率接近时,索端微小横向振动可使拉索产生很大振幅。亢战和钟万勰[135]将斜拉索和桥面简化为两个质量模型,从而将斜拉索和桥面耦合振动问题简化为两自由度的非线性参数振动模型,进行了数值分析,得出了斜拉索参数共振的可能性。Zhang 和 Peil[136]对处于参数不稳定区域的斜拉索动态响应进行了数值分析。Caetano 等[137]对韩国 Jindo 斜拉桥进行了三维有限元模态分析,验证了斜拉索和结构相互作用下的大幅振动。汪至刚和孙炳楠[138]考虑了桥面的刚度对斜拉索参数共振的影响。陈水生等[139-141]将桥面简化为一质量块作用于斜拉索的一端,进行了拉索与质量块两自由度的参数振动数值分析。此外,陈水生[139]按照理想系统建立了斜拉索的参数振动分析模型,并假定拉索的端部轴向位移激励为余弦函数,采用谐波平衡法对拉索响应的稳定性进行了分析。Vincenzo 等[142-143]建立了索桥耦合振动简化分析模型,模型中主梁被简化为一点固定,一点连接斜拉索上的梁。Wu 等[144]分析了正弦激励、车辆荷载以及地震作用下拉索的参数振动。李忠献等[145]在不考虑斜拉索重力影响的情况下,采用有限元方法对斜拉桥拉索的参数振动进行了研究。Georgakis 和 Taylor[146-147]研究了斜拉索在端部竖向正弦位移激励和随机位移激励作用下的响应。Berlioz 和 Lamarque[148]研究了斜拉索在端部竖向余弦位移激励下的响应。Xia 和 Fujino[124]基于三自由度索桥耦合振动简化模型,第一次用解析的方法考察了斜拉索在端部随机位移激励下的响应。

由已有的研究成果可知,按激励类型的不同,斜拉索参数振动研究可以分为两大类[138]:第一类是理想激励系统,即激励的幅值和频率不受响应的影响,在振动过程中,按指定的方式变化,认为桥面的质量远大于斜拉索的质量,忽略斜拉索的振动对桥面的影响,很多研究是基于此法的,如文献[132]~文献[134],以及文献[149]和文献[150];第二类是非理想激励系统,即激励的幅值和频率在响应过程中不断变化,认为桥面的振动与斜拉索的振动是相互耦合的,建立索-桥耦合振动系统,比第一类方法多一个自由度,如文献[123]、文献[134]、文献[138],以及文献[151]、文献[152]用的是第二类方法。

本章将建立悬浮隧道锚索-管体耦合非线性参数振动模型,并用第二类方法研究锚索在参数激励作用下出现大幅振动的可能性。首先,考虑锚索的垂度效应,建立悬浮隧道锚索-管体非线性振动方程组;然后,通过伽辽金法和龙格-库塔法对方程组进行求解;最后,通过数值算例,分析锚索-管体耦合振动特性。鉴于锚索垂度的重要性,分别采用两种不同的方式来考虑锚索的垂度效应——等效弹性模量法和抛物线法。等效弹性模量法易于求解,数值结果规律性强;抛物线法更能体现垂度效应对锚索振动特性的影响。

7.2 锚索垂度效应

锚索是悬浮隧道的特色所在,也是悬浮隧道的重要组成部分,其状态对整个结构体系的力学性能影响非常大。锚索作为单向承拉柔性构件,在自重和轴力作用下会产生一定的垂度。因此,锚索不能简单地按一般拉伸杆来计算,而应考虑垂度影响。

众所周知,斜拉索垂度曲线的精确求解可以确定斜拉索的初始构形,从而减小斜拉索静力以及动力分析中由斜拉索垂度效应产生的误差。悬浮隧道锚索和斜拉索在受力方式上有很大的相似性,都是受拉的主要承重结构。可以预见,合理考虑悬浮隧道锚索的垂度效应对于分析锚索乃至整个悬浮隧道的动力特性至关重要。

目前分析斜拉索的垂度效应主要有以下三种方法。

1) 等效弹性模量法[153-157]

尽管斜拉索在自重作用下产生垂度,但有限元分析模型中,通常将斜拉索模拟成直杆桁架单元,认为索力沿索弦向作用。由于斜拉索有一定垂度,索力与索的弦向张力之间必然存在一定差异。Ernst 建议将斜拉索直杆单元的弹性模量进行适当修正,引入等效弹性模量来考虑直杆单元与实际索形之间的偏差影响。假定:①斜拉索具有较高的初应力,拉索自重沿其对应的弦均匀分布;②只考虑垂直于弦的自重分量,忽略平行于弦的自重分量。其计算公式为

$$E_{eq} = \frac{E}{1 + \frac{(qL_x)^2 EA}{12T_0^3}} \tag{7.1}$$

式中,q 为单位长度索重;L_x 为拉索水平投影长度;E 为拉索的弹性模量;A 为拉索的面积;T_0 为拉索的初张力。

等效弹性模量法是目前采用最广的考虑斜拉索垂度效应的方法。这种方法在垂跨比较小、拉索应力较大、弦线倾角不大时具有较高的计算精度。

2) 多段直杆法[158-161]

多段直杆法是利用多个杆单元将曲线拉索转化为折线来模拟斜拉索的非线性行为的。1952 年,Pugsley 提出利用分段直杆来离散单根拉索且将拉索自重作用于结点上的计算方法,该方法实质上是通过计入直杆的轴向刚度来模拟拉索的重力刚度,从而对索结构进行非线性分析,后来国内外许多学者对该方法作了进一步改进。从理论上讲,多段直杆法所取的直杆数越多,就越符合索的真实力学行为,但采用多段直杆法增加了结点数,更重要的是必须首先确定每个杆件的初始平衡位置。多段直杆法引入了许多附加自由度,大大增加了计算机的计算时间和存储量。如果这些附加节点的平衡条件不能很好地满足,可能发生数值问题,得到虚假

的结果，甚至无法收敛。此外，多段直杆法无法较好地解决桥梁结构分析中的许多问题，如拉索张拉、无应力长度等。因此，多段直杆法看似是解决复杂问题的简单方法，但实际应用时一定要慎重。多段直杆法的优点是计算动力问题时可以得到斜拉索本身的振动模态。

3) 曲线索单元法[162-164]

曲线索单元法也是目前斜拉索垂度效应研究的重要方法，主要是利用斜拉索在自然状态下的几何形状，如悬链线单元或者抛物线单元。通常采用下列假设：①索单元只在横截面上产生法向应力；②法向应力在横截面上均匀分布；③索变形时横截面面积保持不变。与多段直杆法相比，这种方法的收敛性好。

7.3 锚索参数振动响应——等效弹性模量法

在斜拉桥结构分析中，考虑斜拉索的垂度效应以等效弹性模量法应用最广泛、最方便，此方法是将具有较高初始应力和一定垂度的拉索等效为一直弦杆，只考虑索重沿弦垂直方向的影响得到的[157]。因此，本小节采用等效弹性模量法来考虑锚索的垂度效应，且考虑锚索浮容重沿弦垂直方向的影响，由此得到等效弹性模量 E_{eq} 的计算公式为[165]

$$E_{eq} = \frac{E}{1 + E/E_f} \tag{7.2}$$

$$E_f = \frac{12\sigma^3}{\gamma_f^2 (L\cos\theta)^2} \tag{7.3}$$

式中，E 为锚索的弹性模量；E_f 为锚索垂度产生的弹性模量；$\sigma = T_0/A$ 为锚索应力，T_0 为锚索静力平衡时的张力，A 为锚索横截面面积；γ_f 为锚索的浮容重；L 为锚索无应力状态长度；θ 为锚索的倾角。

7.3.1 锚索-管体耦合振动模型

将悬浮隧道管体简化为作用在锚索端部的集中质量块 M，管体刚度用弹簧 K 模拟，阻尼由阻尼器 C 模拟。本小节采用图 7.1 所示的悬浮隧道锚索-管体耦合振动模型来研究参数激励作用下锚索的响应情况。

这里进行以下假定：

(1) 忽略锚索的张力、几何尺寸、刚度和材料性质沿长度方向的改变；

(2) 忽略锚索的抗弯刚度；

(3) 考虑锚索振动引起的水体附加惯性力和水体阻尼力的影响。

坐标定义如图 7.1 所示。在上述假设条件下，可得锚索的振动微分方程为

$$-(T_0 + E_{eq}A\varepsilon)\frac{\partial^2 u}{\partial z^2} + c\frac{\partial u}{\partial t} + m\frac{\partial^2 u}{\partial t^2} + F_D = 0 \tag{7.4}$$

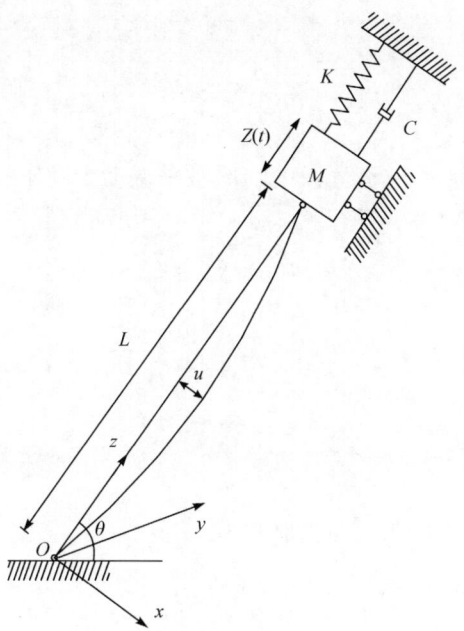

图 7.1 悬浮隧道锚索-管体耦合振动模型 1

式中,ε 为锚索的动应变;c 为锚索的黏滞阻尼系数;m 为单位长度锚索的质量;F_D 为锚索振动时水体对其单位长度上的作用力。

锚索的动应变由泰勒公式可写为

$$\varepsilon = \varepsilon_z + \varepsilon_L = \frac{Z}{L} + \frac{1}{2}u_z^2 \tag{7.5}$$

利用 Morison 公式,锚索振动引起的水体对其单位长度上的作用力可以表示为附加惯性力和阻尼力之和[166],即

$$F_D = \frac{1}{2}\rho_w D_t C_D \dot{u} |\dot{u}| + \frac{\pi D_t^2}{4}\rho_w C_m \ddot{u} \tag{7.6}$$

式中,ρ_w 为水的密度;D_t 为锚索的直径;C_D 为拖曳力系数,取 $C_D = 0.7$;C_m 为附加质量系数,取 $C_m = 1$。

用分离变量法,将锚索位移 $u(z,t)$ 表示为

$$u(z,t) = \sum_{n=1}^{N} u_n(t) \sin\frac{n\pi z}{L} \tag{7.7}$$

为得到式(7.4)的近似解,用伽辽金法[167-170]将该偏微分方程(式(7.4))转化为下列方程组:

$$\int_0^L R(z,t)\sin\frac{j\pi z}{L}\mathrm{d}z = 0, \quad j = 1,2,\cdots,\infty \tag{7.8}$$

$$R(z,t) = \sum_{n=1}^{\infty} \left[\overline{m}\ddot{u}_n + c\dot{u}_n + \left[T_0 + \frac{E_{eq}A}{L}\frac{1}{2}\left(\frac{n\pi}{L}\right)^2 \frac{L}{2}u_n^2 + \frac{E_{eq}A}{L}Z \right]\left(\frac{n\pi}{L}\right)^2 u_n \right] \sin\frac{n\pi z}{L}$$
$$+ \sum_{n=1}^{\infty} \frac{1}{2}\rho_w D_t C_D \left(\dot{u}_n \sin\frac{n\pi z}{L}\right)^2 \mathrm{sgn}\left(\dot{u}_n \sin\frac{n\pi z}{L}\right) \tag{7.9}$$

Tagata[127]由试验指出,张紧弦的端部激励振动中基本模态占主要地位,取一阶振动模态化简式(7.8),整理得

$$\ddot{u} + \left(\omega_1^2 + \frac{E_{eq}A\pi^2 Z}{\overline{m}L^3}\right)u + \frac{c}{\overline{m}}\dot{u} + \frac{2D_n}{L\overline{m}} + \frac{E_{eq}A\pi^4}{4\overline{m}L^4}u^3 = 0 \tag{7.10}$$

式中,$D_n = \int_0^L \frac{1}{2}\rho_w D_t C_D \left(\dot{u}\sin\frac{\pi z}{L}\right)^2 \mathrm{sgn}\left(\dot{u}\sin\frac{\pi z}{L}\right)\sin\frac{\pi z}{L}\mathrm{d}z$;$\omega_1$ 为无水时张力为 T_0 的锚索一阶固有频率,$\omega_1 = \left[\left(\frac{\pi}{L}\right)^2 \frac{T_0}{\overline{m}}\right]^{\frac{1}{2}}$[171];$c = 2\overline{m}\omega_1\xi_1$,$\xi_1$ 为锚索的阻尼比,$\overline{m}$ 为单位长度锚索质量和附加水质量之和,$\overline{m} = m + \frac{\pi D_t^2}{4}\rho_w C_m$。

质量块 M 的运动方程为

$$M\ddot{Z} + C\dot{Z} + KZ + \frac{E_{eq}A}{L}\int_0^L \varepsilon \mathrm{d}z = 0 \tag{7.11}$$

将式(7.5)代入式(7.11)整理得

$$\ddot{Z} + 2\omega_2\xi_2\dot{Z} + \omega_2^2 Z + \frac{E_{eq}A\pi^2}{4ML^2}u^2 = 0 \tag{7.12}$$

式中,ω_2 为质量块的频率,$\omega_2^2 = (E_{eq}A/L + K)/M$;$\xi_2$ 为质量块的阻尼比。

由式(7.10)和式(7.12)组成锚索-质量块耦合振动方程组,即

$$\begin{cases} \ddot{u} + \left(\omega_1^2 + \frac{E_{eq}A\pi^2 Z}{\overline{m}L^3}\right)u + \frac{c}{\overline{m}}\dot{u} + \frac{2D_n}{L\overline{m}} + \frac{E_{eq}A\pi^4}{4\overline{m}L^4}u^3 = 0 \\ \ddot{Z} + 2\omega_2\xi_2\dot{Z} + \omega_2^2 Z + \frac{E_{eq}A\pi^2}{4ML^2}u^2 = 0 \end{cases} \tag{7.13}$$

方程组(7.13)中虽不显含时间,但质量块 M 的振动会引起锚索张力的周期性变化,而张力的变化又会改变锚索的刚度,从而改变锚索振动方程中振幅的一次项系数,所以锚索相当于受到参数激励。方程组(7.13)是一个非线性的耦合振动系统,系统中同时存在耦合的线性项和非线性项,并且考虑了锚索振动引起的水体附加惯性力和水体阻尼力的影响,因此可以反映出水下锚索-管体耦合振动的力学本质。

7.3.2 数值算例

对于既有平方项又有立方项的耦合非线性系统,当 $\omega_2 = 2\omega_1$、$\omega_2 = \omega_1$ 时可能产

生内共振[172]。因此,本小节调整管体的质量和刚度以满足 $\omega_2 = 2\omega_1$,通过 MATLAB 的 Simulink 模块,用龙格-库塔法[173-175]对锚索和质量块进行数值分析,得到悬浮隧道锚索、管体不同情况下的位移响应时程曲线。基本参数取值如表 7.1 所示。

表 7.1 基本参数 1

项目	参数名称	数值
锚索	长度/m	161.66
	直径/m	0.489
	单位长度质量/(kg/m)	1474.23
	单位长度附加质量/(kg/m)	193.06
	密度/(kg/m³)	7850
	弹性模量/Pa	2.1×10^{11}
	倾角/(°)	60
	初张力/N	2.572×10^7
	阻尼比	0.0018
	初始扰动/m	0.01
管体	质量/kg	1.5×10^7
	初始扰动/m	0.05
水体	密度/(kg/m³)	1028

1) 自由振动时系统的响应

图 7.2 为无阻尼情况下仅考虑水体附加惯性力的作用时锚索和管体的位移响应时程曲线。图中锚索的位移取的是锚索的跨中位移,下同。

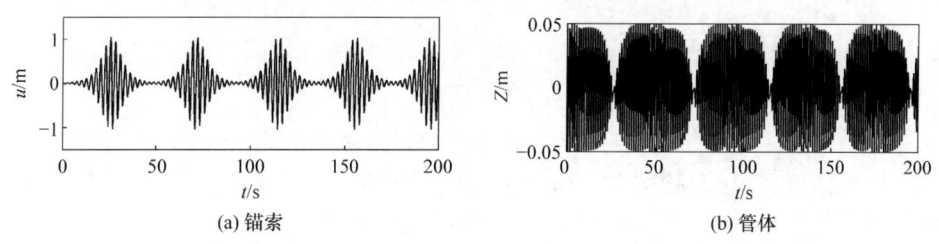

图 7.2 自由振动响应曲线 1

由图 7.2 可以看出,$\omega_2 = 2\omega_1$ 时,锚索和管体的振动之间存在强烈的耦合,锚索的振动受管体的激励而加剧,最大振幅已远远大于初始扰动,由初始的 0.01m 剧增到 1m;此外,两者的振幅分别随时间呈周期性变化,具有明显的"拍"的特征,且锚索的最大振幅处恰为隧道管体的最小振幅处,表明了能量在两者之间的转移,因为在无阻尼的情况下系统的总能量是守恒的。

2) 水体附加惯性力对锚索位移的影响

图 7.3 为无阻尼情况下不考虑水体阻尼力时锚索的位移响应时程曲线。图 7.3(a)与图 7.3(b)的区别在于是否考虑水体附加惯性力作用。

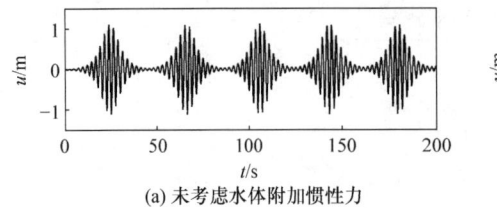 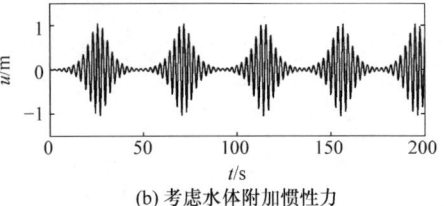

(a) 未考虑水体附加惯性力　　　　　　　　(b) 考虑水体附加惯性力

图 7.3　水体附加惯性力对锚索位移的影响

由图 7.3 可以看出,考虑水体附加惯性力时锚索的最大振动幅值减小,但减小幅度极小,"拍"频变小,因为本小节所选锚索的附加质量在系统总的质量中所占的比值很小。

3) 初始扰动对锚索位移的影响

图 7.4 为无阻尼情况下仅考虑水体附加惯性力时锚索的位移响应时程曲线。图 7.4(a)中,锚索的初始扰动仍然为 0.01m,悬浮隧道管体的初始扰动增大为 0.08m;图 7.4(b)中,锚索的初始扰动增大为 0.05m,悬浮隧道管体的初始扰动仍取 0.05m。

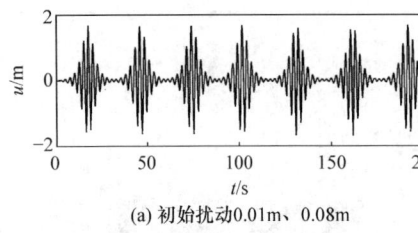 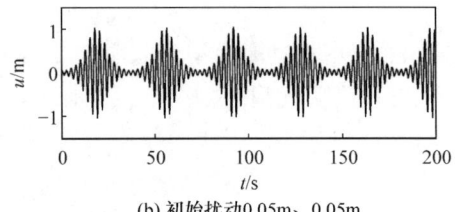

(a) 初始扰动0.01m、0.08m　　　　　　　　(b) 初始扰动0.05m、0.05m

图 7.4　初始扰动对锚索位移的影响

比较图 7.4 和图 7.3(b)可以看出,锚索的最大振幅随着悬浮隧道管体初始扰动的增大而增大,"拍"频增大。这是因为悬浮隧道管体的初始扰动越大,系统获得的能量就越大,从而锚索的振幅越大。然而,锚索的初始扰动大小对锚索的最大振幅影响不大,因为锚索的质量在系统总的质量中所占的比值要小得多。

4) 水体阻尼力对系统响应的影响

图 7.5 为 $\xi_1=0$ 和 $\xi_2=0$ 时,同时考虑水体阻尼力和水体附加惯性力的情况下,锚索和管体的位移响应时程曲线。

从图 7.5 中可以看出,水体阻尼力作用下锚索的最大振动幅值有所减小,由无水体阻尼作用下的 1m 降到了 0.79m,但仍旧是初始扰动的 79 倍,因此锚索的瞬

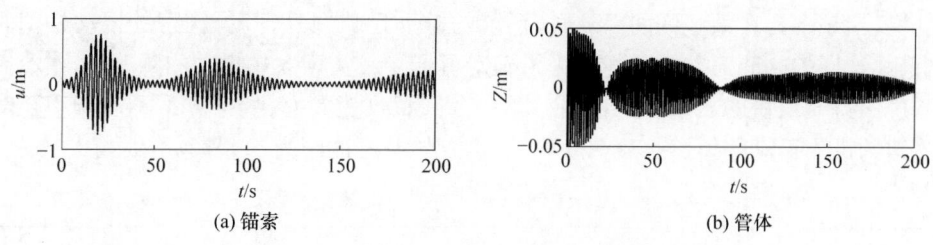

图 7.5 水体阻尼力对系统响应的影响

态参数振动现象不可忽视;锚索和管体的"拍"的峰值随时间逐渐减小,能量在水体阻尼力的作用下逐渐耗散;能量仍然在锚索和管体之间传递。

5) 阻尼比对锚索位移的影响

图 7.6 为同时考虑水体阻尼力和水体附加惯性力时,不同的锚索阻尼比和管体阻尼比情况下锚索的位移响应时程曲线。

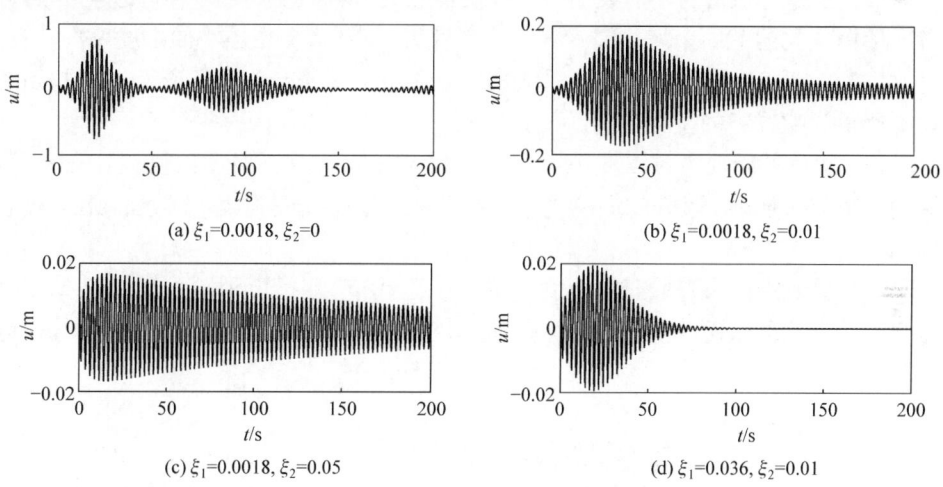

图 7.6 阻尼比对锚索位移的影响

从图 7.6(a)可以看出,锚索的阻尼很小,对系统能量的耗散作用不大。从图 7.6(b)可以看出,悬浮隧道管体的阻尼对能量的耗散贡献比较大,但是仍然不能有效地减小锚索的振动幅值(图 7.6(b)中锚索的最大振动幅值为 0.18m,为初始激励的 0.01m 的 18 倍)。图 7.6(c)和图 7.6(d)中人为地调大了悬浮隧道管体和锚索的阻尼比,锚索的位移幅值显著减小,锚索的响应与初始扰动相差不大。由此可见,通过在锚索上设置阻尼器来消除锚索的大幅振动是可行的。

此外,由斜拉索参数振动的研究结果可知,系统中锚索和管体的频率关系处于 $\omega_2 = 2\omega_1$ 附近一定范围时,在管体的竖向振动下,锚索都可能发生大幅振动。也就是说,当频率比在某一区间以外时,系统的振动近似线性振动,锚索的振动幅值很小,称这样的区间为共振区间。为了确定可能导致锚索大幅振动的频率比,本小节通过保持质量块的质量不变,改变其刚度,从而改变频率比,计算了不同频率比时锚索的最大振动幅值。由表 7.2 可知,锚索的共振区间为 $1.82 \leqslant \omega_2/\omega_1 \leqslant 2.17$。

表 7.2 不同频率比时锚索的最大振幅

ω_2/ω_1	1.8	1.81	1.82	1.83	1.9	2	2.1	2.16	2.17	2.18	2.19
最大振幅/m	0.05	0.08	0.23	0.4	0.85	1.05	0.89	0.5	0.3	0.05	0.01

本节建立了悬浮隧道锚索-管体的耦合振动的数学模型,并对其进行了不同情况下的数值研究,得出以下结论。

(1) 当悬浮隧道锚索与管体的振动频率的比值在某一区间时,两者之间会发生共振,使得锚索产生大幅振动;而在此区间外,两者之间没有明显的耦合作用。

(2) 水体对锚索的附加惯性力可以使锚索的振幅减小,但减小幅度不大,可以考虑使用中空的截面来增加锚索的附加惯性力,使锚索振幅减小的幅度变大。

(3) 锚索初始扰动的大小对系统的响应几乎没有影响,而隧道管体的初始扰动则严重影响锚索的位移响应。

(4) 水体的阻尼力可以在一定程度上减小锚索的瞬态振动幅值,但瞬态参数振动现象仍很明显,随着时间的推移,由于水体阻尼力的作用,锚索将逐渐停止振动。

(5) 加大锚索的阻尼或管体的阻尼至一定程度,均可以消除参数振动带来的振幅成倍剧增的情况,因此可以考虑通过其他途径加大锚索或管体的阻尼,来消除参数振动带来的危害。

7.4 锚索参数振动响应——抛物线法

7.3 节的研究表明,7.3.1 节中采用的悬浮隧道锚索-管体耦合振动模型可以反映出水下锚索与管体之间的耦合振动现象。然而,为求解方便,7.3 节中锚索的垂度效应是通过等效弹性模量法来考虑的,将锚索垂度带来的非线性问题线性化了[176]。本节仍然采用悬浮隧道锚索-管体耦合振动模型来分析锚索的参数振动响应,不同之处在于本节假定锚索的初始构形为二次抛物线[177],不计锚索重力对锚索弦向张拉力的影响。

7.4.1 锚索-管体耦合振动模型

本小节假定锚索为小垂度索,即锚索跨中垂度 f 与锚索无应力状态的长度 L 之比小于 1/8,如图 7.7 所示。因此,锚索的初始构形可近似为二次抛物线,即

$$x = 4f\frac{z}{L}\left(1-\frac{z}{L}\right) \tag{7.14}$$

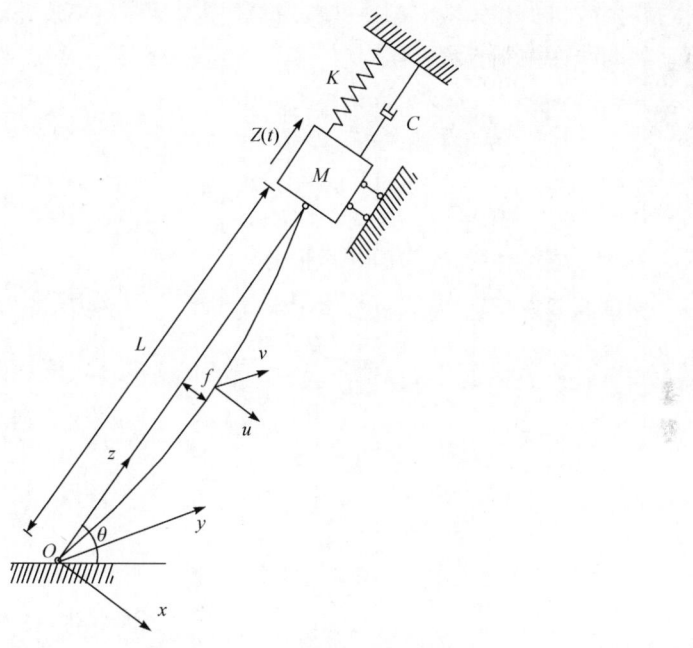

图 7.7 悬浮隧道锚索-管体耦合振动模型 2

令 L_E 和 m 分别为静力作用下锚索的长度和锚索未拉伸时的单位长度质量，$L_E = L[1+8(f/L)^2]$。静力状态下锚索的张力为 $T_0 = T_0(s)$，s 为弧长坐标。动荷载作用下的动力构形由位移 u 表示，u 为沿锚索轴向的法线方向由静力平衡位置开始的位移（图 7.7）。

由 Hamilton 原理建立锚索的控制方程，为

$$\delta\int_{t_1}^{t_2}\int_0^L (Q-V)\mathrm{d}s\mathrm{d}t + \int_{t_1}^{t_2}\int_0^L \delta W \mathrm{d}s\mathrm{d}t = 0 \tag{7.15}$$

式中，δ 为变分符号；t_1、t_2 分别为时间上限和时间下限；Q 为动能密度；V 为弹性应变能密度；$\mathrm{d}t$ 为对时间的微分；δW 为与重力、动荷载和阻尼力相关的虚功密度。

$$Q = \frac{m}{2}u_t^2 \tag{7.16}$$

$$V = V_i + \frac{EA}{2}\varepsilon^2 + T_0\varepsilon, \quad \varepsilon = v_z + x_z u_z + \frac{1}{2}u_z^2 \tag{7.17}$$

$$\delta W = \delta u(\gamma_f V_s \cos\theta - cu_t + F_D) \tag{7.18}$$

式中，V_i 为初始构形的弹性应变能密度；V_s 为锚索单位长度的体积；E、A 等 7.3 节提及的符号含义这里不再赘述，下同。

由小垂度假设可知，T_0 约等于沿 z 向的锚索初张力 H_0，即 $T_0 \approx H_0$，且 $ds \approx dz$。

将式(7.14)和式(7.16)~式(7.18)代入方程(7.13)，并对其积分，可得到锚索运动的非线性控制方程，即

$$m\frac{\partial^2 u}{\partial t^2} + c\frac{\partial u}{\partial t} - \Delta H \frac{\partial^2 x}{\partial z^2} - (H_0 + \Delta H)\frac{\partial^2 u}{\partial z^2} = F_D \quad (7.19)$$

$$\Delta H = \frac{EA}{L_E}\left[Z + \frac{8f}{L^2}\int_0^L u dz + \frac{1}{2}\int_0^L \left(\frac{\partial u}{\partial z}\right)^2 dz\right] \quad (7.20)$$

式中，ΔH 为振动引起的附加锚索张力。

取锚索的振动模态为标准弦的振动模态[178]，用伽辽金法化简式(7.19)，得

$$\int_0^L R(z,t)\sin\frac{j\pi z}{L}dz = 0, \quad j = 1, 2, \cdots, \infty \quad (7.21)$$

$$R(z,t) = \sum_{n=1}^{\infty}\left\{\overline{m}\ddot{u}_n + c\dot{u}_n + \left[H_0 + \frac{EA}{L_E}\frac{8f}{L^2}\frac{L}{n\pi}(1-\cos n\pi)u_n + \frac{EA}{L_E}\frac{1}{2}\left(\frac{n\pi}{L}\right)^2\frac{L}{2}u_n^2\right.\right.$$

$$\left.\left.+ \frac{EA}{L_E}Z\right]\left(\frac{n\pi}{L}\right)^2 u_n\right\}\sin\frac{n\pi z}{L}$$

$$+ \sum_{n=1}^{\infty}\left\{\frac{8f}{L^2}\frac{L}{n\pi}(1-\cos n\pi)u_n + \frac{1}{2}\left(\frac{n\pi}{L}\right)^2\frac{L}{2}u_n^2\right\}\frac{8f}{L^2}\frac{EA}{L_E} + Z\frac{8f}{L^2}\frac{EA}{L_E}$$

$$+ \sum_{n=1}^{\infty}\frac{1}{2}\rho_w D_t C_D \left(\dot{u}_n\sin\frac{n\pi z}{L}\right)^2 \text{sgn}\left(\dot{u}_n\sin\frac{n\pi z}{L}\right) \quad (7.22)$$

取一阶振动模态化简式(7.21)，整理得

$$\ddot{u} + 2\omega_1\xi_1\dot{u} + \left(\omega_1^2 + \frac{EA\pi^2}{\overline{m}L^2 L_E}Z\right)u + \frac{24fEA\pi}{\overline{m}L^3 L_E}u^2 + \frac{EA\pi^4}{4\overline{m}L^3 L_E}u^3 + \frac{32fEA}{\overline{m}L^2 L_E\pi}Z + \frac{2D_n}{L\overline{m}} = 0$$

$$(7.23)$$

质量块 M 的运动方程为

$$M\ddot{Z} + C\dot{Z} + KZ + \frac{EA}{L_E}\int_0^L \varepsilon dz = 0 \quad (7.24)$$

$$\ddot{Z} + 2\omega_2\xi_2\dot{Z} + \omega_2^2 Z + \frac{16EAf}{\pi ML_E L}u + \frac{EA\pi^2}{4ML_E L}u^2 = 0 \quad (7.25)$$

由式(7.23)、式(7.25)组成锚索-管体耦合振动方程组，即

$$\begin{cases}\ddot{u} + 2\omega_1\xi_1\dot{u} + \left(\omega_1^2 + \frac{EA\pi^2}{\overline{m}L^2 L_E}Z\right)u + \frac{24fEA\pi}{\overline{m}L^3 L_E}u^2 + \frac{EA\pi^4}{4\overline{m}L^3 L_E}u^3 + \frac{32fEA}{\overline{m}L^2 L_E\pi}Z + \frac{2D_n}{L\overline{m}} = 0 \\ \ddot{Z} + 2\omega_2\xi_2\dot{Z} + \omega_2^2 Z + \frac{16EAf}{\pi ML_E L}u + \frac{EA\pi^2}{4ML_E L}u^2 = 0\end{cases}$$

$$(7.26)$$

与方程组(7.13)相同,方程组(7.26)中虽不显含时间,但质量块 M 的振动会引起锚索张力的周期性变化,而锚索张力的变化又会改变锚索的刚度,从而改变锚索振动方程中振幅的一次项系数(即方程中 u 的系数),所以锚索相当于受到参数激励。与方程组(7.13)不同的是,方程组(7.26)有三项包含锚索跨中垂度,能够直接反映出锚索垂度的影响。

7.4.2 数值算例

方程组(7.26)仍然通过 MATLAB 的 Simulink 模块进行求解,选用表 7.1 所示参数。

1) 自由振动时系统的响应

如图 7.8 所示,与 7.3 节类似,无阻尼情况下,锚索和管体的振动之间存在强烈的耦合,锚索的振动受隧道管体的激励而加剧,最大振幅超过了 1m;此外,两者的振动皆具有明显的"拍"的特征,且锚索的最大振幅处恰在管体的最小振幅处,这表明了能量在两者之间的转移。不同之处是,假定锚索的初始构形为抛物线,垂度效应使得锚索的跨中振幅对于平衡位置呈现出不对称性,"拍"频增大。

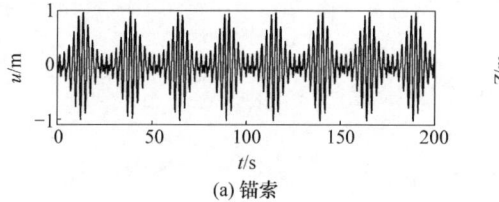
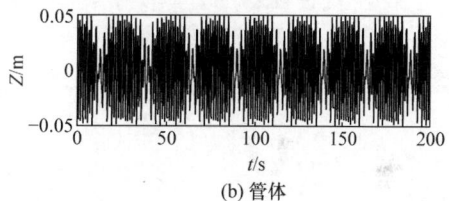

(a) 锚索　　　　　　　　　　(b) 管体

图 7.8 自由振动响应曲线 2

2) 附加惯性力的影响

7.3 节中建议锚索采用中空截面来增加附加惯性力,使锚索振幅减小的幅度增大。本小节在保持锚索横截面面积不变的前提下,研究一种极端情况:调整锚索外径与壁厚,使锚索受到的浮力与重力相等,即锚索的垂度为零。所得系统响应曲线如图 7.9 所示。

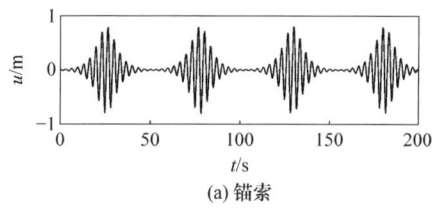
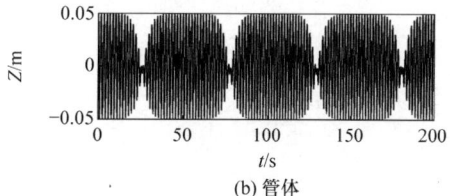

(a) 锚索　　　　　　　　　　(b) 管体

图 7.9 附加惯性力对系统响应的影响

由图 7.9 可以看出,锚索的最大振幅降为 0.8m,且锚索振幅对于平衡位置的不对称性消失,"拍"频减小。因此,为减小锚索振幅,设计时应尽量使锚索的浮容重趋近于零。

3) 隧道管体质量的影响

图 7.10 为无阻尼情况下,隧道管体质量为 3×10^7 kg 时锚索与管体的位移响应曲线。

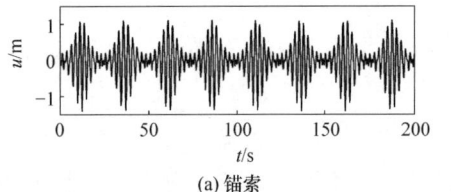
(a) 锚索

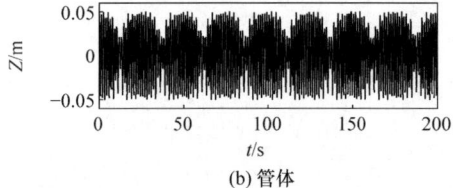
(b) 管体

图 7.10　隧道管体质量对系统响应的影响

图 7.10 与图 7.9 比较可以看出,锚索的最大振幅随隧道管体质量的增加而增大,这是因为管体的质量越大,系统获得的能量就越大。此外,锚索振幅关于平衡位置的不对称性也随管体质量的增大而增强。

第8章 悬浮隧道锚索涡激响应分析

8.1 引　言

涡激振动[179-181](vortex-induced vibrations, VIV)是水弹性耦合振动的典型课题之一,是流体力学和结构力学相关的边缘学科。涡激振动是在一定速度的来流中,由物体背后交替泄涡导致的脉动压力而引起结构振动,其存在于许多工程领域,如桥梁、烟囱、传输线、飞行器控制面、热电偶套管、发动机、换热器等空气动力学与水动力学结构物。特别是在离岸工程与海洋工程中,如海洋缆索、拖缆、石油开采中的钻探及生产立管、系泊缆索、锚泊结构物、栓拉结构物、管线、缆索铺设、导管架结构物的组件等均会发生涡激振动[182-183]。

在海洋工程领域中,目前研究比较广泛、成果较多的是张力腿式海洋平台及海底管线等大长细比柔性结构物的涡激振动。董艳秋[184-185]考虑了流体平方阻尼和中心激振两个非线性项,采用多项伽辽金法求解微分方程,计算了波浪和流共同作用下张力腿的动力响应。马驰等[186]在董艳秋的基础上提出了一种新的张力腿模型边界,且对多项伽辽金法的精度进行了研究。王东耀和凌国灿[187-188]以改进尾流振子模型为基础,考虑上部平台垂荡引起的张力腿张力的影响,给出了预测响应幅值的算法,并用来分析张力腿在横漂过程中的涡激振动。余建星等[189]考虑到影响海底管线涡激振动响应规律的因素较为复杂,采用模型试验的手段对海底管线动力响应进行了研究。时米波等[190]基于有限元分析软件建立的管-土耦合非线性有限元模型对海底管道管跨涡激振动进行了分析。

悬浮隧道锚索所处的海洋环境与海洋平台的张力腿相同,且受力特点相同。因此,作为连接隧道管体和海底基础的关键部件,直径相对较小的悬浮隧道锚索极易在复杂的海洋环境中产生涡激振动。

麦继婷等[72]对水流作用下悬浮隧道锚索的横向涡激振动进行了初步探讨,考虑了张力的变化对锚索横向涡激振动的影响;葛斐等[73,191-192]探讨了波流场中外激励作用下锚索的涡激振动问题,考虑了隧道管体的运动对锚索顺流向涡激振动的影响,且以尾流振子模型为基础,给出了剪切流中悬浮隧道锚索涡激振动的工程分析方法。陈健云等[193-194]参考斜拉索的振动微分方程,建立了锚索涡激振动方程,对悬浮隧道锚索涡激动力响应的影响因素进行了分析。

在上述涡激振动研究中,皆未涉及高阶涡激非线性振动且管体对锚索振动的影响都简化成参数激励频率。本章以锚索式悬浮隧道为研究对象,首先探讨水流作用下锚索的多阶横向涡激振动问题,分析锚索前三阶涡激非线性振动响应。然后建立悬浮隧道锚索-管体非线性耦合振动模型,对参数激励进行比较真实的模拟,考虑隧道管体的运动对锚索横向振动的影响,并在此条件下探讨流场中锚索的涡激振动问题。

8.2 旋涡泄放机理和涡激振动

对于钝体结构,当结构物上有流作用时,流在截面的棱角将发生流体分离。当达到某一流速时,会在该结构物两侧背后产生交替的旋涡,且将由一侧向另一侧交替脱落,形成卡门涡街[195]。以圆柱形结构物为例(图 8.1),当流体接近圆柱体的前缘时,受到阻滞,压力增加。这一增高的压力围绕柱体表面的边界层沿两侧向下游方向发展。当雷诺数较高时,这一压力并不足以使边界层扩展到圆柱背后一面,而是在柱体断面宽度最大点附近产生分离。分离点即沿圆柱表面速度由正到负的转变点或零速度点,在分离点以后沿圆柱表面将发生倒流。边界层在分离点脱离柱体表面,并形成向下游延展的自由剪切层。两侧的剪切层之间即尾流区。在剪切层范围内,由于接近自由流区的外侧部分流速大于内侧部分流速,流体便有发生旋转并分散成若干个旋涡的趋势,在柱体后面的旋涡系列称为涡街[196]。

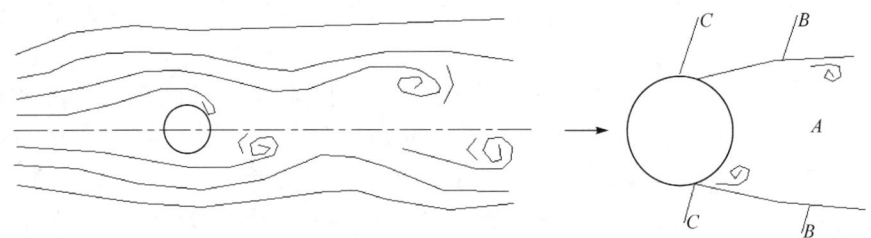

图 8.1 圆柱体旋涡脱落示意图

旋涡是在柱体左右两侧交替地、周期性地发生的。当在一侧的分离点处发生旋涡时,在柱体表面引起方向与旋涡旋转方向相反的环向流速 v_1。发生旋涡一侧沿柱体表面流速 $v-v_1$ 小于原有流速 v,而对面一侧的表面流速 $v+v_1$ 则大于原有流速 v,从而形成与来流垂直方向作用在柱体表面上的压力差,也就是升力 F_L。当一个旋涡向下游泄放,即自柱体脱落并向下游移动时,它对柱体的影响及相应的升力 F_L 也随之减小,直到消失,而下一个旋涡又从对面一侧发生,并产生同前一个相反方向的升力。因此,每一个旋涡具有互相反向的升力,并共同构成一个垂直于流向的周期性交变力。当结构自振周期和这个升力的周期接近时,流体与结构之间的耦合效应就会变得强烈。与此同时,旋涡的产生和泄放,还会对柱体产生顺

流方向的曳力 F_D。F_D 也是周期性的力,它并不改变方向,只是周期性地增减;其周期为 F_L 的一半,即每一个单一的旋涡的产生和泄放,便构成曳力 F_D 的一个周期[197]。

由此看来,旋涡泄放的发生与雷诺数的变化有很大关系。表 8.1 为不同雷诺数条件下,流体流经一圆形断面结构时的流态,以及旋涡形成和泄放的变化过程[198]。

表 8.1　旋涡脱落与 Re 的关系

水流流态	雷诺数范围	旋涡形成和泄放的变化
	$Re<5$	无分离现象发生
	$5\sim15\leqslant Re<40$	柱后出现一对固定的小旋涡
	$40\leqslant Re<150$	周期性交替泄放的层流旋涡
	$150\leqslant Re<3\times10^5$	周期性交替泄放的紊流旋涡
	$3\times10^5\leqslant Re<3.5\times10^6$	过渡段,分离点后移,旋涡泄放不具有周期性,曳力显著降低
	$3.5\times10^6\leqslant Re$	超临界阶段,重新恢复周期性的紊流旋涡泄放

由表 8.1 可以看出,在定常流中,当 $Re\geqslant40$ 时,圆柱尾流的旋涡通常以某一确定频率从圆柱体的两侧交替泄放,这种有规则交错排列的两行涡列就是卡门涡街[198]。当卡门涡街泄放频率接近圆柱体的某阶自振固有频率时,圆柱体和来流之间将会产生相互作用,激起圆柱体该阶频率的横向振动,这种振动就称为涡激振动。

8.3 悬浮隧道锚索多阶涡激非线性振动

通过对长桩和缆索振动现象的观察可知,横向力的重要性不仅在于它的大小,更在于它的振动特性。这种振动在一定条件下会导致旋涡共振以致引起结构破坏。本节以锚索式悬浮隧道为研究对象,探讨流场中外激励作用下锚索的多阶涡激非线性振动问题,并分析锚索前三阶涡激非线性振动响应。随着水深的增加,波浪荷载给悬浮隧道锚索带来的影响会逐渐减小,而水流对锚索的作用会存在于整个水深。因此,本节主要研究水流作用下悬浮隧道锚索的多阶涡激非线性振动。

8.3.1 振动方程

本小节所讨论的锚索式悬浮隧道的模型示意图如图 8.2 所示。由于锚索多阶涡激非线性振动的求解过程比较复杂,本小节暂将悬浮隧道管体对锚索的影响简化为参数激励频率。系统坐标原点设在海底,x-z 平面与隧道的横断面平行,z 轴沿锚索轴向,x 轴垂直于 z 轴,y 轴垂直于 x-z 平面,即与隧道纵向平行。

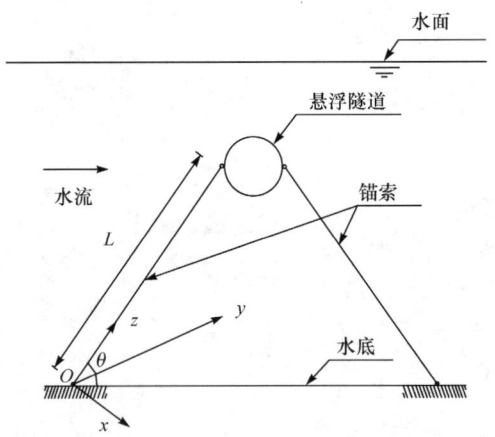

图 8.2 锚索式悬浮隧道的模型示意图

这里引进如下假设:

(1) 锚索张力远远大于其自身重力,故忽略张力沿长度方向的改变,悬浮隧道锚索被简化为受张力的简支梁;

(2) 锚索的几何尺寸、刚度和材料性质沿长度方向不变;

(3) 不计锚索的抗弯刚度、抗扭刚度和抗剪刚度[13];

(4) 流沿水深为线性变化,流向如图 8.2 所示。

在上述假设条件下,可得锚索的横向振动方程为[184-185]

$$-T_0(1+\varepsilon_r\cos\omega_s t)\frac{\partial^2 y}{\partial z^2}+c\frac{\partial y}{\partial t}+m\frac{\partial^2 y}{\partial t^2}=F_L-F_D \qquad (8.1)$$

式中,T_0 为锚索静力平衡时的张力;ε_r 为锚索的动静张力比;ω_s 为参数激励频率;c 为锚索的黏滞阻尼系数;m 为单位长度锚索的质量;F_L 为由涡街作用产生的升力;F_D 为锚索在 y 方向运动而产生的水体阻尼力和附加惯性力。

涡街作用产生的升力可以表示为[199]

$$F_L=\frac{1}{2}\rho_w D_t C_L(v\sin\theta)^2\cos\omega_v t \qquad (8.2)$$

式中,ρ_w 为流体的密度,$\rho_w=1028\mathrm{kg/m^3}$;$D_t$ 为锚索的直径;C_L 为升力系数,取 $C_L=0.6$;v 为流速;θ 为锚索的倾角;ω_v 为涡街泄放频率。

锚索横向振动引起的单位长度水体阻尼力和附加惯性力可以表示为[166]

$$F_D=\frac{1}{2}C_D\rho_w D_t\dot{y}|\dot{y}|+C_m\frac{\pi D_t^2}{4}\rho_w\ddot{y} \qquad (8.3)$$

式中,C_D 为拖曳力系数,取 $C_D=0.7$;C_m 为附加质量系数,取 $C_m=1$。

8.3.2 方程求解

采用伽辽金法[167]将偏微分方程(8.1)化为一组非线性常微分方程组。

首先,用分离变量法将锚索的横向位移 $y(z,t)$ 表示成振型的级数形式,即

$$y(z,t)=\sum_{n=1}^{N}y_n(t)\sin\frac{n\pi z}{L} \qquad (8.4)$$

式中,L 为锚索的长度;N 为阶数。

将式(8.4)代入式(8.2)和式(8.3),并代入式(8.1),根据伽辽金法可得

$$\ddot{y}_n+\omega_n^2(1+\varepsilon_r\cos\omega_s t)y_n+\frac{c_n}{\overline{m}}\dot{y}+\frac{2D_n}{L\overline{m}}=\frac{\rho_w D_t C_L\cos\omega_v t}{\overline{m}L}\int_0^L(v\sin\theta)^2\sin\frac{n\pi z}{L}\mathrm{d}z \qquad (8.5)$$

式中,ω_n 为无水时张力为 T_0 的锚索第 n 阶自振频率;$c_n=2\omega_n\overline{m}\xi$,$\xi$ 为锚索的阻尼比;$\overline{m}$ 为单位长度锚索质量和附加水质量之和,$\overline{m}=m+C_m\frac{\pi D_t^2}{4}\rho_w$;$D_n$ 为方便运算引入的符号,$D_n=\int_0^L\frac{1}{2}\rho_w D_t C_D[\dot{y}(z,t)]^2\mathrm{sgn}[\dot{y}(z,t)]\sin\frac{n\pi z}{L}\mathrm{d}z$。由于非线性项 D_n 的求解比较烦琐,故取 $N=3$ 进行分析。

在 MATLAB 中采用四阶龙格-库塔法求解该方程[200],即可得到锚索横向振动各阶模态响应。

8.3.3 实例计算和分析

当涡激频率接近锚索某阶固有频率时锚索将产生涡激谐振[201],当参数激励

频率在锚索某阶固有频率2倍附近时,锚索将产生参数振动[193]。本小节令流速分布为 $v=0.0123+0.0051z\sin\theta$ [66],取表8.2所示的基本参数,分析锚索前三阶涡激谐振和参数振动作用下的响应。

表8.2 基本参数2

参数	取值
长度/m	161.66
直径/m	0.489
单位长度质量/(kg/m)	1474.23
单位长度附加质量/(kg/m)	193.06
密度/(kg/m³)	7850
倾角/(°)	60
锚索的动静张力比	0.435
初始张力/N	2.572×10^7
锚索的阻尼比	0.0018

当涡街泄放频率与锚索一阶固有频率相同且参数激励频率为锚索一阶固有频率的2倍时,锚索首阶谐振和参数振动同时发生,锚索一阶模态振幅最大,为1.22m,占前三阶模态振幅之和的93%以上,二、三阶模态未产生涡激谐振和参数振动,振幅很小,如图8.3所示。

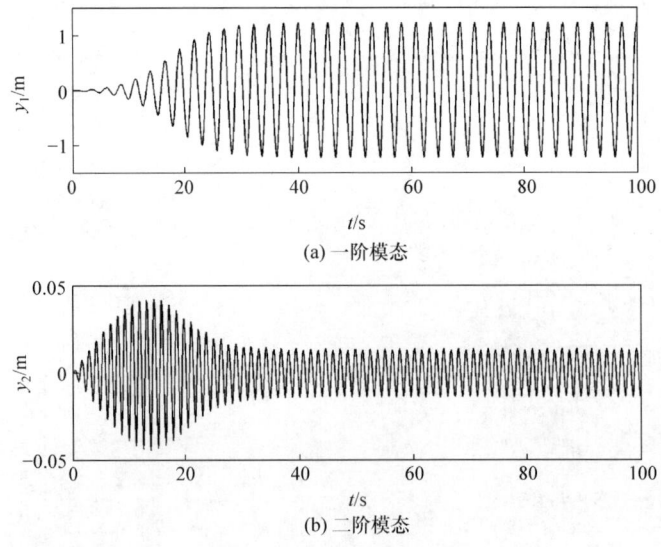

(a) 一阶模态

(b) 二阶模态

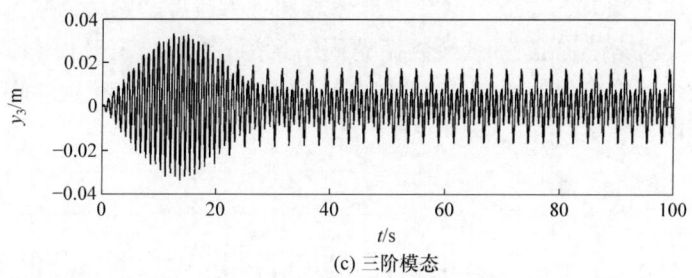

(c) 三阶模态

图 8.3 $\omega_v = \omega_1$、$\omega_s = 2\omega_1$ 时各模态响应

当涡街泄放频率与锚索二阶固有频率相同且参数激励频率为锚索二阶固有频率的 2 倍时,锚索二阶谐振和参数振动同时发生,锚索二阶模态振幅最大,为 0.6m,占前三阶模态振幅之和的 99% 以上,一、三阶模态未产生涡激谐振和参数振动,振幅很小,如图 8.4 所示。

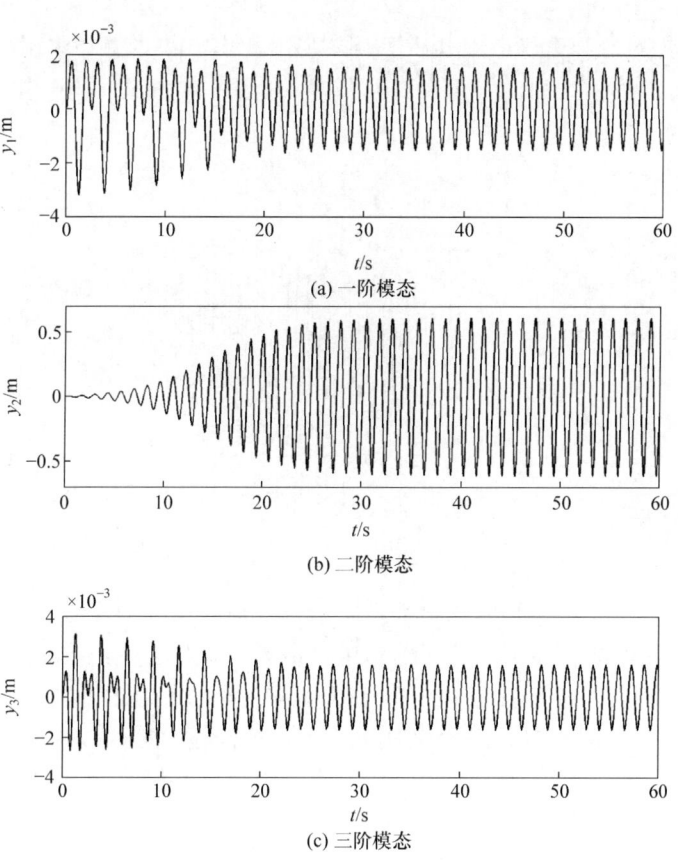

图 8.4 $\omega_v = \omega_2$、$\omega_s = 2\omega_2$ 时各模态响应

当涡街泄放频率与锚索三阶固有频率相同且参数激励频率为锚索三阶固有频率的2倍时,锚索三阶谐振和参数振动同时发生,锚索第三阶模态振幅最大,为0.4m,占前三阶模态振幅之和的98%以上,一、二阶模态未产生涡激谐振和参数振动,振幅都很小,如图8.5所示。

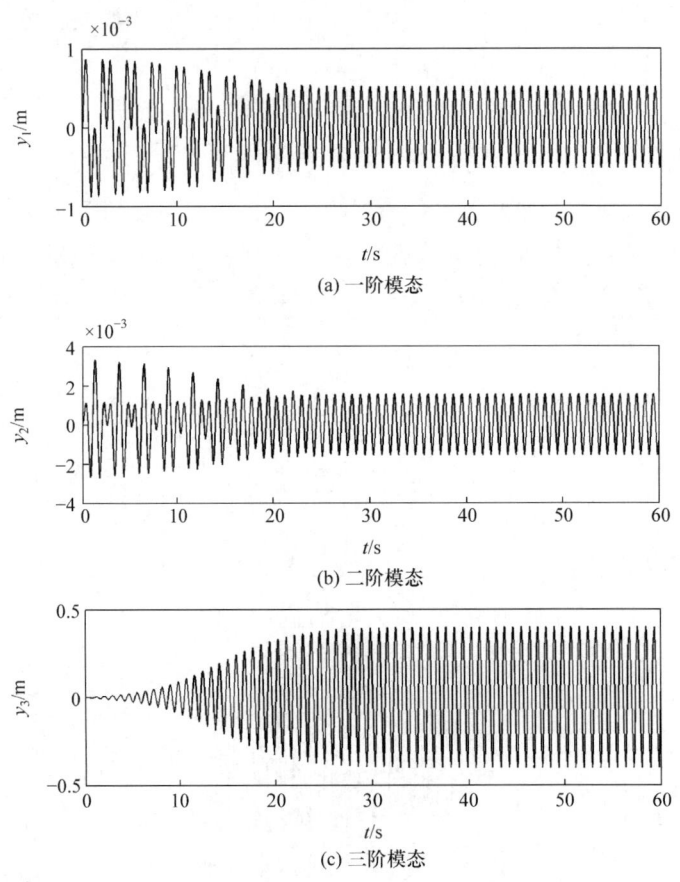

图 8.5　$\omega_v = \omega_3$、$\omega_s = 2\omega_3$ 时各模态响应

由图8.3~图8.5可知,锚索前三阶谐振分别与相应的参数振动同时发生时,发生涡激谐振和参数振动的那阶模态振幅最大,占总模态振幅之和的90%以上;未发生涡激谐振和参数振动的振幅很小,可忽略不计(图8.3(b)、图8.3(c)、图8.4(a)、图8.4(c)、图8.5(a)和图8.5(b));谐振阶数越高,锚索的模态响应越小(图8.3(a)、图8.4(b)和图8.5(c))。从图8.4(b)和图8.5(c)可以看出,锚索的高阶涡激非线性振动不可忽视。

当涡街泄放频率与锚索一阶固有频率相同且参数激励频率为锚索二阶固有频率的2倍(即锚索产生首阶谐振,二阶参数振动)时,锚索二阶模态响应最大,幅值为 0.59m,与同时发生二阶谐振和二阶参数振动相比,二阶模态的响应相差只有 0.01m(图 8.4(b)和图 8.6(b))。由此可见,锚索产生参数振动时,产生涡激谐振与否对模态响应的影响不大,涡激振动仅为参数振动提供恒定扰动的作用。然而,即使发生了涡激谐振,如果不满足参数共振的条件,锚索的模态响应并不大,如图 8.6(a)所示。

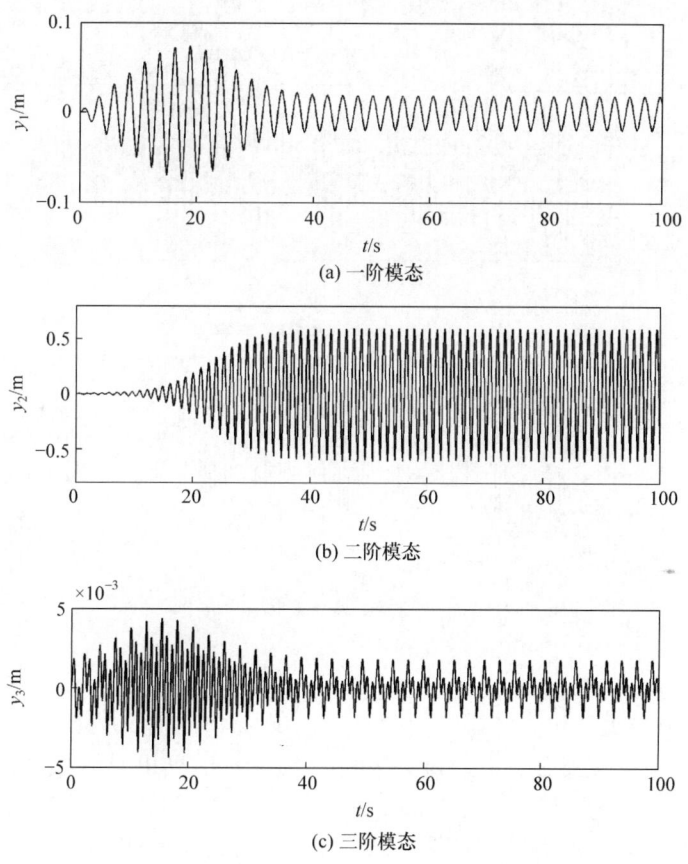

图 8.6　$\omega_v = \omega_1$、$\omega_s = 2\omega_2$ 时各模态响应

参数激励频率 $\omega_s = 0$ 且锚索分别发生前三阶涡激谐振时,锚索的模态响应如图 8.7 所示(这里只列出了发生谐振的模态响应,未产生涡激谐振的模态振幅很小,未一一列出)。锚索的模态响应仍然随着谐振阶数的增高而逐渐减小,然而首阶谐振响应的峰值只有 0.02m,可见单纯的涡激谐振对锚索的位移响应影响较小。

以涡激振动产生的能量作为恒定扰动,假设涡街泄放频率为 $\omega_v = 0.5\omega_1$(此种条件下不会产生涡激谐振),令参数激励频率分别为锚索前三阶固有频率的 2 倍,

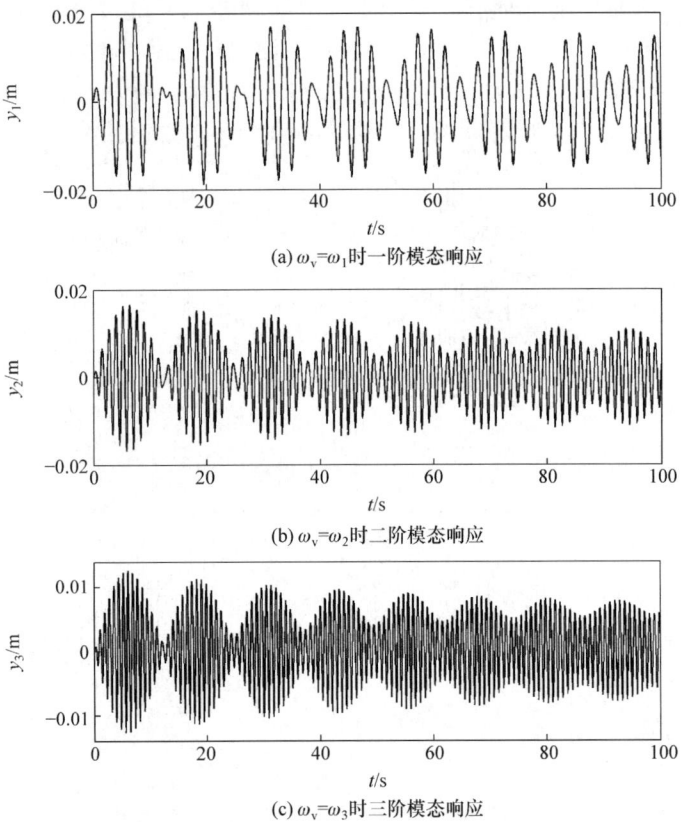

图 8.7 $\omega_s=0$ 时的模态响应

使其发生参数共振。锚索的模态响应如图 8.8 所示(这里只列出了发生参数共振的模态响应,未产生参数共振的模态振幅很小,未一一列出)。由图 8.8 可以看出,锚索的模态响应分别为 1.2m、0.59m 和 0.39m,锚索的模态响应随参数共振阶数的增高而逐渐减小;与参数振动和涡激谐振共同作用结果(图 8.3(a)、图 8.4(b)和图 8.5(c))相比相差很小。

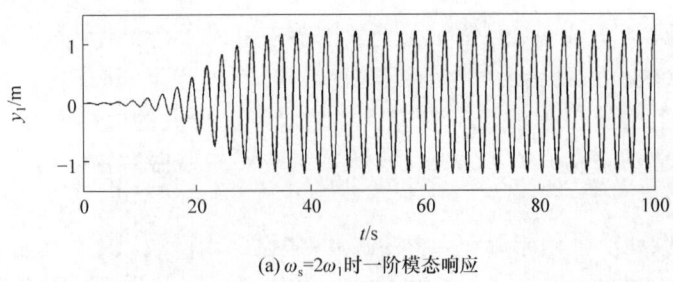

(a) $\omega_s=2\omega_1$ 时一阶模态响应

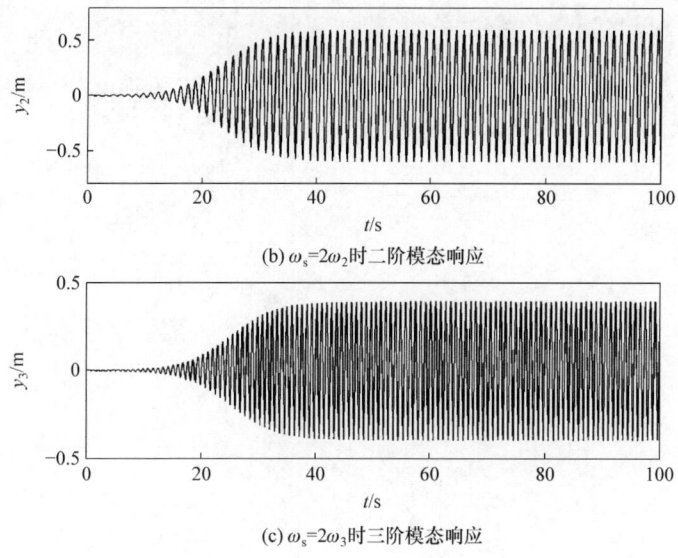

图 8.8 $\omega_v = 0.5\omega_1$ 时的模态响应

本节对悬浮隧道锚索的多阶涡激振动进行了探讨,研究表明:

(1) 涡街单独作用导致涡激谐振发生时,锚索的模态响应随谐振阶数的增大而逐渐减小;产生涡激谐振的模态响应最大,未产生涡激谐振的其他阶模态响应很小。

(2) 参数激励单独作用时,一阶参数振动的响应最大,二、三阶参数振动的响应逐渐减小;产生参数振动的模态响应最大,其他阶的模态响应很小。

(3) 锚索的高阶涡激非线性振动不可忽视。

(4) 锚索产生参数振动时,产生涡激谐振与否对模态响应的影响不大,涡激振动仅为参数振动提供恒定扰动的作用。

(5) 单纯的涡激谐振对锚索的危害相对较小。

8.4 水流作用下悬浮隧道锚索的动力响应

作为悬浮隧道的关键构件,锚索处于复杂的波流环境中,其稳定性会直接影响整座悬浮隧道的稳定性,因此锚索的动力响应问题值得关注。已有研究中,管体对锚索振动的影响都简化成参数激励频率,本节将建立悬浮隧道锚索-管体的耦合非线性振动模型,对参数激励进行比较真实的模拟,考虑隧道管体的运动对锚索横向涡激振动的影响,并在此条件下探讨水流作用下锚索的涡激振动问题。

8.4.1 锚索-管体耦合非线性振动模型

为求解方便,本小节采用等效弹性模量法考虑锚索的垂度,水流作用下悬浮隧道锚索-管体的耦合非线性振动模型如图 8.9 所示。

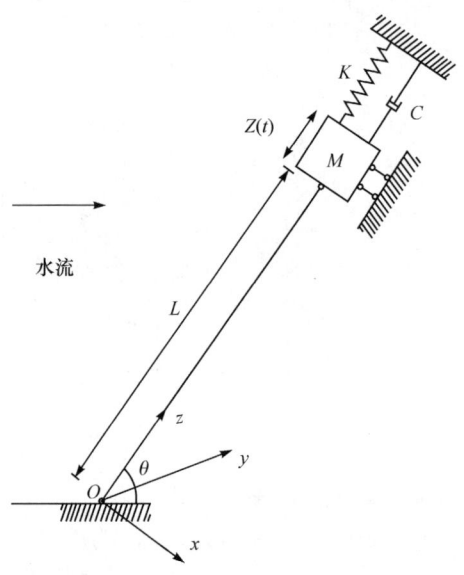

图 8.9 悬浮隧道锚索-管体耦合非线性振动模型

这里假定:
(1) 锚索的初张力、几何尺寸、刚度和材料性质沿长度方向不变;
(2) 锚索的抗弯刚度很小,可忽略不计;
(3) 水流为均匀流且方向如图 8.9 所示。

系统坐标系如图 8.9 所示,坐标原点设在锚索底部,参数振动与涡激振动皆考虑 y-z 平面内的振动。

在上述条件下,可得锚索的振动微分方程为

$$-(T_0+E_{eq}A\varepsilon)\frac{\partial^2 y}{\partial z^2}+c\frac{\partial y}{\partial t}+m\frac{\partial^2 y}{\partial t^2}=F_L-F_D \quad (8.6)$$

用伽辽金法取一阶振动模态化简式(8.6),整理得

$$\ddot{y}+\left[\omega_1^2+\frac{E_{eq}A(n\pi)^2 Z}{\overline{m}L^3}\right]y+\frac{c}{\overline{m}}\dot{y}+\frac{2D_n}{L\overline{m}}+\frac{E_{eq}A\pi^4}{4\overline{m}L^4}y_n^3=\frac{2}{\pi\overline{m}}\rho_w D_t C_L(v\sin\theta)^2\cos\omega_v t$$

$$(8.7)$$

锚索-管体耦合非线性振动方程组为

$$\begin{cases} \ddot{y} + \left[\omega_1^2 + \dfrac{E_{eq}A(n\pi)^2 Z}{\overline{m}L^3}\right]y + \dfrac{c}{\overline{m}}\dot{y} + \dfrac{2D_n}{L\overline{m}} + \dfrac{E_{eq}A\pi^4}{4\overline{m}L^4}y_n^3 = \dfrac{2}{\pi\overline{m}}\rho_w D_t C_L (v\sin\theta)^2 \cos\omega_v t \\ \ddot{Z} + 2\omega_2\xi_2\dot{Z} + \omega_2^2 Z + \dfrac{E_{eq}A\pi^2}{4ML^2}y^2 = 0 \end{cases}$$

(8.8)

方程(8.8)中质量块 M 的振动会引起锚索张力的周期性变化,而锚索张力的变化又会改变锚索的刚度,从而改变锚索振动方程中振幅的一次项系数(即方程中 y 的系数),所以锚索相当于受到参数激励。由二阶非线性系统的内共振特性可知,当锚索的固有振动频率接近质量块 M 的振动频率的一半时,质量块 M 在锚索轴向的振动将引起锚索的大幅横向振动,称这种振动为参数共振。方程(8.8)是一个非线性的耦合振动系统,系统中同时存在耦合的线性项和非线性项,且考虑了管体的运动对锚索振动的影响,因此更加符合参数激励和涡街激励作用下锚索的真实情况。

8.4.2 数值分析

本小节采用表 7.1 所示的基本参数。分析中假定隧道质量固定不变,改变隧道的刚度,使其一阶自振频率为锚索一阶自振频率的两倍($\omega_2 = 2\omega_1$),即系统产生参数共振现象。锚索和管体的初始扰动分别用 p 和 q 来表示。选用龙格-库塔法进行数值求解,得到了锚索和隧道质量块不同工况下的位移响应时程曲线。

在尾流泄放频率 ω_v 满足关系式 $\omega_1 = (0.7 \sim 1.3)\omega_v$[202]时,容易产生涡激流速锁定,所以发生流速锁定的频率为一个范围,这里计算时取 $\omega_v = \omega_1$。

为探求悬浮隧道锚索-管体耦合非线性振动的特点,本小节就以下 6 种工况进行分析。

工况 1:$\xi_1 = 0,\xi_2 = 0,p = 0,q = 0$ 时涡激谐振和参数共振同时发生;

工况 2:$\xi_1 = 0,\xi_2 = 0,p = 0.01,q = 0.05$ 时涡激谐振和参数共振同时发生;

工况 3:$\xi_1 = 0,\xi_2 = 0,p = 0.01,q = 0.05$ 时参数共振发生;

工况 4:$\xi_1 = 0.0018,\xi_2 = 0.01,p = 0,q = 0$ 时涡激谐振和参数共振同时发生;

工况 5:$\xi_1 = 0.0018,\xi_2 = 0.01,p = 0.01,q = 0.05$ 时参数共振发生;

工况 6:$\xi_1 = 0.0018,\xi_2 = 0.01,p = 0.01,q = 0.05$ 时涡激谐振和参数共振同时发生。

图 8.10~图 8.15 分别为工况 1~6 条件下系统的位移响应时程曲线。

从图 8.10 中可以看出,质量块和锚索的频率满足 $\omega_2 = 2\omega_1$,所以涡激谐振激励了系统的参数共振,能量在锚索和隧道质量块之间传递;振动初期,锚索和隧道质量块的振幅出现了上下波动状况;在 250s 以后锚索和质量块的振幅趋于稳定,两者的振幅分别随时间呈周期性变化,呈现出明显的"拍"特征,且锚索的最大振幅处恰为质量块的最小振幅处;锚索的瞬态最大振幅为 0.65m,稳态时的振幅为 0.6m;质量块的瞬态最大振幅为 0.037m,稳态时的振幅为 0.03m。

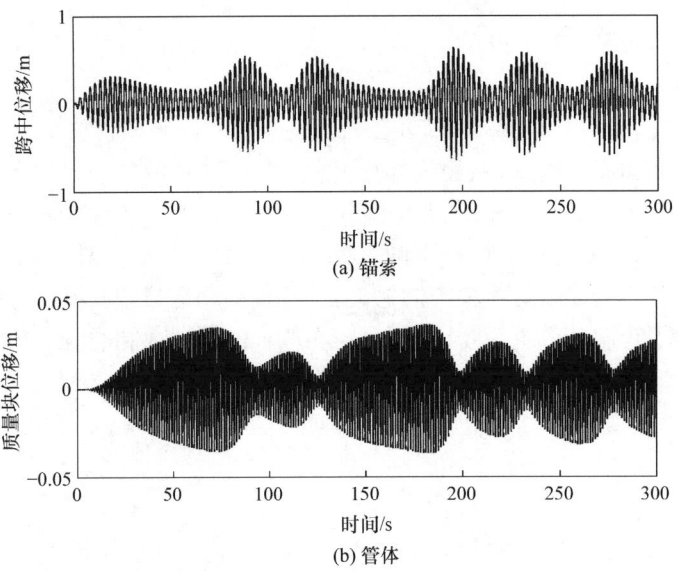

图 8.10　工况 1 时系统的位移响应时程曲线

图 8.11 中没有出现图 8.10 中系统的初始振幅不规律的情况,锚索的瞬态最大振幅为 0.86m,比图 8.10 中的要大,这是因为考虑了系统的初始扰动;图 8.11

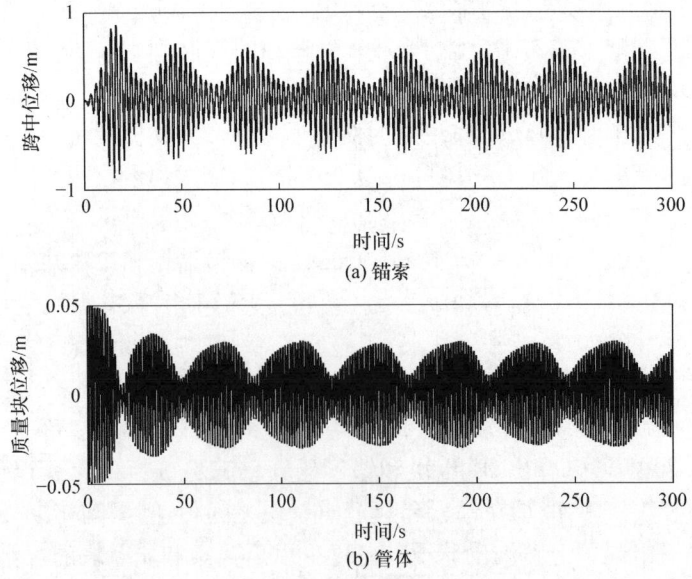

图 8.11　工况 2 时系统的位移响应时程曲线

中锚索和质量块的稳态振幅和图 8.10 中相同,因为初始扰动的能量随时间的增加被水体的阻尼力消耗掉了,整个系统最终还是在涡激谐振提供的能量下振动。

从图 8.12 中可以看出,锚索的瞬态最大振幅为 0.79m,为初始扰动的 79 倍,因此锚索的瞬态参数振动现象不可忽视;然而,由于没有涡激谐振及其他外力提供能量,锚索和质量块在水体阻尼力的作用下最终将停止振动。

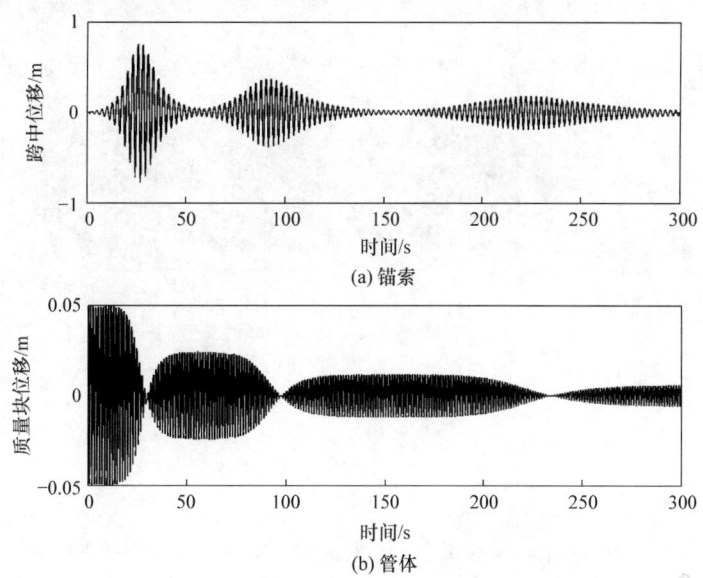

图 8.12 工况 3 时系统的位移响应时程曲线

同图 8.10~图 8.12 相比,由于阻尼的作用,图 8.13~图 8.15 中锚索和质量块的瞬态位移和稳态振幅都有所降低,能量在质量块和锚索之间的传递没有图 8.10~图 8.12 明显,参数共振现象几乎消失;图 8.13 中锚索的最大振动幅值为 0.33m,图 8.15 中由于考虑了锚索和质量块的初始扰动,系统能量增加,锚索的最大振动幅值比图 8.13 中的要大,为 0.55m;由于阻尼的存在,初始扰动的能量最终被耗散,所以图 8.13 和图 8.15 中系统的稳态振幅是相等的,锚索和质量块的稳态振幅分别为 0.27m 和 0.015m;图 8.14 中锚索的瞬态最大振幅为 0.17m,由于水体阻尼力的作用,且没有涡激振动或其他外力提供能量,所以锚索和质量块最终将停止振动。

本节在考虑锚索垂度的基础上,建立了悬浮隧道锚索-管体耦合非线性振动模型,通过实例分析得到以下结论:

(1) 锚索的涡激谐振可以激发系统的参数振动,并最终转为稳态振动。

(2) 当悬浮隧道锚索与管体的振动频率的比值满足 $\omega_2 = 2\omega_1$ 时,将产生参数共振,锚索出现大幅振动。

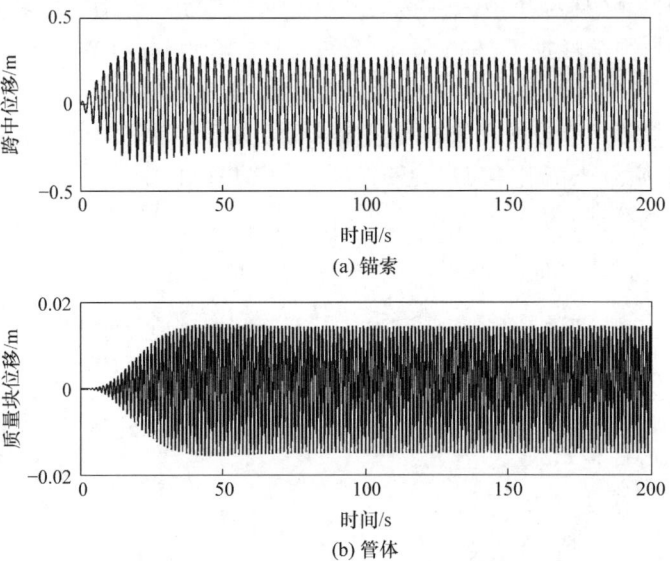

图 8.13 工况 4 时系统的位移响应时程曲线

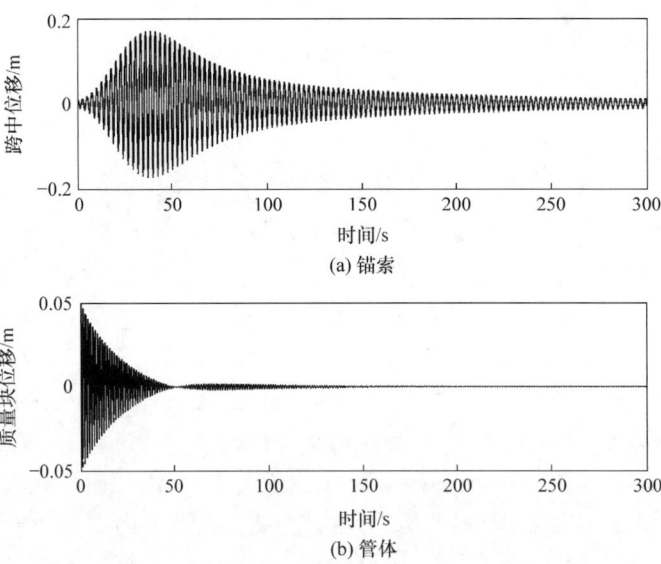

图 8.14 工况 5 时系统的位移响应时程曲线

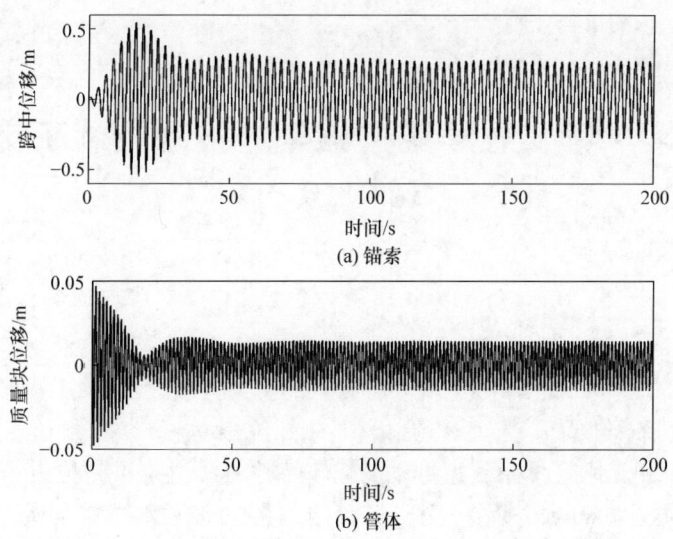

图 8.15　工况 6 时系统的位移响应时程曲线

(3) 系统的初始扰动对锚索的瞬态振动幅值影响很大,使得锚索出现瞬态大幅振动。

(4) 由于阻尼的存在,锚索的稳态振动幅值最终由涡激谐振提供的能量来决定。

(5) 涡激谐振和参数振动共同作用下的锚索瞬态振幅比任何一种单独作用时的振幅都要大。

第9章 悬浮隧道锚索的被动控制研究

9.1 引　　言

由第7章和第8章的研究可知,悬浮隧道锚索在参数激励、涡街等作用下容易发生大幅振动。然而,悬浮隧道是一种新兴的交通方案,目前关于锚索振动控制的研究几乎没有,与锚索受力性质相似的斜拉索的振动控制研究相对较多。Kovacs[126]采用无阻尼体系受迫振动的幅频特性曲线讨论了斜拉索第一阶模态的最优阻尼系数。Pacheco 等[203]提出了带阻尼器的张紧水平弦的动力模型,通过 Galerkin 方法建立了索-油阻尼器系统的振动常微分方程,得出了使斜拉索各阶模态阻尼达到最大阻尼系数和最大模态阻尼比的通用设计曲线。Duan[204]考虑了斜拉索振动模态的影响,对 Pacheco 等得出的通用设计曲线进行了修正。Tabatabai 和 Mehrabi[205]考虑了斜拉索的抗弯刚度及垂度的影响,用差分方法求解,得出了索-阻尼器系统的面内振动模态阻尼比及最优阻尼器系数。Xu 和 Yu[206-207]用数值及理论相结合的方法,提出了一套用于求解索-油阻尼器系统的最优阻尼比及振动响应的方法。Main 和 Jones[208-209]对系统的频率变化进行了分析,并分析了斜拉索的振幅、模态阶数对最优阻尼的影响。Fujino 和 Susumpow[210]对考虑垂度的索进行了主动控制的试验研究和理论分析。Johnson 等[211-212]对斜拉索-MR 阻尼器系统的半主动控制进行了研究。邹喆华[213]基于位移和速度反馈对斜拉索进行了半主动控制的数值仿真计算。左晓宝[214]将形状记忆合金阻尼器应用到了斜拉索的振动控制。Ni、王修勇、陈勇、陈政清等[215-218]将人工神经网络引入斜拉索的振动控制中,由此开始了斜拉索的非基于模型的智能控制研究。

从是否需要外部提供能源的角度看,控制斜拉索振动的方法有被动控制、主动控制、半主动控制三类。被动控制[219]是一种无外加能源的控制,其控制力是控制装置随结构一起振动变形,由控制装置本身的运动而被动产生。主动控制[220-221]需要大量的外部能源(又称有源控制),其控制力是控制系统根据结构反应按某种控制算法控制主动控制器产生的。半主动控制[222]需要小功率的外部能源,其控制力是控制装置随结构振动而被动产生的,但在控制过程中控制系统可以根据结构反应按某种控制算法调节半主动控制装置的参数,从而起到调节控制力的作用。

斜拉索的被动控制研究,通常使用黏弹性阻尼器作为控制设备,将阻尼器安装在斜拉索锚固点的一定距离处(一般小于索长的5%)。这种方法容易实现且对大多数斜拉索有较好的控制效果,因此这种方法是最早也是应用最广泛的控制方法之一。

本章采用在锚索近端部施加黏弹性阻尼器的被动控制方式来控制锚索的振动。根据悬浮隧道锚索的特点,首先以考虑 Irvine 参数[178]的锚索和黏弹性阻尼器组成的系统为研究对象,本章将建立锚索-黏弹性阻尼器的振动方程,通过伽辽金法得到系统的振动常微分方程,然后进行复特征值分析,得到锚索可能达到的最优阻尼比以及相应的最优阻尼器系数,并分析锚索的倾角和垂度对锚索最优阻尼比的影响。

9.2 锚索-黏弹性阻尼器系统的数学模型

9.2.1 振动方程

锚索-黏弹性阻尼器系统的数学模型如图 9.1 所示。锚索在静力荷载作用下的平衡状态为振动分析的初始构形,表示为 $\boldsymbol{Z}=[x(s),y(s)]^{\mathrm{T}}$,$s$ 为弧长坐标。锚索的动力响应以初始构形为参考构形,表示为 $\boldsymbol{U}=[u(z,t),v(z,t)]^{\mathrm{T}}$,$t$ 为时间。

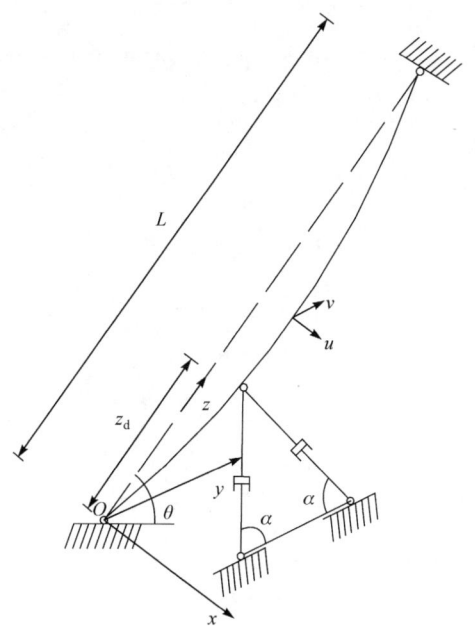

图 9.1 锚索-黏弹性阻尼器系统的数学模型

由 Hamilton 原理建立系统的能量方程为

$$\delta\int_{t_1}^{t_2}\int_0^L(Q-V)\mathrm{d}s\mathrm{d}t+\int_{t_1}^{t_2}\int_0^L\delta W\mathrm{d}s\mathrm{d}t=0 \tag{9.1}$$

式中,δ 为变分符号;t_1、t_2 分别为时间上限和时间下限;L 为锚索无应力状态的长度;Q 为动能密度;V 为弹性应变能密度;δW 为外力作用下的虚功密度。

$$Q=\frac{m}{2}(\dot{U})^{\mathrm{T}}\dot{U} \tag{9.2}$$

$$V=V_i+\frac{EA}{2}\varepsilon^2+T_0\varepsilon \tag{9.3}$$

$$\varepsilon=(Z')^{\mathrm{T}}U'+\frac{1}{2}(U')^{\mathrm{T}}U' \tag{9.4}$$

$$\delta W=\delta U^{\mathrm{T}}[F_{\mathrm{M}}\delta(z-z_{\mathrm{d}})+mg-c\dot{U}] \tag{9.5}$$

式中,m 为锚索单位长度质量;ε 为 Lagrangian 应变;V_i 为初始构形的弹性应变能密度;E 为锚索的弹性模量;A 为锚索横截面面积;c 为锚索的黏性阻尼系数,$c=\mathrm{Diag}[c_x \quad c_y]$;$T_0$ 为静力状态下锚索的张力;z_{d} 为如图 9.1 所示的阻尼器位置;F_{M} 为阻尼器作用在索上的力,$F_{\mathrm{M}}=[F_{\mathrm{M}x} \quad F_{\mathrm{M}y}]^{\mathrm{T}}$;$\delta(\cdot)$ 为狄拉克函数。

本章仍然假定锚索的初始构形为二次抛物线,即满足

$$x=4f\frac{z}{L}\left(1-\frac{z}{L}\right) \tag{9.6}$$

将式(9.2)~式(9.6)代入式(9.1),略去静载的平衡项、高阶微量和 z 向运动的小量,可得

$$m\frac{\partial^2 u}{\partial t^2}+c_x\frac{\partial u}{\partial t}-EA\frac{\partial}{\partial z}\left(\varepsilon\frac{\partial x}{\partial z}\right)-T_0\frac{\partial^2 u}{\partial z^2}=-F_{\mathrm{D}}+F_{\mathrm{M}x}\cdot\delta(z-z_{\mathrm{d}}) \tag{9.7}$$

$$m\frac{\partial^2 v}{\partial t^2}+c_y\frac{\partial v}{\partial t}-T_0\frac{\partial^2 v}{\partial z^2}=-F_{\mathrm{D}}+F_{\mathrm{M}y}\cdot\delta(z-z_{\mathrm{d}}) \tag{9.8}$$

$$\varepsilon=\frac{\gamma_{\mathrm{f}}V_{\mathrm{s}}\cos\theta}{H_0 L_{\mathrm{E}}}\int_0^L u\mathrm{d}z \tag{9.9}$$

$$L_{\mathrm{E}}=L[1+(f/L)^2] \tag{9.10}$$

$$f=\gamma_{\mathrm{f}}V_{\mathrm{s}}L^2\cos\theta/(8H_0) \tag{9.11}$$

式中,F_{D} 为锚索振动时水体对其单位长度上的作用力;γ_{f} 为锚索的浮容重;V_{s} 为锚索单位长度的体积;H_0 为沿 z 向的锚索初张力,$T_0\approx H_0$;L_{E} 为静力作用下锚索的长度;f 为锚索跨中垂度;θ 为锚索的倾角。

式(9.7)、式(9.8)分别为面内、面外振动方程,由于两个方程类似,这里仅对式(9.7)进行详细分析。

如前所述,由 Morison 公式可知,锚索振动时水体对其单位长度上的作用力为

$$F_{\mathrm{D}}=\frac{\pi D_{\mathrm{t}}^2}{4}\rho_{\mathrm{w}}C_{\mathrm{m}}\ddot{u}+\frac{1}{2}\rho_{\mathrm{w}}D_{\mathrm{t}}C_{\mathrm{D}}\dot{u}|\dot{u}| \tag{9.12}$$

当计算的模态增加时,式(9.12)中第二项 $\frac{1}{2}\rho_w D_t C_D \dot{u}|\dot{u}|$ 的非线性使数值计算的难度增大,因此本章采用线性化的 Morison 公式,线性化的过程[223]如下。

为了表示简洁,把式(9.12)改写为
$$F_D = C'_m \ddot{u} + C'_D \dot{u}|\dot{u}| \tag{9.13}$$
式中,$C'_m = \frac{\pi D_t^2}{4}\rho_w C_m$;$C'_D = \frac{1}{2}\rho_w D_t C_D$。

假定一个线性化的阻尼系数存在,则式(9.13)可以写成
$$F_D = C'_m \ddot{u} + \overline{C}\dot{u} + E \tag{9.14}$$
式中,E 为误差函数。应用最小二乘法使误差函数 E 最小,即
$$\left\langle \frac{\partial E^2}{\partial \overline{C}} \right\rangle = -2\langle (C'_D|\dot{u}|\dot{u} - \overline{C}\dot{u})\dot{u}\rangle = 0 \tag{9.15}$$
式中,$\langle\rangle$ 表示均值。

由式(9.15)可得
$$\overline{C} = C'_D \frac{\langle \dot{u}^2|\dot{u}|\rangle}{\langle \dot{u}^2 \rangle} \tag{9.16}$$
对于一个均值为零的高斯过程 $\dot{u}$,有
$$\langle \dot{u}^2 \rangle = \sigma_{\dot{u}}^2 \tag{9.17}$$
式中,$\sigma_{\dot{u}}$ 为 $\dot{u}$ 的方差。
$$\langle \dot{u}^2|\dot{u}|\rangle = \frac{\sqrt{8}\sigma_{\dot{u}}^3}{\sqrt{\pi}} \tag{9.18}$$
将式(9.17)、式(9.18)代入式(9.16)可得
$$\overline{C} = C'_D \sqrt{\frac{8}{\pi}}\sigma_{\dot{u}} \tag{9.19}$$
由此可得
$$F_D = C'_m \ddot{u} + C'_D \sqrt{\frac{8}{\pi}}\sigma_{\dot{u}}\dot{u} \tag{9.20}$$
即
$$F_D = \frac{1}{2}C_D \rho_w D_t \sqrt{\frac{8}{\pi}}\sigma_{\dot{u}}\dot{u} + C_m \frac{\pi D_t^2}{4}\rho_w \ddot{u} \tag{9.21}$$
阻尼器对锚索的作用力 F_{Mx} 由几何变换关系可得
$$F_{Mx} = 2\sin^2\alpha \cdot C_d \frac{\partial u}{\partial t} \tag{9.22}$$
式中,α 为阻尼器倾角;C_d 为阻尼器系数。

最终式(9.7)变为

$$-T_0\frac{\partial^2 u}{\partial z^2}+\overline{m}\frac{\partial^2 u}{\partial t^2}+c_x\frac{\partial u}{\partial t}+EA\frac{8f}{L^2}\frac{\gamma_f V_s\cos\theta}{T_0 L_E}\int_0^L u\mathrm{d}z+\frac{\rho_w}{2}C_D D_t\sqrt{\frac{8}{\pi}}\frac{\partial u}{\partial t}\sigma_{\dot u}$$

$$+2\sin^2\alpha\cdot C_d\frac{\partial u}{\partial t}\cdot\delta(z-z_d)=0 \tag{9.23}$$

式中,$\overline{m}$ 为锚索单位长度质量和水体附加质量之和。

取锚索的振动模态为标准弦的振动模态,即

$$u(z,t)=\sum_{n=1}^{N}u_n(t)\sin\frac{n\pi z}{L} \tag{9.24}$$

用伽辽金法将偏微分方程变为常微分方程,即

$$M\ddot u+C\dot u+Ku=0 \tag{9.25}$$

$$M=M_1+M_2 \tag{9.26}$$

$$C=C_1+C_2+C_3 \tag{9.27}$$

$$K=K_1+K_2 \tag{9.28}$$

式中,M_1、M_2 分别为锚索的质量矩阵和附加质量矩阵;C_1、C_2、C_3 分别为锚索的阻尼矩阵、水体提供的阻尼矩阵和阻尼器提供的阻尼矩阵;K_1、K_2 分别为初张力、动张力提供的等效刚度矩阵。

M 为对角元素是 1 的对角矩阵;C_1 和 C_2 为对角矩阵,对角元素分别为 $\dfrac{C}{\overline{m}}$ 和 $\dfrac{\rho_w}{2\overline{m}}C_D D_t\sqrt{\dfrac{8}{\pi}}\sigma_{\dot u}$;$C_{3ij}=\dfrac{4\sin^2\alpha\cdot C_d}{\overline{m}L}\cdot\sin\dfrac{i\pi z_d}{L}\cdot\sin\dfrac{j\pi z_d}{L}$;$K_1$ 也为对角矩阵,对角元素 $K_{1ii}=\dfrac{T_0}{\overline{m}}\left(\dfrac{i\pi}{L}\right)^2$;$K_{2ij}=64\left(\dfrac{f^2}{L^2}\right)\dfrac{EAL}{H_0 L_E}\dfrac{2H_0}{\overline{m}L^2}\dfrac{1}{(i\pi)(j\pi)}(1-\cos i\pi)(1-\cos j\pi)$。

9.2.2 方程求解

锚索安装阻尼器后,集中阻尼力的存在使整个体系成为非比例阻尼体系,不能用无阻尼振动体系的振型矩阵来将上述方程简化为 n 个单自由度方程。因此,需要寻求一种适用于一般阻尼的方程的解法[224]。

设方程的解有如下形式:

$$u_j=A_j\mathrm{e}^{\eta t},\quad j=1,2,\cdots,n \tag{9.29}$$

将式(9.29)代入式(9.25),消去共因子后,得

$$(\eta^2 M+\eta C+K)u=0 \tag{9.30}$$

式中,$u=[u_1,u_2,\cdots,u_n]^T$。

$$\det(\eta^2 M+\eta C+K)=0 \tag{9.31}$$

当且仅当系数行列式等于 0 时,即满足式(9.31)的关系时,方程(9.30)具有非

平凡解。$\det(\eta^2 M+\eta C+K)=0$ 即系统的特征方程，对于 η 是 $2n$ 次的，由此可以确定 $2n$ 个特征值 $\eta_i(i=1,2,\cdots,2n)$。当阻尼矩阵正定时，所有特征值都具有负实部，对应于系统衰减的固有振动。当阻尼矩阵处于亚临界状态时，所有的特征值都是复的，且共轭成对出现。而每一对共轭复特征值对应于系统中一个具有特定频率与减幅率的衰减固有振动。由锚索-阻尼器构成的系统是属于亚临界状态的，因此系统的特征值都是共轭的复特征值，且其实部为负值。

对于一个多自由度体系，方程(9.30)和方程(9.31)不易求解，邓肯(Duncan)[225]建议了一种把这些方程标准化的方法，就是引入恒等式

$$M\dot{u}-M\dot{u}=0 \tag{9.32}$$

此式与式(9.25)联立可得

$$\begin{bmatrix} 0 & M \\ M & C \end{bmatrix}\begin{bmatrix} \ddot{u} \\ \dot{u} \end{bmatrix}+\begin{bmatrix} -M & 0 \\ 0 & K \end{bmatrix}\begin{bmatrix} \dot{u} \\ u \end{bmatrix}=0 \tag{9.33}$$

方程(9.33)可写为

$$A\dot{q}+Bq=0 \tag{9.34}$$

式中，$A=\begin{bmatrix} 0 & M \\ M & C \end{bmatrix}$；$B=\begin{bmatrix} -M & 0 \\ 0 & K \end{bmatrix}$；$q=\begin{bmatrix} \dot{u} \\ u \end{bmatrix}$。

令

$$q=v e^{\eta t} \tag{9.35}$$

代入式(9.34)可得

$$(\eta A+B)v=0 \tag{9.36}$$

这一方程具有非零解的条件是系数行列式等于零，即

$$\det(\eta A+B)=0 \tag{9.37}$$

式(9.37)为标准形式的特征值方程，用双重步 QR 解法[226]求解，可得到系统的 $2n$ 个成对的共轭复特征值，第 i 对复特征值的实部和虚部分别对应系统的第 i 阶振型的两个信息，即阻尼比和频率。

$$\eta_i=\omega_i(-\xi_i\pm\sqrt{-1}\sqrt{1-\xi_i^2}) \tag{9.38}$$

对于面外振动式(9.8)的求解只要令矩阵 K_2 为零，其他求解过程与面内振动式(9.7)是相同的。

本节根据上述理论，在 MATLAB 中编写了锚索-阻尼器系统动力求解程序，并用此程序进行了数值分析。

9.3 数值算例及结果分析

锚索安装阻尼器后，由于集中阻尼力的作用，锚索的振型和无阻尼器锚索的振型是不同的。当阻尼器提供的阻尼力为零时，锚索的振型和无阻尼器锚索振型一

样。而当阻尼器阻尼趋于无穷大时,该点成为支点,相当于锚索变短,固有频率增大,阻尼的量变引起振动形态的质变,阻尼器不耗散能量,从而锚索也就得不到有效的减振。因此,为使锚索得到很好的振动控制,必须选择最优的阻尼值,阻尼值太大或太小都不能得到满意的减振效果。

为使结果便于讨论,引进以下无量纲参量[178,203]:

$$\lambda^2 = \frac{\left(\dfrac{\gamma_f V_s L \cos\theta}{H_0}\right)^2 L}{[H_0 L_E/(EA)]} \tag{9.39}$$

$$B_i = \frac{C_d}{\overline{m}L\omega_{01}} \frac{z_d}{L} \cdot i \tag{9.40}$$

式中,λ^2 是反映锚索垂度及拉伸性能的无量纲参数;B_i 是与锚索振动模态有关的黏弹性阻尼器阻尼系数的无量纲参数;ω_{01} 是不考虑垂度影响时无阻尼锚索的面内一阶振动频率。

本节仍然选用表 7.1 所示的锚索参数进行分析。

9.3.1 锚索的最大模态阻尼比及最优阻尼器系数

安装阻尼器后,锚索达到最优阻尼比时阻尼器系数的取值可以为阻尼器的设计提供依据。本小节取阻尼器倾角 α 为 45°,阻尼器安装位置与锚索无应力状态下的长度比值为 $z_d/L=0.0309$,不断改变阻尼器系数以求出系统可能达到的最优阻尼比。这里分别计算了锚索面内、外前四阶模态,结果如图 9.2 和图 9.3 所示。

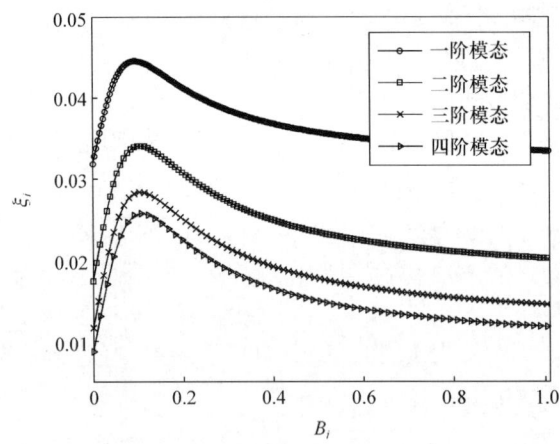

图 9.2 面内模态阻尼比和 B_i 的关系

锚索的模态阻尼比由两部分组成:①水体提供的模态阻尼比;②阻尼器提供的模态阻尼比。由图 9.2 和图 9.3 可以看出,水体提供的面内前四阶模态阻尼比分

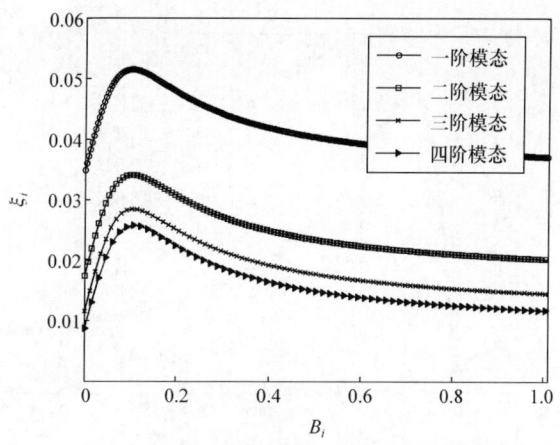

图 9.3　面外模态阻尼比和 B_i 的关系

别为 0.0319、0.0174、0.0116、0.0087；水体提供的面外一阶模态阻尼比为 0.0372，面外二阶至四阶模态阻尼比和面内二阶至四阶对应的模态阻尼比相等，垂度使得面内一阶模态阻尼比比面外一阶模态阻尼比稍小。

为了更加清晰地了解阻尼器提供的最优模态阻尼比，这里仅考虑阻尼器提供的阻尼，不考虑水体提供的阻尼，研究系统可能达到的最优阻尼比，如图 9.4 和图 9.5 所示。

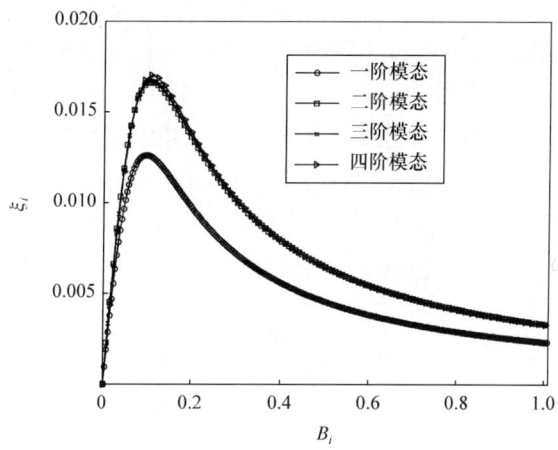

图 9.4　阻尼器单独作用时面内模态阻尼比和 B_i 的关系

从图 9.4 和图 9.5 中可以看出，阻尼器提供的面内一阶模态最优阻尼比为 0.0125，面内高阶及面外模态最优阻尼比均为 0.017 左右；达到最优的阻尼比时，面内一阶模态的 B_i 值为 0.1，而面内高阶模态和面外模态的 B_i 值为 0.11。虽然各阶模态达到最优阻尼比时的 B_i 值相近，但是由式(9.40)可知，最优阻尼器系数

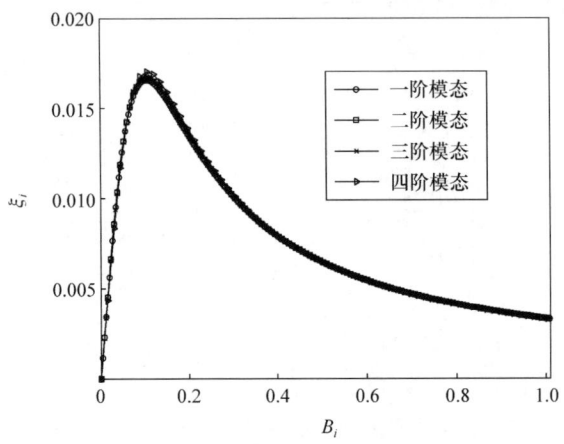

图 9.5　阻尼器单独作用时面外模态阻尼比和 B_i 的关系

C_d 是不同的,模态阶数越高,对应的最优阻尼器系数 C_d 就越小。因此,在设计阻尼器时应首先确定锚索的欲控制模态,以便得到最好的控制效果。由于垂度的存在,阻尼器单独作用时,锚索的面内一阶模态最优阻尼比比面内高阶模态和面外模态稍小,而面内高阶模态和面外模态的最优阻尼比基本一样。

9.3.2　锚索倾角对锚索最优模态阻尼比的影响

这里仍然把锚索的模态阻尼比分为水体提供的模态阻尼比和阻尼器提供的模态阻尼比两部分来进行分析。

图 9.6 和图 9.7 为水体和阻尼器共同作用下锚索最优模态阻尼比与锚索倾角的关系。图 9.8~图 9.11 分别为阻尼器单独作用时和水体单独作用时的情况。

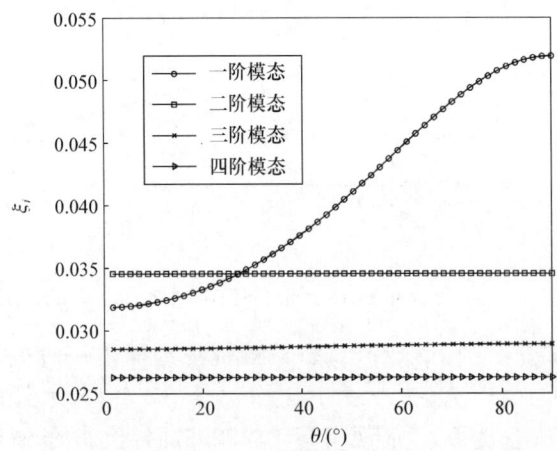

图 9.6　水体和阻尼器共同作用时面内最优模态阻尼比和倾角的关系

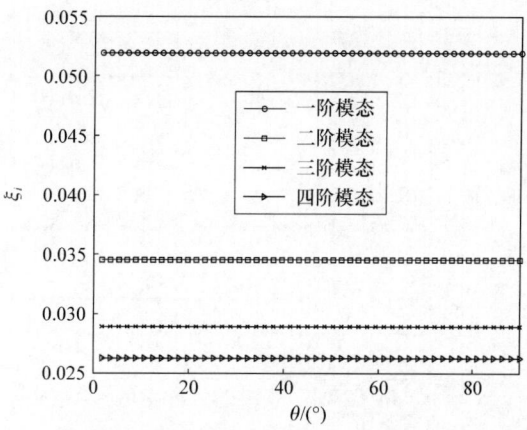

图 9.7 水体和阻尼器共同作用时面外最优模态阻尼比和倾角的关系

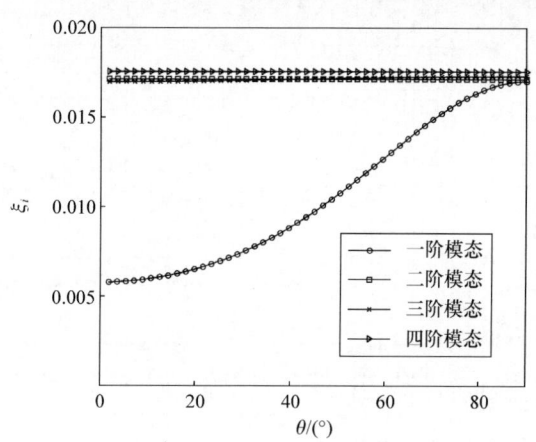

图 9.8 阻尼器单独作用时面内最优模态阻尼比和倾角的关系

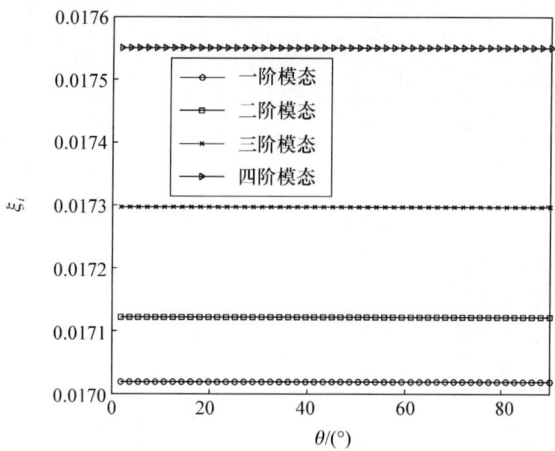

图 9.9 阻尼器单独作用时面外最优模态阻尼比和倾角的关系

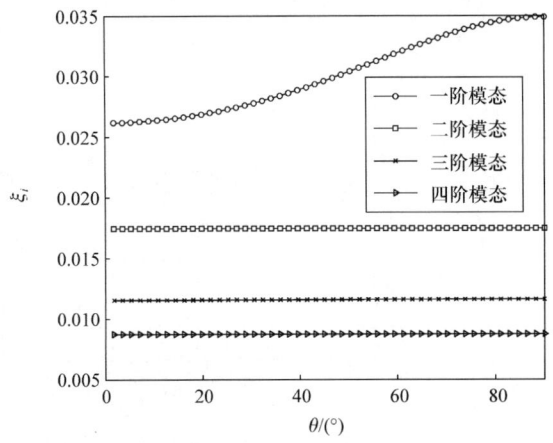

图 9.10　水体单独作用时面内最优模态阻尼比和倾角的关系

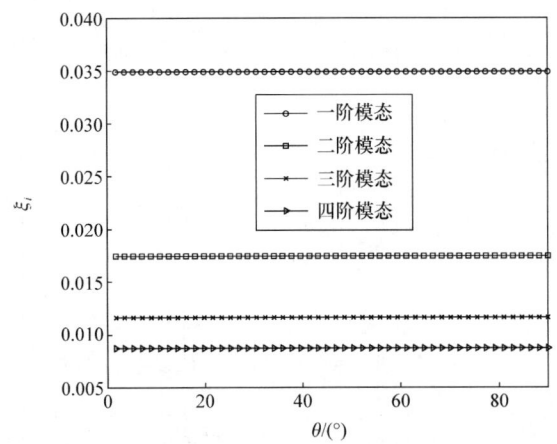

图 9.11　水体单独作用时面外最优模态阻尼比和倾角的关系

从图 9.6～图 9.11 可以看出,锚索的面内一阶最优模态阻尼比随着倾角的增大而逐渐增大,而锚索的面内高阶模态和面外最优模态阻尼比随着倾角增大没有明显的变化。由此可知,锚索倾角的改变只会影响锚索的面内一阶最优模态阻尼比,而对锚索的高阶模态及面外最优模态阻尼比没有影响。水体提供的锚索最优模态阻尼比,面内面外均以一阶模态为大;随着模态的增大,水体提供的模态阻尼比逐渐减小。

9.3.3　锚索垂度对锚索最优模态阻尼比的影响

图 9.12 和图 9.13 为水体与阻尼器共同作用下锚索最优模态阻尼比和锚索垂度的关系。图 9.14 和图 9.15、图 9.16 和图 9.17 分别为阻尼器单独作用时和水体单独作用时的情况。

从图 9.12～图 9.17 可以看出,随着锚索垂度的增大,面内一阶最优模态阻尼比逐渐减小，而锚索的面内高阶模态和面外最优模态阻尼比没有明显的变化。

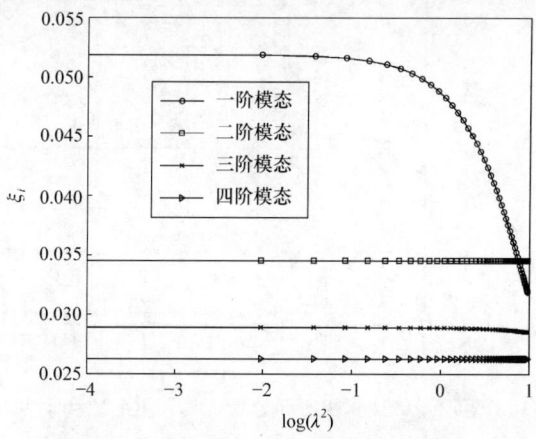

图 9.12　水体和阻尼器共同作用时面内最优模态阻尼比和垂度的关系

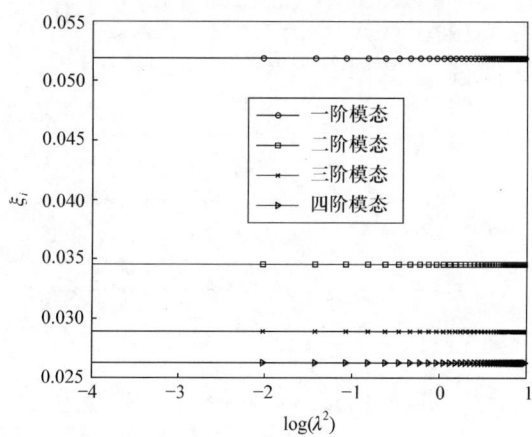

图 9.13　水体和阻尼器共同作用时面外最优模态阻尼比和垂度的关系

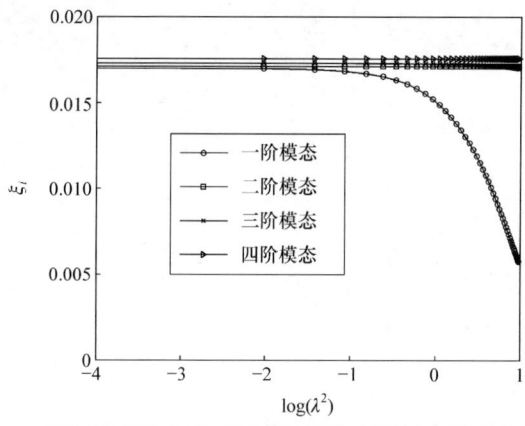

图 9.14　阻尼器单独作用时面内最优模态阻尼比和垂度的关系

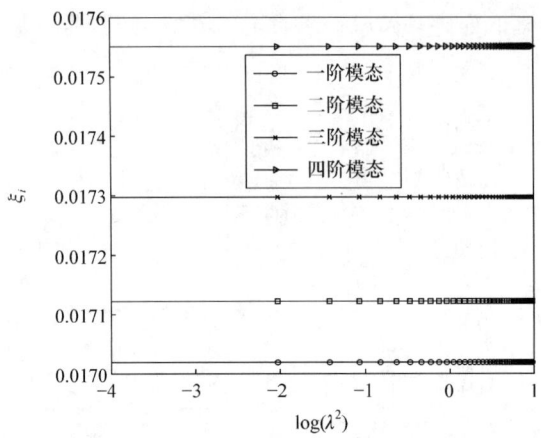

图 9.15 阻尼器单独作用时面外最优模态阻尼比和垂度的关系

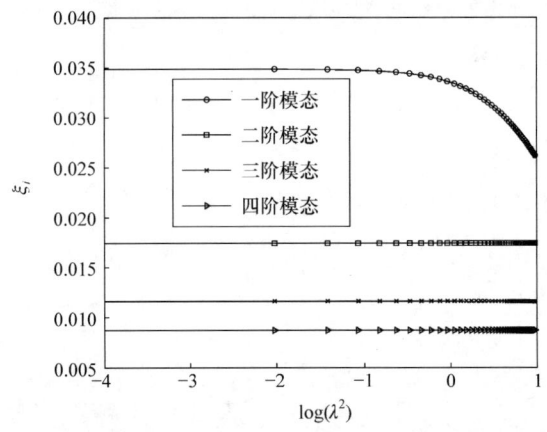

图 9.16 水体单独作用时面内最优模态阻尼比和垂度的关系

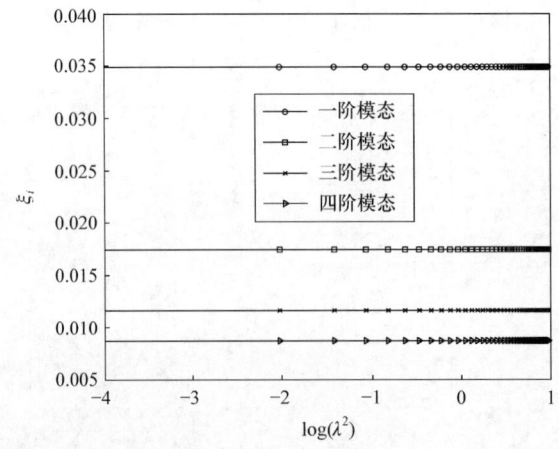

图 9.17 水体单独作用时面外最优模态阻尼比和垂度的关系

第 10 章 抗拔桩桩土相互作用的有限元实现及实例分析

10.1 引 言

张力腿(锚索)式悬浮隧道通过张力腿锚固在海底,海底基础可以采取多种形式,其他海洋结构如张力腿式海洋平台等结构的基础形式均可在悬浮隧道锚固基础中采用。本章着重介绍作者在海底桩基础方面的研究成果。

由于悬浮隧道锚索的支撑角度和形式,海底桩基础同时承受竖向荷载和横向荷载(即倾斜荷载)的作用。由于倾斜荷载下基桩的性状极其复杂,目前各规范在工程中往往采用简化的计算方法,即将桩顶竖向力和水平力分开计算,再根据小变形叠加原理,计算桩身的内力和位移,并在桩身截面强度的设计中将验算截面弯矩乘以偏心距增大系数来加以修正。显然,这一计算方法没有考虑土体抗力的发挥特性,难以准确评价倾斜荷载下桩身内力和位移的变化情况,只适用于线弹性小变形情况,具有一定的局限性。在横向荷载较大或荷载倾角较大,且土质较软的桩基础中,该问题尤其突出。早在 20 世纪 70 年代,横山幸满[227]就给出了地基系数为常数时基桩在倾斜荷载下的桩身内力和位移的解答,并指出,对于倾斜荷载作用下的桩,严格地说应力迭加原理不适用。

特别是,水下悬浮隧道基础如果采用桩基础,则属于抗拔桩,而抗拔桩与抗压桩在承载机理上存在较大的差异,但现行抗拔桩设计中依然沿用抗压桩的方法,而且很多对抗拔桩的研究都建立在抗压桩的基础上。

10.2 倾斜荷载下基桩的受力特性

10.2.1 倾斜荷载下基桩的承载力

基桩在倾斜荷载作用下的荷载传递机理和破坏模式比较复杂,这与基桩的材料强度、抗弯刚度、桩侧土体的弹性抗力、摩阻力、桩端土体的承载能力以及所施加荷载的倾角等一系列因素有关。

一般认为[228],可以用桩土相对刚度 K_r 的大小来划分刚性桩($K_r>0.01$)和柔性桩($K_r<0.01$)。文献[229]指出,对于刚性桩,若埋置于砂土中,可用三角形分

布形式来估算桩的极限侧土压力及其零点的位置[230],但是,Koumoto 等[231]指出,该常规土压力理论只能用于确定较短的刚性桩的侧土压力,若桩较长,则必须根据成桩方式采用不同方式的旁压试验加以确定。对于黏土中的刚性桩,其极限侧土压力随荷载倾斜角度的减小而急剧降低,但是土反力零点的位置几乎保持不变,此时可按 Hansen 建议的矩形分布形式来估算。此外,对于打入挤土桩,尚应考虑成桩方式而增加的侧土压力。刚性桩桩端阻力随荷载倾斜角度的增加而减小,但并不为零,其与桩身轴线的夹角应由荷载倾斜角度和桩侧土的内摩擦综合确定。非均质土或层状地基中的刚性桩的性状受桩及上部土层影响较大,一般将其简化为均质土中的刚性桩加以处理。

对于柔性桩,其性状更加复杂。试验及实测结果表明,桩的侧土压力在零点以下急剧减小,在桩端以上则已为零。较简单的处理方法是将柔性桩等效为一定长度的刚性桩,然后运用刚性桩的有关理论计算。在设计荷载作用时,桩身上段所受侧土压力可由弹性理论求得,文献[232]给出了砂土中柔性桩的计算方法,文献[233]则给出了黏土中柔性桩的计算方法。因此,分析倾斜荷载作用下桩身上段所受的桩极限侧土压力,应先将柔性桩等效为刚性桩,再利用极限有效埋深法对非均质土或层状地基中的柔性桩计算。柔性桩桩端阻力的计算与刚性桩相类似,可将其等效为均质土中的刚性桩来计算。

早在 20 世纪 30 年代,Meyerhof 等[234-239]就已开始对倾斜荷载下基桩的受力分析作了大量的研究工作。他们相继分析了倾斜荷载下刚性桩的极限承载能力和位移,然后在均质土和双层土介质中对刚性垂直桩和斜桩及小型群桩进行了小尺寸模型试验。近年来,他们又进行了较大尺寸的刚性桩模型试验,实测出倾斜荷载作用下桩身侧土抗力、桩端阻力以及基桩总的承载力和位移。另外,在刚性桩的研究基础上,又分别对均质和双层地基中偏心倾斜荷载作用下的小尺寸垂直和倾斜柔性桩以及群桩进行了模型试验研究,并通过理论及试验成果分析指出,倾斜荷载下基桩极限承载力的确定应考虑两方面的因素:①桩在倾斜荷载作用下满足竖向地基土体的承载能力和位移控制;②满足桩侧土体弹性抗力和桩身材料强度要求。研究结果表明,倾斜荷载下基桩的极限承载力与荷载的倾斜程度有很大关系,原因是土的水平抗力比其竖向承载力要低得多。而层状地基中端部自由的柔性桩的试验研究指出,其极限承载力还随上层土厚度与桩埋深之比的变化而变化。

10.2.2 倾斜荷载下基桩的破坏机理

在倾斜荷载作用下,基桩的破坏机理与单一的轴向或横向荷载分别作用情况不同。倾斜荷载将分解成轴向和横向两种分力同时作用于桩顶,因此土对桩的承载能力将由两方面控制[228]:一方面是桩的竖向承载力可能因桩侧摩阻力和桩端阻力不够而产生土体剪切破坏,桩失去稳定而破坏;另一方面是桩侧土体对桩的水平抗力不足以抵抗水平分力而导致土体屈服破坏,桩结构功能失效。此外,在倾斜荷载作用下,桩身还将产生竖向位移和水平位移,当水平位移较大时,可能导致桩身截面材料强度不够,桩体屈服破坏;或当桩顶沉降量过大时,不能满足上部结构设计要求。此时,桩的承载能力将由桩顶竖向位移和水平位移两者所控制,桩的极限荷载也就取决于上述两种情况。因此,在轴向、横向荷载作用下,基桩的破坏机理囊括了轴向或横向荷载单独作用下的各种可能出现的情况。

10.2.3 确定地基承载力的标准

根据计算得到的荷载-位移,即 Q-S 曲线确定地基承载力。由以往的试验和计算结果可知,Q-S 曲线可分为两种典型情况,即陡变型和缓变型。在陡变型 Q-S 曲线中,存在明显的第二拐点。因此,确定地基承载力时,将该拐点对应的荷载作为极限承载力。在缓变型 Q-S 曲线中,没有明显的第二拐点,这时需根据沉降量来确定地基的极限承载力。

桩体在竖向或横向荷载下的极限承载力可分别根据桩的 Q-S 曲线确定。在倾斜荷载作用下,桩体将同时出现竖向位移和水平挠曲变形。因此,可以做出水平荷载-位移曲线和竖向荷载-位移曲线,根据两种不同曲线定出相应的极限荷载,取其较小值作为桩的极限承载力。

10.3 有限元模型的实现

10.3.1 有限元模型的建立

考虑到桩基础结构和荷载的对称性,采用如图 10.1 所示的整体结构与计算区域的一半建立有限元模型。计算软件采用大型非线性分析商业软件 ADINA。假设研究范围内的土层和桩为均质材料,没有缺失。整个计算模型采用三维 8 节点实体单元,考虑桩土界面的接触特性。模型尺寸为:桩长 $L=10m$,直径 $D=0.6m$,周围土体横向取 30 倍桩径 10m,纵向深度取 3 倍桩长 30m。土体边界:底面采用纵向约束,侧面采用水平约束。

为了研究抗拔桩承载变形性状随桩长、桩径、桩体模量等因素的变化情况,对竖向荷载作用下的计算模型进行了不同荷载方向、不同桩长、不同桩径的有限元分析计算。在进行单一的参数变化比较时,其他参数保持不变。桩顶为集中倾斜拉力荷载。

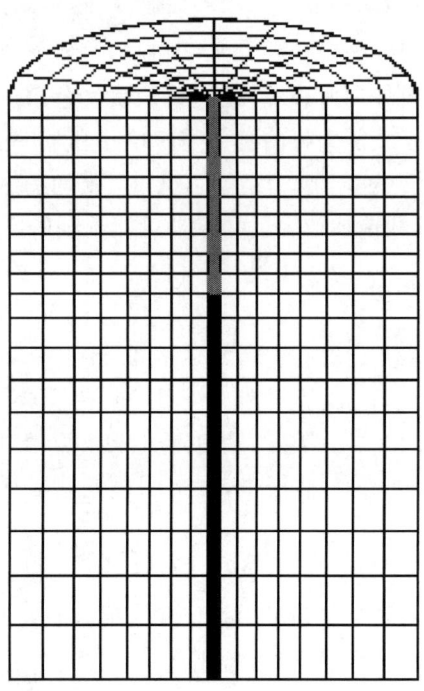

图 10.1 有限元模型

10.3.2 桩土界面的处理

土与结构材料的界面上常有较大的剪应力,这是由两种材料变形不一致引起的。以土坝混凝土防渗墙与土的接触面为例,混凝土的变形很小,而土在荷载作用下有较大的压缩,受到墙的摩擦阻力后,便将荷载通过剪应力传递给墙。这种剪应力的传递实际上是墙体受力的主要来源。在加筋土结构中,加筋材料的受力完全是这种剪力传递在发挥作用。因此,对于这类结构物,正确地分析接触面上的受力变形机理、剪切破坏的发展、荷载传递过程,并在计算中正确地模拟是十分重要的[240]。

接触面变形的研究主要包含两个方面:①接触面上的本构关系,尤其是剪应力和剪切变形之间的关系;②接触面单元,它是有限元计算中用以模拟接触面变形的一种特殊单元。这两方面的研究是互相联系的,接触面单元是为了表达接触面上的变形,接触面变形的表示又要适应所选用的接触面单元。

关于接触面的本构关系,目前国内外普遍采用的是 Clough 和 Duncan 所提出的剪应力 τ 与相对错动位移 ω_s 间关系的双曲线模型[241]。Goodman 等[242]将它用于无厚度的 Goodman 单元,提出了单位切向劲度的计算公式。Desai 等[243]将它用于有厚度的 Desai 单元,提出了相应的剪切模量计算公式。

此外，Boulon 和 Nova[244]还提出了接触面变形的弹塑性模型，其切向变形仍然依据直剪试验的 $\bar{\tau}$-ω_s 曲线。直剪试验的 $\bar{\tau}$-ω_s 曲线是由试验得出的，人们很少怀疑它的可靠性，因而被广泛应用。问题在于接触面两边材料之一是土，它是松散介质，不是刚性材料。两种坚硬刚性材料接触面上的相对位移沿接触面上的分布是均匀的。如果进行直剪试验，那么所测量的上下盒间的相对位移就能代表内部接触面上的相对位移。而土在水平推力作用下会产生压缩变形，对剪应力传递起到缓冲作用。由于剪应力沿接触面的分布是不均匀的，所以接触面上的相对位移也是不一致的。本书作者曾用试验证明了这一点，并提出了否定 $\bar{\tau}$-ω_s 曲线的观点。

关于接触面单元，也已经提出了很多种，最常用的有 Goodman 单元[242]。这种无厚度的四节点单元的概念清楚，能模拟接触面的滑移与张裂，但对于受压情况，两侧材料会重叠。为了避免材料重叠，法向劲度需要取得很大，这又难免带来一定误差。Ghaboussi 等[245]提出的单元有助于消除误差，但使用不便，难以推广。Desai 等提出的薄层四边形单元可以较好地反映法向变形和切向变形以及应力的传递，但没有从理论上阐明取剪切模量、弹性模量和泊松比为三个独立参数的原因。总之，接触面单元还值得进一步改进。

国内陈慧远[246]、雷晓燕[247]、张冬霖和卢廷浩[248]、李守德和俞洪良[249]、吴怀忠等[250]对接触面作过很多研究工作，并得出一些有意义的结论。

1) 桩土接触面

桩土接触一般是在桩土之间专门设置接触单元。接触过程在力学上常常同时涉及三种非线性，除大变形引起材料非线性和几何非线性以外，还有接触界面的非线性。接触单元比较有代表性的有 Goodman 单元和薄层四边形单元。本书在进行三维分析时采用无厚度的 Goodman 面面接触单元。

2) 桩端的处理

对桩端的处理有三种方式：一是桩端与桩端土分离，不考虑桩端土的作用，这样容易造成计算时不收敛；二是在桩端处设置一定厚度的低弹模单元，并与土体黏合，这样可以保证计算收敛，还能模拟桩端土对抗拔桩承载力的贡献，但作者试算发现，由于低弹模单元两侧受力不对称，远离接触单元的一侧土体承受较大拉力，土体呈张拉破坏，桩端附近位移不连续；三是与桩侧一样，在桩端设置面面接触单元，这种方式在桩端位移不大时可以精确模拟桩土作用。本书选用第三种方式。

抗拔桩在承受上拔的过程中，桩端可能形成空穴。空穴产生的真空吸力虽是暂时的，但抗拔桩试验一般是在几天的时间内完成的，所以抗拔桩试验中包含了真空吸力对承载力的贡献。桩端处的接触面可以模拟这种影响。

10.3.3 初始应力的计算

需要指出的是,土体的破坏性状极大地受到土体内的初始应力的影响,尤其是受到沿可能破坏面上的初始法向应力以及初始剪应力与初始法向应力之比的影响。因此,应当先进行初始应力的计算,为后续工况的计算提供必要的初始应力场。

对于土体中的桩基础,土体初始应力对桩侧面产生正应力,从而产生侧摩阻力。因此,在桩土有限元计算中,土体初始应力场的实现是一个关键问题。在计算时首先要确定加荷前初始应力状态。地基土的表层因地下水位的升降、日晒、风干等作用产生的毛细压力、收缩压力,使土体存在相当大的固结压力,比当前自重应力高。在非线性分析中,如果不考虑应力历史的作用,根据表层土当前较小的自重应力来计算弹性模量,会使计算的弹性模量结果偏小,而使地面位移偏大。然而,实际土体中的初始应力状态是无法准确计算的,一般应由试验确定。作为近似估计,可以采用土体的自重应力,这也是目前土力学计算中采用的方法。

在有限元计算中,一般有两种方法可以实现初始应力。

第一种方法是先在所分析的土体上施加重力,然后求解,得出土体在自重应力作用下的初始应力和初始位移。不退出求解器,在桩上施加荷载,并求解。由此可看出,此方法求解的应力是真实的,但位移包含了土体在自重应力作用下产生的位移,事实上这部分位移在土体若干年的沉积中已经完成了,所以在后处理时需要减去这部分位移。

第二种方法是利用初始应力文件。先使土体在自重应力作用下沉降,将计算的初始应力写入初始应力文件。退出求解器,提取初始应力文件读入初始应力,并求解。此方法得出的是真实的应力和位移。

本书采用第二种方法。先使土体在侧限条件下固结,生成初始应力文件。为消除边界约束的影响,生成初始应力时包括桩体单元,只是桩体的材料与土体一样。考虑到桩体没有受到初始应力的作用,在读入初始应力文件之前,删除在后续计算中属于桩单元的那部分土单元的初始应力。

10.4 有限元模型的试验验证

某工程采取抗拔钻孔灌注桩来解决构筑物的抗浮稳定性问题,2#试桩实测成孔的平均直径为1190mm,成孔深度为14.0m,实测抗拔极限承载力为2640kN,极限桩顶位移为17.65mm,共分11级荷载完成抗拔试验。

文献[251]给出了试验测得的桩顶位移与上拔荷载的关系曲线。本节对这一工程实例进行数值模拟,以验证所建立有限元模型的正确性。

本节所用的实例模型如图 10.2 所示,D-P 模型的内摩擦角为 22°、18°、32°时对应的 Mohr-Coulomb 模型的内摩擦角分别为 10.91°、8.87°、16.44°。图 10.3 为计算得到的土体初始竖向应力云图。模型中应力监测点的设置如图 10.4 所示。表 10.1 给出了计算参数。为了验证计算结果的正确性,表 10.2 对模型中的两个关键点的应力计算值与理论值进行了对比,发现利用 ADINA 计算得到的应力场与理论值十分接近,可以认为初始应力计算是可靠的。

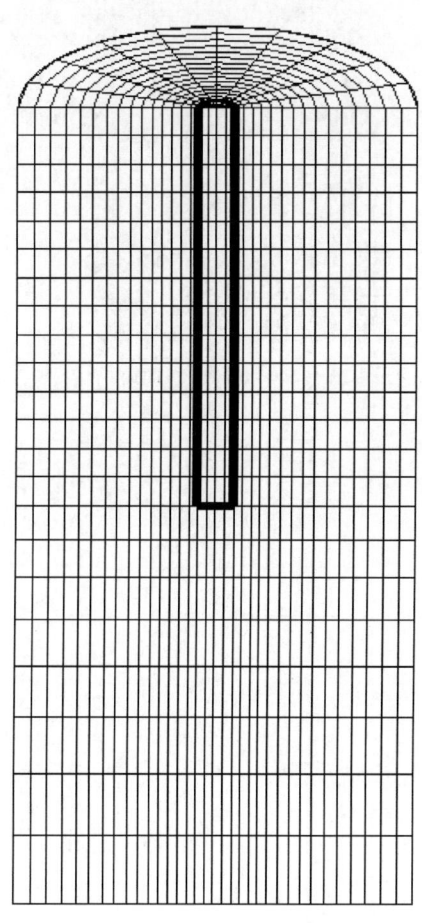

图 10.2　实例模型

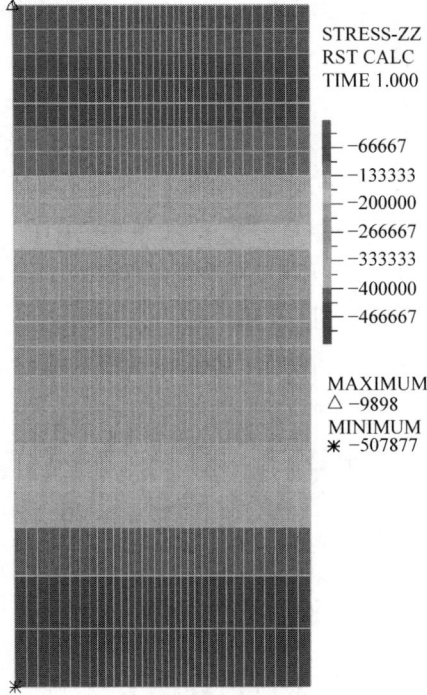

图 10.3 土体初始竖向应力云图

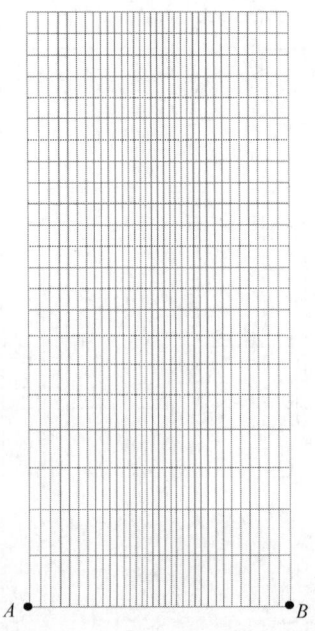

图 10.4 模型中应力监测点的设置

表 10.1　计算参数

名称	几何参数/m	弹性模量/MPa	饱和容重/(kN/m³)	泊松比	黏聚力/kPa	内摩擦角/(°)	桩土摩擦系数
黏土	2.0	30	20.2	0.4	83	22	0.4
粉质黏土	6.0	30	19.5	0.4	56	18	0.32
粉细砂	6.0	40	19.2	0.35	0	32	0.62
粉细砂	至桩底以下	40	19.2	0.35	0	32	0.62
桩体	桩长 14.0 直径 1.2	2.8×10^4	25	0.18	—	—	—

表 10.2　监测点应力的比较

比较内容	应力点	理论值/kPa	计算值/kPa
静力分析的竖向应力	A	508.2	507.9
	B	508.2	507.9

由 Randolph 和 Wroth 以及 Cooke 等的研究可知,在桩侧距离桩轴 nD($n=8\sim15$,D 为桩径)处剪应变减小到零。本节经过试算可知,计算距离取 $n=10$ 与 $n=15$ 的计算结果几乎无差异,所以本节取 $n=10$。土体计算范围水平向为 10 倍桩径,竖向为 2 倍桩长。模拟三维 8 节点块单元,桩侧和桩端与土之间设置面面接触单元,共划分单元 3740 个,节点 4501 个,网格划分如图 10.2 所示,模拟结果如图 10.5 所示。

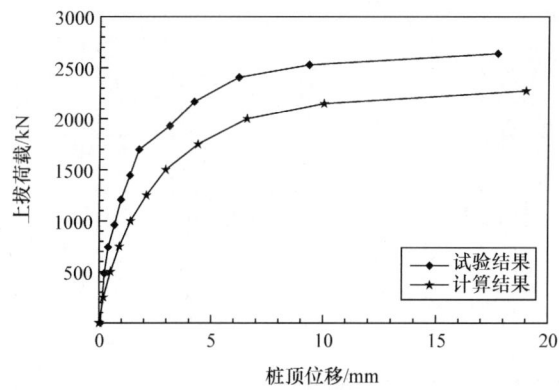

图 10.5　有限元结果与试验结果的 Q-S 曲线比较

有限元计算的极限破坏承载力为 2275kN,对应的桩顶最大位移为 18.39mm。计算结果比实际结果的最大荷载有所偏离的原因可能是土体结构、沉积环境等因素的影响，土体中真实的初始应力要比自重应力大。

该桩设计时，计算所得的极限荷载仅为 1200kN，试验所得的极限荷载为 2640kN，有限元计算结果介于两者之间，且接近试验结果。有限元计算结果与试验结果在设计荷载范围内能很好地相符，说明此有限元模型能较好地模拟抗拔桩承载性状。

第 11 章 斜向抗拔桩静承载力影响因素分析

对斜向抗拔桩极限承载力起决定作用的是桩土之间的侧阻力,也就是桩土之间的摩擦力和桩周土体的抗侧压及抗剪能力。影响侧阻力和抗剪能力的因素主要包括以下几个方面:

(1) 原状土的工程特性;
(2) 桩的几何尺寸、刚度、分布;
(3) 桩的安装工艺;
(4) 桩的安装引起的土的应力和工程特性的改变;
(5) 成桩后发生的土的应力和工程特性的改变;
(6) 荷载形式,如长期荷载、短期荷载、循环荷载等。

另外,斜向抗拔桩的极限承载力还与荷载的倾斜角度有关。

处于各种各样土中桩的受力特性理所当然和桩周围的土的工程特性密切相关。这里所指的"工程特性",是指通过土的三轴试验或无侧限试验所取得的土的物理指标、固结度(固结历史)、土粒级配(尤其是对砂土)、土粒密度、固结指标和剪切强度指标。上述土的"工程特性"各项参数的获取对于抗拔桩的设计无疑是具有决定性的。理论上,如果能完全获得土的"工程特性"参数,那么利用现有的方法就能非常精确地对桩的承载力做出预估。然而,现有的技术根本无法达到上述要求,单单是三轴试验就无法保持土样的原状特性。取样、运输、钻孔等造成的原状土的扰动都降低了试验所取得的数据的可靠度。

11.1 计算方案的确定

在前面所建立的桩土相互作用有限元模型的基础上,本章对斜向抗拔桩的极限承载力及受力变形特性进行分析,以期为抗拔桩的设计和施工提供有益的参考。

本章计算方案如表 11.1 所示,土体均采用 Mohr-Coulomb 理想弹塑性本构模型,混凝土桩采用线弹性材料本构模型。考虑土与桩体之间的张开和滑移,将土与桩体接触面设置为能较好地模拟接触面的错动及张开的无厚度 Goodman 单元,设库伦摩擦系数 $\mu=0.35$,并分别考虑荷载倾角、土体黏聚力、桩长、桩径、桩体模量、土体模量等参数的影响,具体参数取值如表 11.1 和表 11.2 所示。

表 11.1 计算方案

参数名称	方案 1	方案 2	方案 3	方案 4	方案 5	方案 6
$\theta/(°)$	0;30;45;60;90	60	60	60	60	60
L/m	10	6;10;14	10	10	10	10
D/m	0.6	0.6	0.4;0.6;0.8	0.6	0.6	0.6
E_p/GPa	25	25	25	25;50;75	25	25
E_s/MPa	10	10	10	10	5;10;50	10
c/kPa	10	10	10	10	10	5;10;15

注:θ—荷载倾角;L—桩长;D—桩径;E_p—桩体模量;E_s—土体模量;c—土体黏聚力。

表 11.2 模型其他材料参数

材料	$\rho/(kg/m^3)$	$\varphi/(°)$	υ
土体	1800	0	0.49
桩体	2500	—	0.2

注:ρ—密度;υ—泊松比;φ—土体内摩擦角。

11.2 荷载倾角对抗拔桩承载力的影响分析

11.2.1 拉压荷载下桩体承载及变形特性对比分析

抗拔桩与抗压桩在承载机理上存在较大的差异,但现行抗拔桩设计中依然沿用抗压桩的方法,而且很多对抗拔桩的研究都建立在抗压桩的基础上。本小节对抗拔桩与抗压桩的承载特性进行比较分析,探讨两者在承载和变形特性的区别。

图 11.1 为抗拔桩、抗压桩在桩顶的荷载-位移曲线,图中抗压桩的荷载为绝对值。从图中可以看出,相同条件下,抗压桩比抗拔桩的极限承载力大,且荷载绝对值相同时,抗压桩的桩身绝对位移较小。原因是抗压桩的反力由桩侧摩阻力和桩底端的反力提供,而抗拔桩的桩底端的反力要小于抗压桩底部的支撑反力。

图 11.2 和图 11.3 为抗压桩和抗拔桩的侧摩阻力曲线。从图中可以看出,抗拔桩与抗压桩的侧摩阻力曲线趋势相同,这表明桩体在受到竖向拉力和压力情况下桩土之间荷载传递方式相同。桩侧摩阻力随着桩顶荷载的增大而增大,而且沿桩深度的增大近似呈线性增加,在接近桩底部时,又急剧大幅度减小。

第 11 章 斜向抗拔桩静承载力影响因素分析

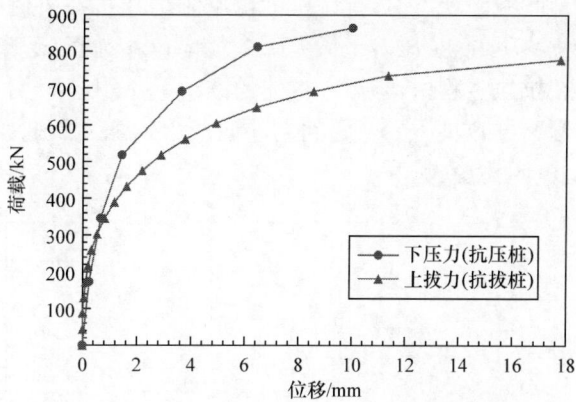

图 11.1 拉压荷载下桩顶的荷载-位移曲线

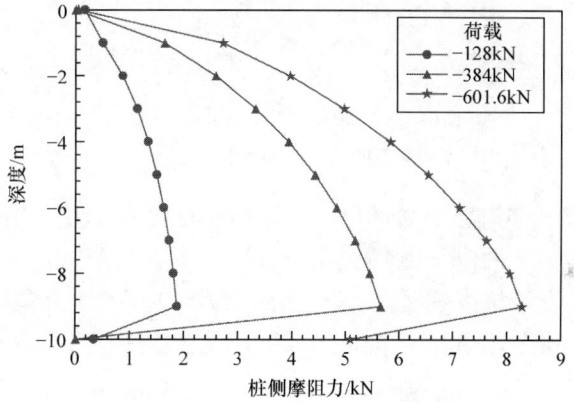

图 11.2 抗压桩不同荷载时的桩侧摩阻力曲线

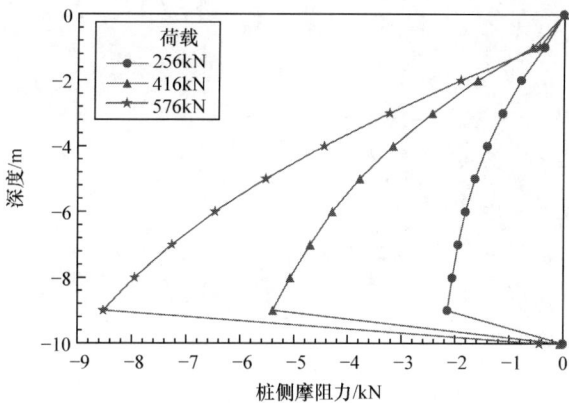

图 11.3 抗拔桩不同荷载时的桩侧摩阻力曲线

由图 11.4 可知，极限状态时，抗压桩的侧摩阻力比抗拔桩侧摩阻力的绝对值大。与抗拔径向位移不同，抗压时土体大部分径向位移为正（远离桩体）且向桩端处集中。这说明在抗压过程中，土体在桩体的推动下往外走，土体是"被动"受力状态，使桩"越压越紧"，导致桩土界面之间的法向压力增加。因此，与抗拔桩侧摩阻力相比，抗压桩侧摩阻力更大。

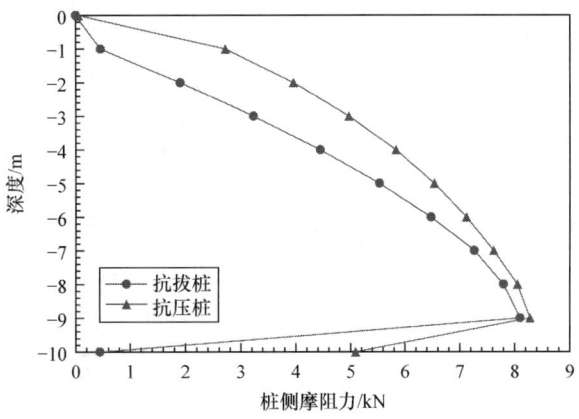

图 11.4 拉压荷载下桩侧摩阻力绝对值的比较

图 11.5 为抗压桩与抗拔桩的桩周土体的竖向位移云图。由图可知，抗压桩底部土体被压，产生向下的位移，影响范围约为桩下 1 倍桩长 2 倍桩径的区域，其他土体位移接近于零；对于抗拔桩，由于桩土间摩擦力作用，桩周土体均有向上的位移，影响范围约为 15 倍桩径 1.8 倍桩长的区域，距桩越近的土体，其竖向位移越大。

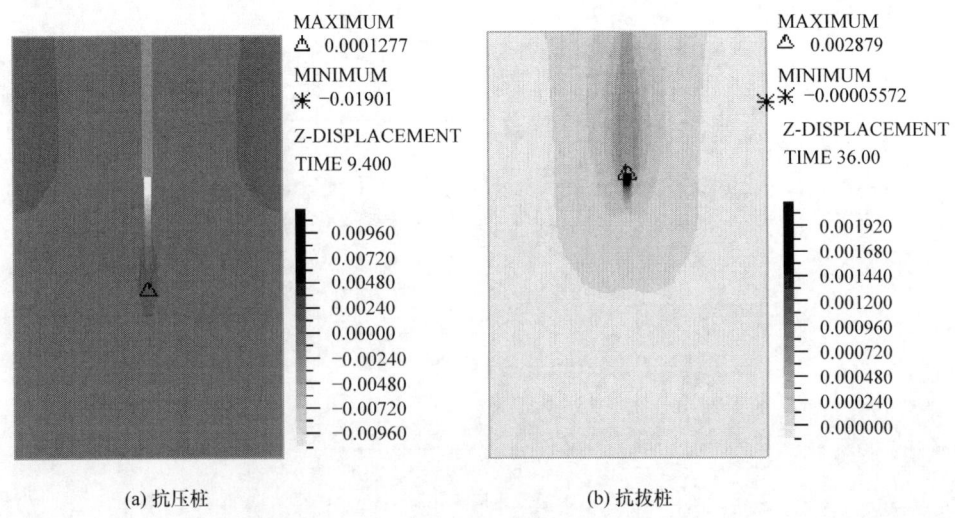

图 11.5 桩周土体的竖向位移云图

图 11.6 为抗压桩与抗拔桩的桩周土体的最大剪应力云图。由图可知,由于土体自身重力作用,土体应力随深度的增加而逐渐变大。下压荷载条件下,桩下约 2 倍桩径 50%桩长范围内的土体受到桩的挤压,剪应力较大;上拔荷载条件下,桩周约 6 倍桩径 1.5 倍桩长范围内的土体,由于桩体上拔和桩土间摩擦力作用,其距桩越近,剪应力越大。

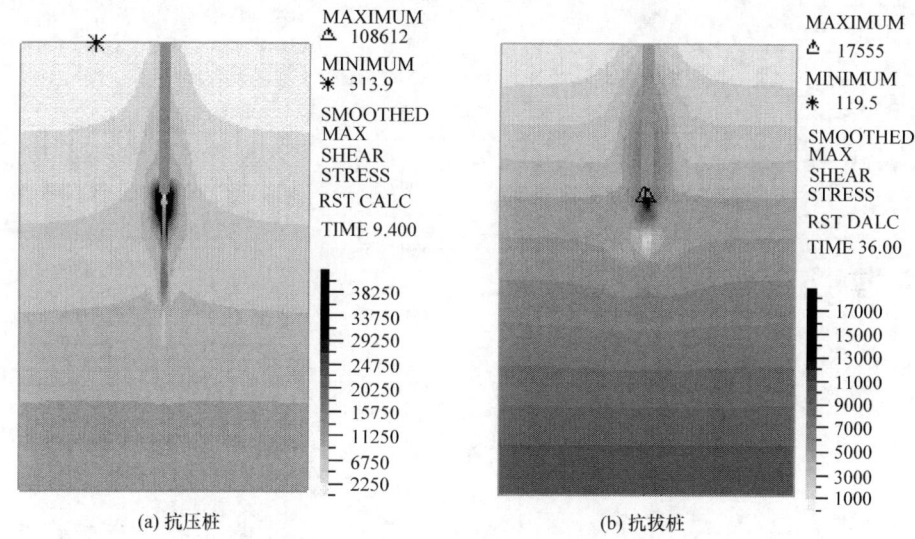

图 11.6　桩周土体的最大剪应力云图

11.2.2　倾角对斜向抗拔桩的极限承载力的影响分析

倾斜荷载作用时,其受力及变形特性是非常复杂的,并非竖向荷载和水平荷载效果的简单叠加,因为竖向荷载和水平荷载还会相互影响。本小节采用表 11.1 中的方案 1,分析荷载倾角对斜向抗拔桩极限承载力的影响。

首先,定义合力方向与水平方向小于 90°的夹角为荷载倾角。图 11.7 为单桩在不同荷载倾角情况下竖向和水平向的荷载-位移曲线。从图 11.7(a)中可以看出,随着荷载倾角的增大,桩的竖向承载力和桩顶竖向位移增大;在相同荷载倾角条件下,相同荷载大小时,桩体竖向位移随着荷载倾角的增大而减小。从图 11.7(b)中可以看出,不同荷载倾角的变化对桩的水平荷载-位移曲线的增长趋势影响不大,在此土体参数情况下,荷载倾角为 30°时,斜向抗拔桩的水平承载能力最大。

图 11.8 为不同荷载倾角时极限承载力的包络图,依上而下的五个点分别为 90°、60°、45°、30°、0°倾角的最大承载力值。图 11.9 为荷载倾角与斜向抗拔桩的极限承载合力的关系。从图中可以看出,斜向抗拔桩的极限承载力与荷载倾角有密切关系,合力的大小随角度变化,大致呈抛物线形状,因此在考虑最大极限承载力时,若存在最佳倾斜角度,则应根据实际工程情况和施工事项选择合适的荷载倾角。

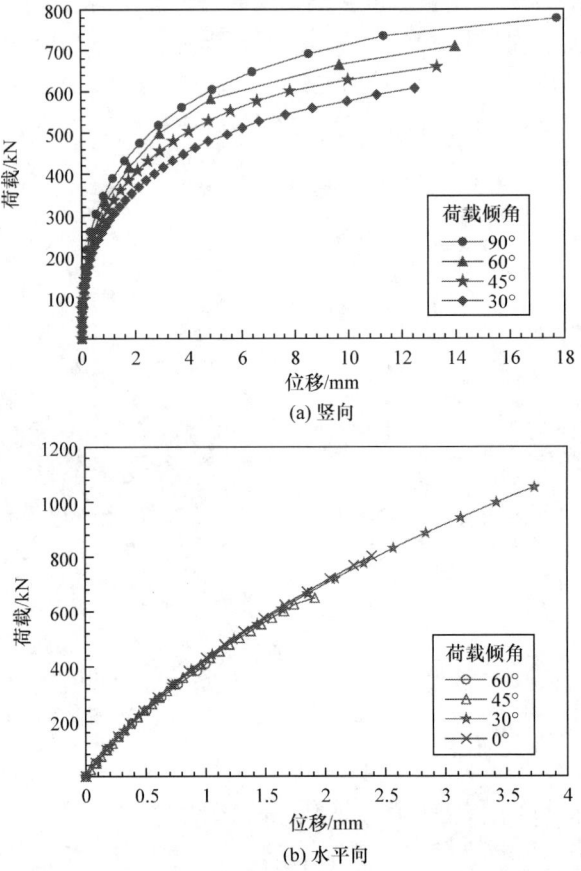

图 11.7 不同荷载倾角情况下竖向和水平向的荷载-位移曲线

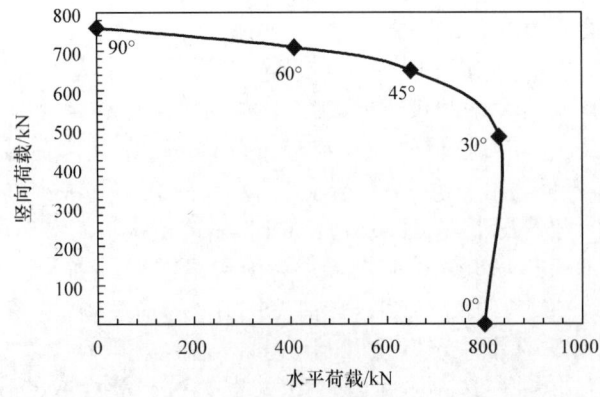

图 11.8 不同荷载倾角时极限承载力的包络图

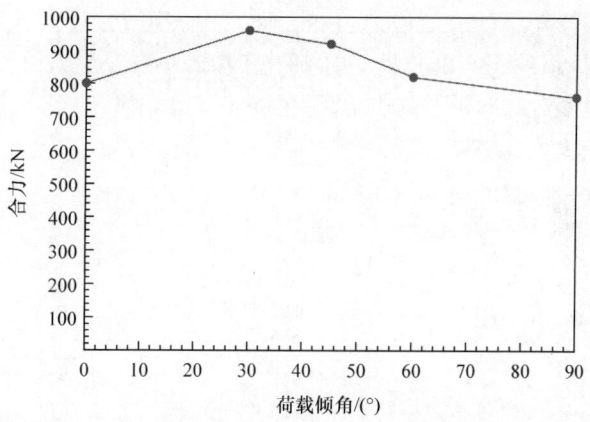

图 11.9　荷载倾角与斜向抗拔桩的极限承载合力的关系

11.2.3　倾斜荷载下荷载的传递机理分析

抗拔桩承受的拉力主要由桩侧摩阻力和桩自身重力来平衡,其中桩侧摩阻力占主要部分。因此,不同荷载倾角时桩侧摩阻力的差异导致不同荷载倾角时桩的承载能力的差异。

从图 11.10 可以看出,随着荷载倾角的增大,相同深度处桩侧摩阻力逐渐增大,且桩侧摩阻力随深度的增加而增大,而在桩底端时出现拐点,急剧减少。随着深度的增加,桩侧土体的应力增大,即桩侧压力增大,摩擦力也相应增大;受桩体上拔的影响,桩底端土体的应力变小,从而降低了桩土间的摩阻力。

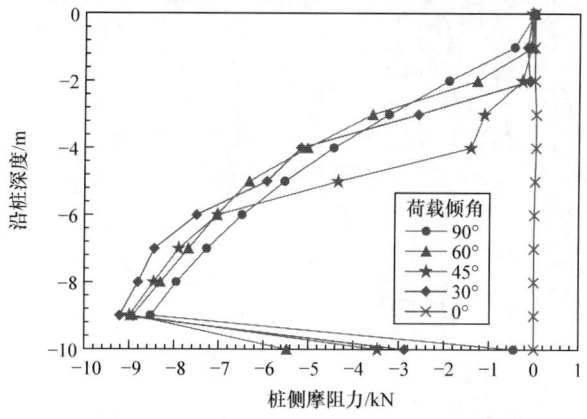

图 11.10　不同荷载倾角下的桩侧摩阻力

11.2.4　倾斜荷载下桩体的应力分布

桩体与土体的变形模量相差较大,因此可以认为桩体是刚性的。图 11.11 为桩体在不同荷载倾角下的有效应力分布云图。由图可知,最大有效应力值出现在桩体受拉侧,距桩顶约 1/5 桩长处;斜向受拉时,最小有效应力值出现在桩体中间,距桩顶约 1/4 桩长处;竖向受拉时,出现在桩底。荷载倾角从 30°到 90°变化时,最大有效应力值由大变小。

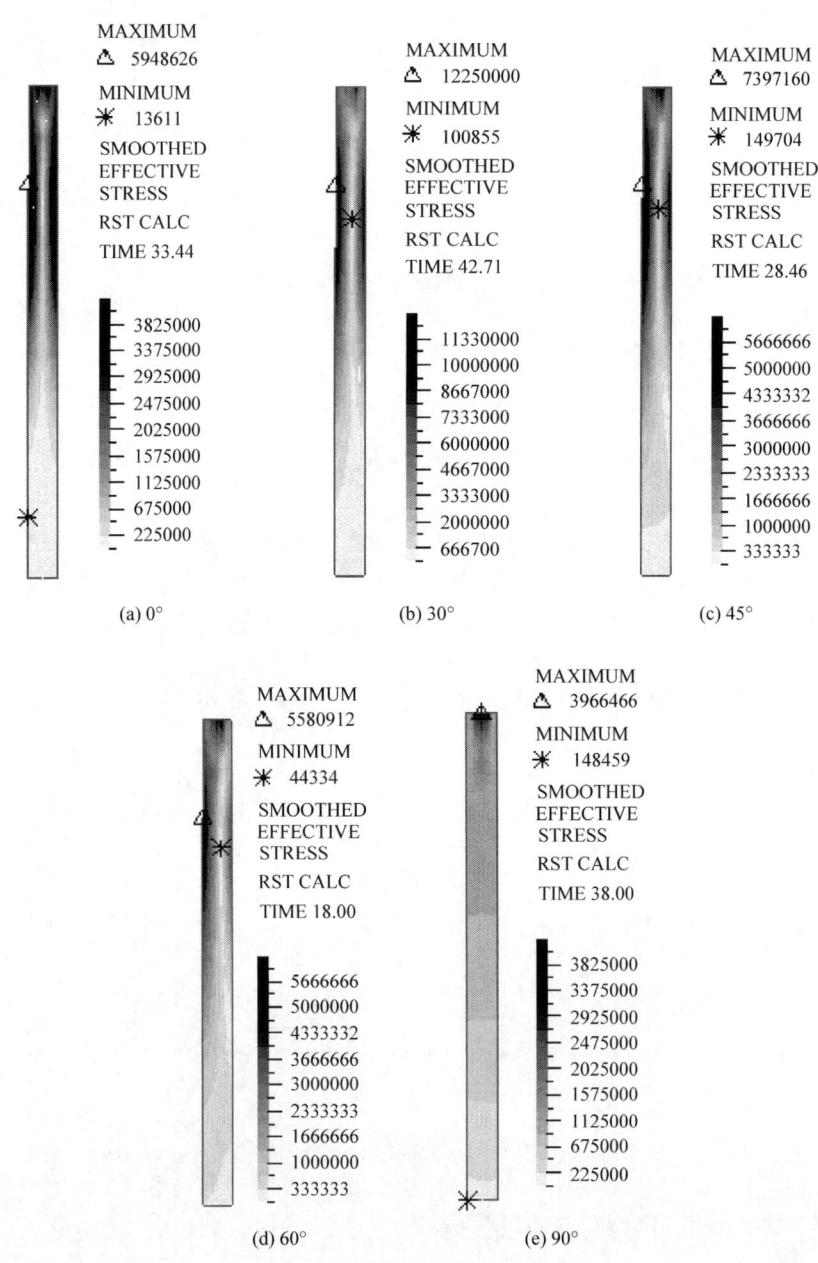

图 11.11　桩体有效应力分布云图

素混凝土的轴心抗拉强度为 2~7MPa,而当荷载倾角为 30°时,最大有效应力值约为 12MPa,超过了素混凝土的抗拉强度,因此桩的承载设计值应小于极限值,取合理的折减系数,如果桩基础承载力设计值需要达到桩基础的最大承载力,则需要改进材料或方案,如使用纤维混凝土材料、使用钢管套桩方案或增大基础的尺寸等。

11.2.5 倾斜荷载下桩周土体的应力应变特性

倾斜荷载情况下,桩周土体的应力应变特性与单纯的竖向及水平的变化不同,是与倾斜荷载的角度、大小以及其他因素是密切相关并相互影响的。

图 11.12 为不同倾角荷载条件下桩周土体的剪应力分布云图。从图中可以看出,当荷载倾角为 0°和 30°时,桩周土体最大剪应力出现在桩上部受压侧,荷载作用产生剪应力的范围约为桩径的 15 倍;当荷载倾角为 45°和 60°时,最大剪应力则出现在桩底土体处,同时受压侧也出现较大的剪应力,荷载作用产生剪应力的范围约为桩径的 5 倍;当荷载倾角为 90°时,剪应力最大值出现在桩底土体处,桩两侧由荷载引起的剪应力很小。

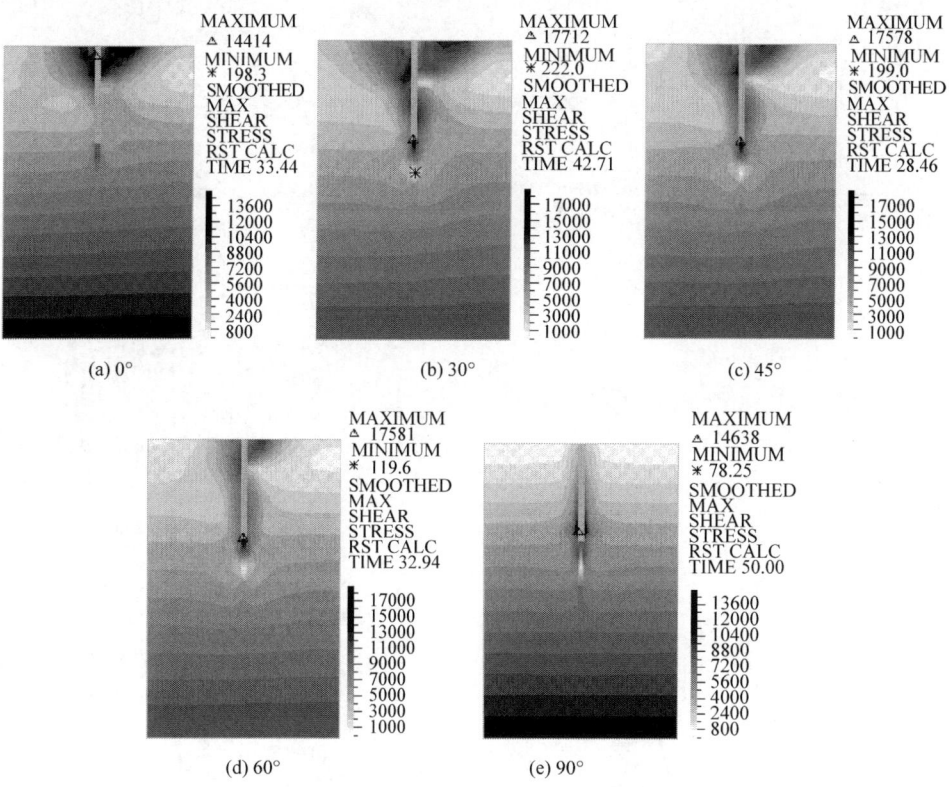

图 11.12　桩周土体的剪应力分布云图

图 11.13 为不同荷载倾角时桩周土体的水平位移云图。从图中可以看出,90°即竖直上拔荷载时,水平位移非常小,最大水平位移约为 3mm。当荷载倾角为 0°、30°、45°和 60°时,只有桩体上部周围的土体有向荷载倾斜方向的水平位移,距桩顶的距离越近,水平位移越大,而且随着荷载的增大和倾角的减小,最大水平位移也呈增大趋势。

图 11.14 为不同荷载倾角情况下桩周土体的竖向位移云图。从图中可以看出,当荷载倾角为 0°时,向上最大位移出现在桩右侧的土层上表面处。这说明,受压侧土体由于受到桩体挤压而隆起。在其他荷载倾角时,土体最大竖向位移出现在桩底端,说明桩体在受到斜向拉力作用时,桩底端的土体对桩体有吸力作用。当荷载倾角为 0°~60°且向右倾斜时,桩体左侧的土体都有向上的位移,这表明桩体受倾斜荷载作用时,受压侧土体与桩体间的相互作用和摩擦力增大。

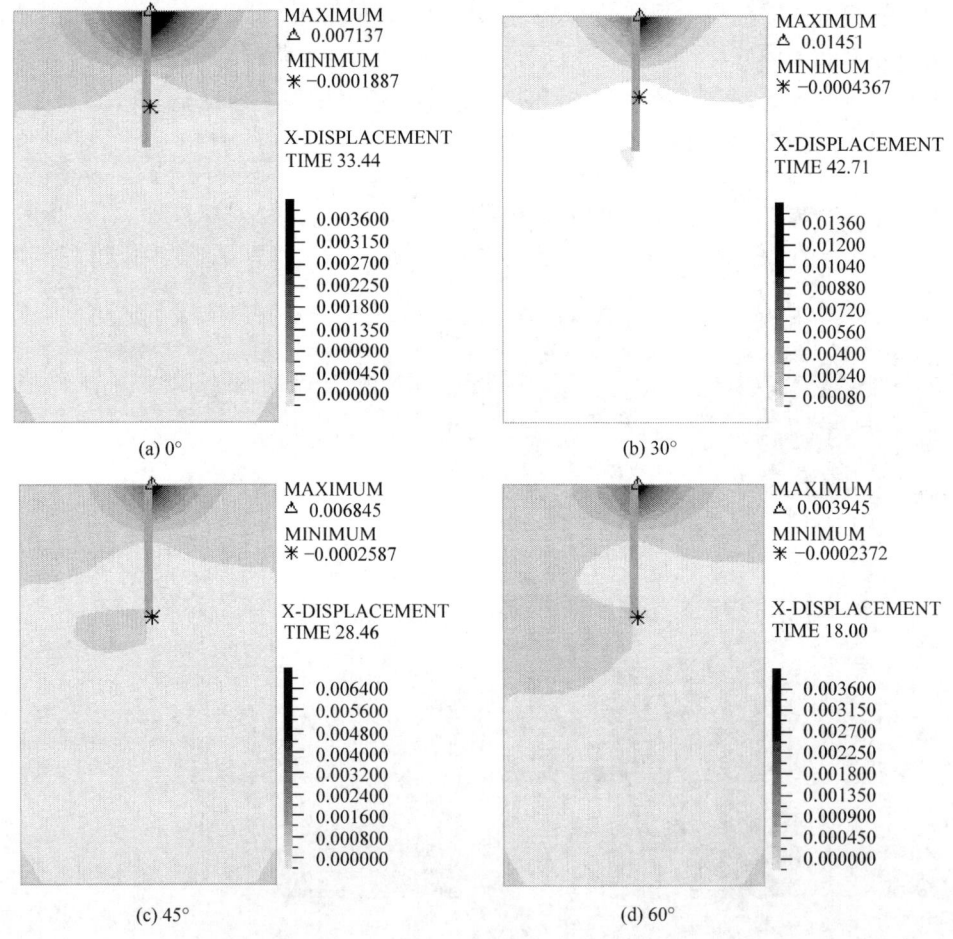

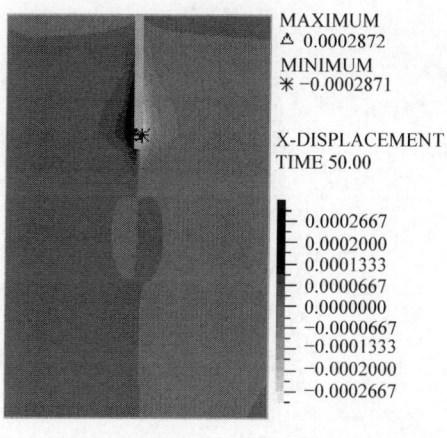

(e) 90°

图 11.13　桩周土体的水平位移云图

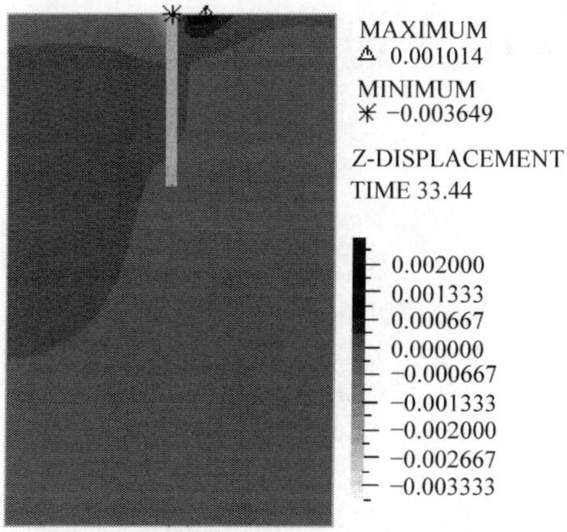

(a) 0°

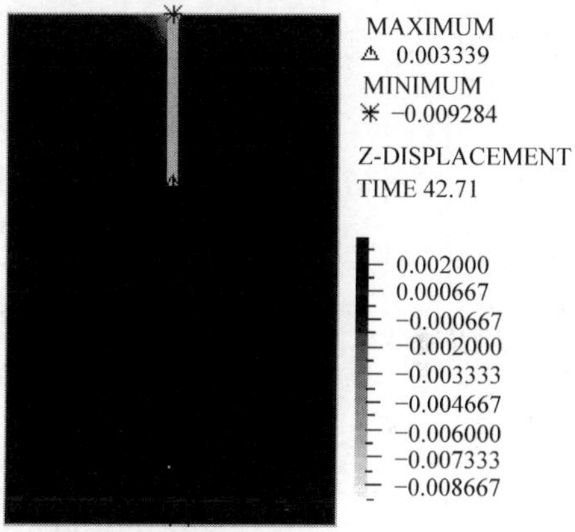

(b) 30°

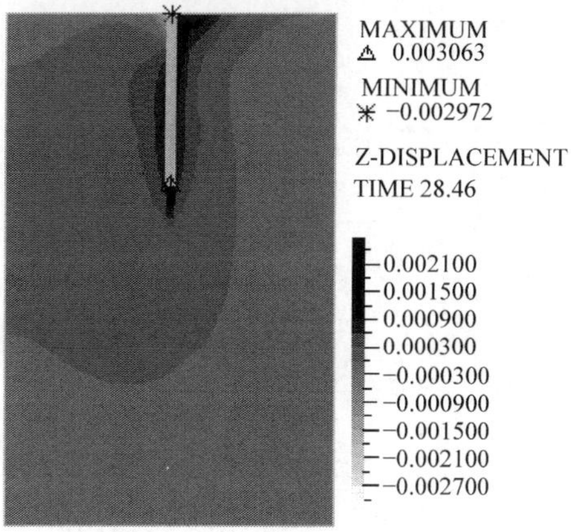

(c) 45°

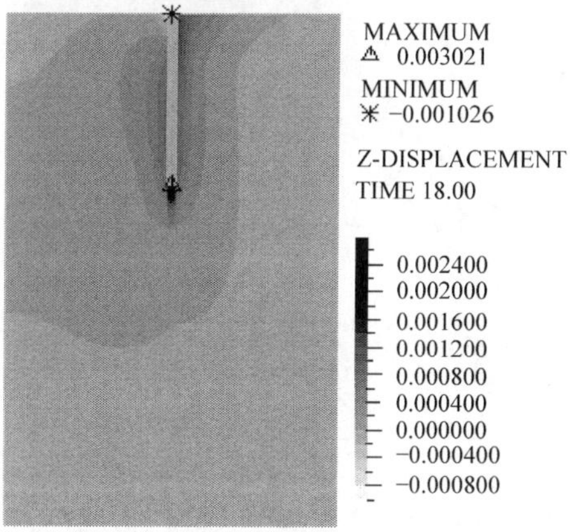

(d) 60°

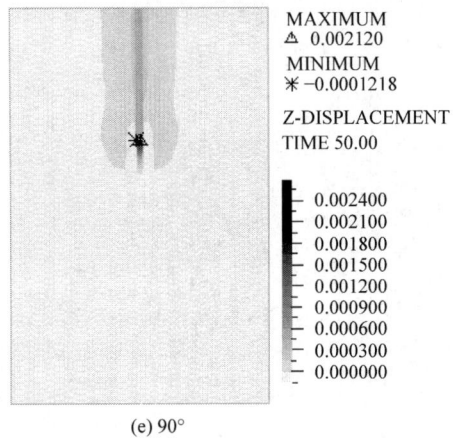

(e) 90°

图 11.14　桩周土体的竖向位移云图

11.3　桩参数对桩的静承载力的影响分析

11.3.1　桩长对桩的静承载力的影响分析

桩长不同,桩身自重与桩侧摩阻力都有较大变化,因此有必要对不同桩长的抗拔承载力进行计算,以探讨桩长对桩的静承载力的影响。模型所用材料参数见表 11.1 和表 11.2。图 11.15 对比分析了不同桩长对斜向抗拔桩承载力的影响。图 11.15(a)和(b)分别为竖向荷载-位移曲线和水平荷载-位移曲线。

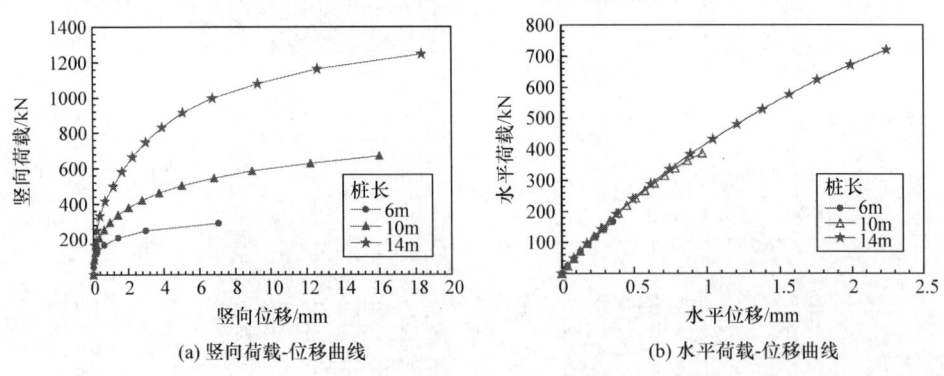

(a) 竖向荷载-位移曲线　　　(b) 水平荷载-位移曲线

图 11.15　桩长对斜向抗拔桩承载力的影响

由图 11.15 可以看出,随着桩长的增加,桩的最大承载力增大,桩顶的最大竖向位移和最大水平位移增大,相同荷载时对应的桩顶位移减小。由图 11.15(a)可看出,随着桩长的增加,荷载-位移曲线逐渐由陡降型变化为缓变型,曲线向后推移。竖向极限承载力随桩长的增大而增大的幅度较大,说明在一定范围内,增大桩长能够明显提升抗拔桩的极限承载能力。由图 11.15(b)可看出,水平荷载-位移曲线无明显拐点,随着荷载的增加,不同桩长的桩顶荷载-位移曲线斜率相近,但水平极限承载力随桩长的增加而明显提高。但提高极限承载力的同时,桩顶位移也大幅增加,所以要根据实际工程情况,选择合理的方案。

11.3.2 桩径对桩的静承载力的影响分析

关于侧摩阻力达到其峰值所需的桩顶上拔位移量与桩径的关系,大致存在两种不同的观点:第一种观点认为,侧摩阻力达到峰值所需的桩顶上拔位移量与桩径有关,吕斯(L. C. Reese)1976 年的试验认为,侧摩阻力达到峰值需要的相对位移可取为 $2\%D$(D 为桩径);第二种观点认为,侧阻力与相对位移受桩径的影响不大。目前第二种观点被广泛接受,但在一些文献中在判断极限侧摩阻力时总是与桩径建立起联系。

本小节利用有限元法分析抗拔桩桩径对荷载传递的影响,分析方案为表 11.1 所示的方案 3,桩长为 10m,桩径分别为 0.4m、0.6m 和 0.8m。由于桩长径比较小、弹性模量高,所以桩体表现出很好的刚度,桩体的伸长量很小,最大仅为 0.24mm,因此可用桩顶的位移量近似代替桩土界面的相对位移。

图 11.16(a)和(b)分别为桩径不同时斜向抗拔桩基础的竖向荷载-位移曲线和水平荷载-位移曲线。由图 11.16(a)可以看出,在拐点之前,随着桩径的增加,曲线斜率增大。由图 11.16(b)可以看出,水平荷载-位移曲线无明显拐点,随着桩径的增加,桩顶水平荷载-位移曲线斜率增大。可以得出,随着桩径的增加,桩的竖向承载能力和水平承载能力增大,相同荷载时对应的桩顶位移减小,桩顶的最大竖向位移和最大水平位移增大。因此,在设计抗拔桩时,增大桩径的同时需要考虑上部结构对桩顶位移的敏感程度,综合考虑工程需求,合理选择基础的尺寸。

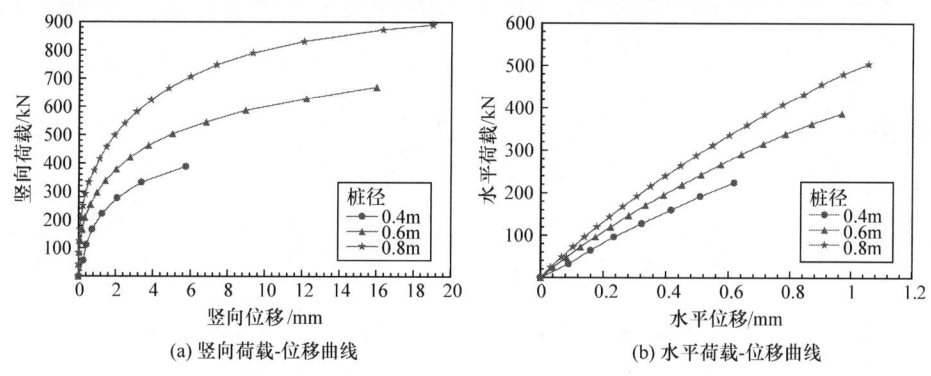

(a) 竖向荷载-位移曲线   (b) 水平荷载-位移曲线

图 11.16 桩径对斜向抗拔桩极限承载力的影响

从图 11.17 可以看出,桩径分别为 0.4m、0.6m 与 0.8m 的斜向抗拔桩在侧摩阻力沿桩身的分布趋势相似,随着桩径的增大曲线斜率增大,最大摩阻力值也增大。随着深度的增加,沿桩身的摩阻力曲线斜率近似线性增大,摩阻力最大值出现在离桩底端 1/10 桩长,即 1m 左右处。

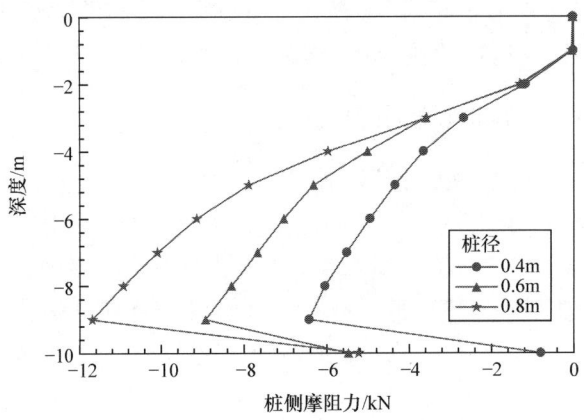

图 11.17　不同桩径的桩侧最大摩阻力

11.3.3　桩体模量对斜向抗拔桩的静承载力的影响分析

桩体模量的大小对桩的承载力也有重要影响,一般来说,桩体模量越大,刚度越大,则抗弯能力越强。

图 11.18(a)和(b)为不同桩体模量时斜向抗拔桩基础的荷载-位移曲线比较。从图中可以看出,斜向抗拔桩基础的极限承载能力随着桩体模量的增加而增加;荷载越大,桩顶最大竖向位移越大,最大水平位移越小,说明斜向抗拔桩的桩体模量越大,桩的抗弯能力越强。但是,相对于桩尺寸等因素,桩体模量对承载力的影响效果不够明显,因此提高桩基础的承载力应优先改进其他影响因素。

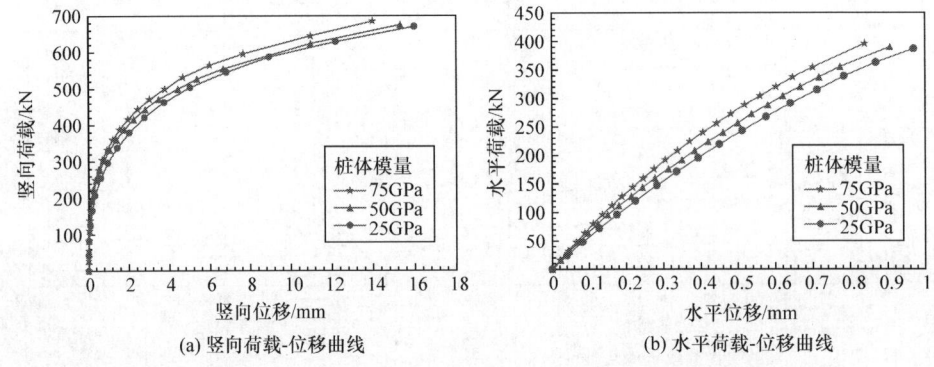

(a) 竖向荷载-位移曲线　　(b) 水平荷载-位移曲线

图 11.18　桩体模量对斜向抗拔桩基础承载力的影响

因此,在允许范围内增大桩体的强度和模量能有效提高斜向抗拔桩的承载性能,或者改进桩体的材料,如使用新型混凝土材料、纤维混凝土等,或使用钢管套桩等,来提高桩的承载能力。

然而,对比前面的影响因素分析,相对于桩尺寸等因素的影响,桩体模量对斜向抗拔桩的极限承载力的影响幅度较小,而且改善材料的同时,成本也相应增加,所以可以优先考虑改善其他因素和条件。因此,实际工程项目中,需要综合考虑工程的成本和施工条件等因素,选择合理的各项参数。

11.4 土体参数对斜向抗拔桩的静承载力的影响分析

土体参数是桩基础极限承载力的重要影响因素,在结构施工设计前,往往先取当地土样进行三轴试验,测定土体的各参数大小,这是实际工程施工前的必要程序。根据土样的参数情况,可预估当地地基的承载力情况。因此,需要进行不同土体参数对斜向抗拔桩基础的极限承载力影响的数值模拟,为以后的实际工程提供有益参考。

11.4.1 土体模量对斜向抗拔桩的静承载力的影响分析

土体模量是描述土体形状的重要参数,也是判断土质情况的重要标准。本小节针对土体模量对斜向抗拔桩的极限承载力的影响进行数值模拟,模型参数采用表 11.1 中的方案 5,土体模量分别为 5MPa、10MPa 和 50MPa。

图 11.19(a)和(b)分别是不同土体模量时竖向荷载-位移曲线和水平荷载-位移曲线,从图中可以看出,斜向抗拔桩的竖向承载力和水平承载力随着土体模量的增大而增大;相同荷载情况下,桩体位移随着土体模量的增大而减小。而且,土体模量较小时,桩体位移变形,尤其是水平位移,随着荷载的增大而增大的速率较大,说明土体模量小则土体的抗压缩能力较小,对于斜向抗拔桩的桩顶位置的固定比

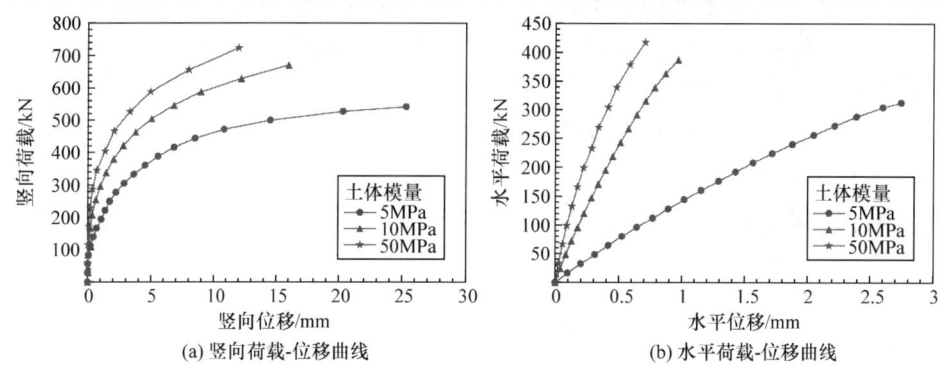

图 11.19 土体模量对斜向抗拔桩极限承载力的影响

较不利,尤其是对于需要精确定位的结构物。

因此,在情况允许的条件下,应对不利于基础承载和稳定的天然地基进行人工处理。

11.4.2 土体黏聚力对斜向抗拔桩的静承载力的影响分析

土体黏聚力是描述土体性状的一个重要参数,对基础的力学性状也有重要影响,因此,有必要对此参数进行分析,本小节模型采用表11.1中的方案6,土体黏聚力分别为5kPa、10kPa和15kPa。

图11.20(a)和(b)分别为不同土体黏聚力时竖向荷载-位移曲线和水平荷载-位移曲线。从图中可以看出,桩顶竖向荷载-位移曲线和水平荷载-位移曲线的趋势大致相同,斜向抗拔桩的竖向承载力和水平承载力随着土体黏聚力的增加而增加,在相同荷载时桩体位移随着土体黏聚力的增加而变小。

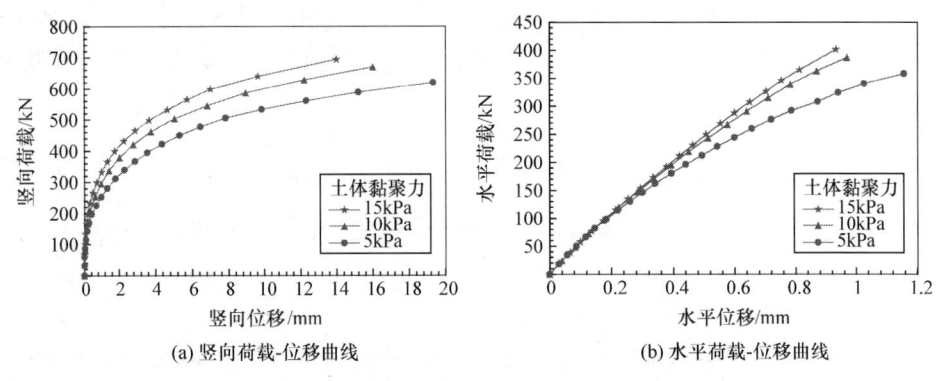

(a) 竖向荷载-位移曲线　　(b) 水平荷载-位移曲线

图11.20　土体黏聚力对斜向抗拔桩极限承载力的影响

在荷载较小的情况下,桩顶水平荷载-位移曲线几乎重合,说明荷载较小时土体黏聚力的差别对桩基础的承载能力影响很小,而当荷载较大时,影响效果才比较明显。总之,土体黏聚力的增加不仅有利于提高斜向抗拔桩基础的承载能力,还有利于结构物的稳定。因此,实际工程初步阶段,应根据试验数据选择土体黏聚力较大的区域。

因此,在工程设计初期,应根据试验参数优先选择土体天然条件好(如土体模量和黏聚力较大等)、土质较好的区域作为工程地址,以增加地基基础的承载能力,也有利于结构物的稳定。

11.5　各影响因素下极限承载力的归一化比较

以桩径为0.6m、桩长为10m、桩体模量为25GPa、土体模量为10MPa和土体黏聚力为10kPa的极限承载力值为标准值1,对各因素条件下斜向抗拔桩的极限承载力进行归一化比较,如图11.21所示,从左至右依次为方案2、方案3、方案4、方案5和方案6,且参数依次由小到大的顺序排列。从图中可以看出,诸多影响因素中,有的影响幅度较大,而有些则影响效果并不明显。桩几何尺寸的增加对极限承载力的提高有明显效果,尤其是桩长为6m和14m时,与标准值相比,桩长分别减少和增加了40%,而极限承载力分别降低和提高了57%和86%;桩体模量对桩基础极限承载力的影响较小,模量增加1倍和2倍时,极限承载力的增加均在3%以内。

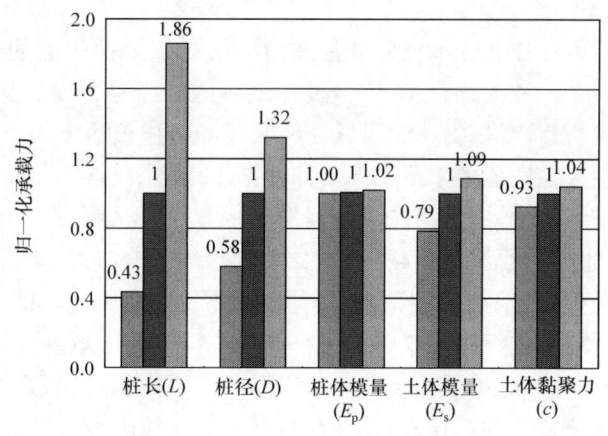

图11.21 归一化极限承载力比较

其他情况下,桩径为0.4m和0.8m时,与标准值相比,分别减少和增加了33.3%,而极限承载力分别降低和提高了42%和32%;土体模量为5MPa和50MPa时,分别减少和增加了50%和400%,承载力分别降低和提高了21%和9%;土体黏聚力为5kPa和15kPa时,分别减少和增加了50%,承载力分别降低和提高了7%和4%,说明斜向抗拔桩的极限承载力随土体模量和土体黏聚力的增加而提高的幅度减小。因此,在考虑增大基础承载力时,应首先考虑增加桩的尺寸。

第 12 章　循环荷载条件下斜向抗拔桩基础的承载特性分析

12.1　引　　言

　　波浪荷载是由海洋表面传播的波浪在海洋沉积层表面引起的循环波压力,其变化形式极其复杂。波浪的产生、传播及在近海区的迁移、变化,具有高度的不规则性和强烈的随机性。同时,一次风暴作用的时间可能长达十几个小时甚至几天,在这期间土体中存在孔压的累积也会由部分排水固结引起孔压的消散和扩散。通常,海洋建筑物在经受最大海洋波浪荷载作用之前,已经受到若干小的波浪荷载的多次作用,这些先期的小波浪荷载对土的性质会产生明显的影响,形成预剪效应。在长期海洋环境中,波浪的作用造成海洋构筑物发生失稳破坏的情况时有报道。而在如此复杂环境下的海中悬浮结构物在使用过程中更是不可避免地要遭受强烈地震、波浪或暴风等引起的大幅度的瞬时或循环作用荷载。

　　若不考虑循环荷载的惯性和阻尼效应,即将荷载考虑为准静态的情况,则作用在海洋平台地基上的荷载可以看作各种分量随着时间在一定范围内不成比例变化的复杂过程。确定地基在简单加载条件下的极限承载力,当实际荷载低于极限承载力时,认为地基是静力稳定的,但这并不意味着在波浪等循环荷载作用下地基是安全的。实际上,即使循环或瞬时荷载幅值低于简单加载下的极限荷载,具有弹塑性变形性质的地基也可能因交互塑性或增量破坏而最终失效。海洋悬浮结构将所受到的循环荷载通过基础传递到地基上,使地基土体受到循环应力的作用,而地基土体受到静应力和循环应力的组合作用时,其地基承载力呈现更为复杂的特点。

12.2　循环承载力分析方法与研究现状

　　目前,一种评价软土地基循环承载力的方法是建立循环荷载作用下软土的应力应变关系,进而用弹塑性数值计算方法计算其循环承载力,但风浪作用下荷载的循环次数少则几千次,多则几万次,这使得计算的工作量非常大。Andersen 和 Lauritzsen[252]曾针对 Drammen 黏土提出了采用假设破坏面的方法,对软土地基的循环承载力做过研究,他们依据大量的试验结果,利用循环三轴试验和循环单剪试验中土样的应力状态模拟地基潜在破坏面上的几种典型的应力状态,由此确定出不同静、动应力条件下地基土的循环强度,然后以波浪力与上部结构及自身重力作为驱动力进行地基的循环承载力评价研究。但这种评价方法需要对每一种土体都进行大量的循环三轴试验和循环单剪试验,对于实际工程,这种做法难度较大且花费较多。另一种方法是使用静承载力公式,用拟静力方法评价基础循环承载力,但循环荷载作用下土的强度不仅取决于循环应力的大小,而且取决于静应力的大小,在波浪引起的循环荷载作用下,地基中各点的循环应力不同,因此各点强度的弱化强度不同,显然用一个统一的弱化强度参数来评价基础整体的循环承载力是不合适的[253]。

国内外的研究学者对砂土和饱和软黏土在循环荷载作用下的动力特性已经做了一定的研究。在土体破坏标准上,砂土液化通常按照初始液化标准来判断,而黏土则较多地采用应变破坏标准,即以达到某一规定的应变幅值作为土体破坏标准,但是该应变破坏标准并不统一。在循环荷载作用下软土除了产生循环变形之外,还将会产生不可恢复的残余变形,并且这种变形将随着荷载循环次数的增加而不断累积,从而使土单元的刚度不断退化、强度不断弱化,这在工程上通常称为循环软化效应[254]。循环荷载作用下土体发生软化的原因大致可分为三类[255]:一是循环荷载作用下饱和软黏土中产生了孔压,从而导致土体的应变软化;二是循环荷载作用下主应力方向不断改变导致土体结构重塑,从而引起土体的应变软化;三是较高的循环应力作用不仅产生较高的孔压,而且将影响土体的原有结构,从而引起土体的应变软化。Andersen 等提出的软黏土循环强度概念具有比较广泛的普遍性,可以将其与基于 von Mises、Mohr-Coulomb、Tresca 和 Drucker-Prager 等屈服准则的理想弹塑性模型相结合,进行循环承载力计算。

本章仅以 Mohr-Coulomb 屈服准则为例说明循环承载力有限元计算模型,针对循环斜向加载模式建立斜向抗拔桩基础循环承载力分析的三维有限元计算模型,通过三维非线性有限元数值分析,确定斜向上拔荷载作用下斜向抗拔桩基础的循环承载力,并与单调加载作用下的斜向抗拔桩基础的极限承载力进行对比,为工程设计提供了参考依据。同时,进一步探讨桩长、桩径、桩体模量和荷载循环次数等因素对斜向抗拔桩基础循环承载力的影响。

波浪-桩-土系统的数值分析方法有两大类:一是基于相关规范的传统分析方法[256];二是针对系统响应分析的某一因素建立模型,如复杂的三维有限元结构模型、平台结构动力响应的完全时域模拟模型。Mostafa 和 EL Naggar[257]采用动力 p-y 曲线和 t-τ 曲线模拟桩土相互作用,用有限元法计算波浪荷载下群桩的动力响应。王腾等[258]通过独桩海洋平台连续体系横向振动的动刚度矩阵求得了波浪力作用下的桩身位移响应。郑兆昌和程保荣[259]将模态综合技术和模态叠加方法应用于流体-桩-土系统的响应分析,采用直接积分法在时域内求解动力方程。

关于波浪-桩系统的解析方法的研究起步较晚,在 MacCamy 和 Fuchs[260] 提出了线性散射理论以计算垂直悬臂圆柱的受力,该研究方法才得以快速发展。文献[261]中提出将圆桩简化为悬臂梁或简支梁,分析了柔性悬臂圆柱在水中受到地震荷载或者一阶波浪荷载时的水-桩相互作用力以及悬臂圆桩的水平位移。在海洋工程桩基设计中,国内外许多学者大都以泥面下6倍桩径处嵌固端等效桩土的相互作用或以静力 p-y 曲线法或 m 法模拟桩土间的相互作用[262-263]。由于桩基经常受波浪荷载、风荷载或冰荷载等强烈环境的联合作用,而单桩的抗侧移刚度一般比较小,所以在外界环境荷载作用下,单桩会发生较大的水平振动,仅仅从静力角度分析已不能满足工程设计的要求。Wang 等[264-265]提出了一种评价软土地基循环承载力的拟静力法,首先定义土的循环衰减强度为在一定的循环应力作用下经过一定的循环次数、土样破坏时所能承受的最大静应力,然后通过静力有限元计算评价地基的循环承载力。通常,循环衰减强度可以通过循环三轴试验来确定,但是若将循环三轴试验结果推广到一般应力状态下,就必须建立不同应力状态下的等效破坏关系。

钟晓红[266]针对具有三维空间结构的座床式无底大直径薄壁圆筒防波堤在随机波浪作用下的动力响应进行了研究,获得了波浪荷载的随机过程,为大直径薄壁圆筒防波堤系统动力响应计算提供了动力参数计算条件,并推导了各运动模态的动力方程。李驰等[253]针对软土地基中单桶基础在循环荷载下的变化规律,通过研究二维与三维计算模型间的联系,确定了二维与三维模型间存在"形状转化系数",为三维计算向二维计算简化提供了计算参数。白顺果等[267]针对循环荷载作用下水泥土桩复合地基的循环承载特性做了相关模型试验,得到了水泥土桩复合地基的临界循环应力比和竖向永久变形随加荷周数、加荷频率等的变化规律。范庆来[254]、赵少飞[268]、武科等[269-270]针对桶形基础的循环荷载下承载变形特性及复合加载下地基的承载能力等做了相关研究,并得出了很多有益结论,为桶形基础的各方面设计理论提供了很多可靠依据,对以后的研究工作和实际工程的施工等具有重要的参考价值。

12.2.1 循环强度模型

循环强度的物理意义为,在一定的循环次数下,当土单元达到变形破坏标准时,作用在破坏面上的静应力和循环应力之和,即

$$\sigma_{cyc}=\sigma_s+\sigma_d \tag{12.1}$$

式中,σ_{cyc} 为某特定循环次数下土体的循环强度;σ_s、σ_d 分别为土单元破坏面上的静应力和循环应力。

由式(12.1)可知,土体的循环强度与静应力 σ_s 和循环应力 σ_d 的组合有关,即土单元在给定的循环次数条件下破坏可以由较大的静应力与较小的循环应力引起,也可以由较小的静应力与较大的循环应力引起,或者是两者保持某一比例时引起。

不固结不排水条件下软黏土在静、动荷载共同作用下的破坏遵循 Mohr-

Coulomb 屈服准则,同时假定地基中某点的广义剪应力 q 与循环三轴试验或者直剪试验中的试样的等效静应力 σ_s 等效,而广义剪应力的定义为 $q=\dfrac{3}{\sqrt{2}}\tau_8$($\tau_8$ 是由静荷载作用(或静荷载与循环荷载共同作用)引起的地基土单元八面体剪应力),因此可得到

$$\sigma_s=\frac{1}{\sqrt{2}}\sqrt{(\sigma_1-\sigma_2)^2+(\sigma_2-\sigma_3)^2+(\sigma_3-\sigma_1)^2} \tag{12.2}$$

式中,σ_1、σ_2、σ_3 分别为作用在地基中土单元上的大主应力、中主应力、小主应力。在循环三轴试验中,$\sigma_2=\sigma_3$,因此静应力可等效为 $\sigma_s=q=\sigma_1-\sigma_3$。

抗拔桩基础在安装完成后,首先受到的是由自重和上部结构引起的静荷载作用,通常这个作用荷载在随后的过程中将保持不变。抗拔桩基础把静荷载传递到地基中,在地基中的各点产生不同大小的静应力 σ_s。当波浪作用于海洋结构物时,引起的循环荷载通过基础再传递到地基中,又使地基土单元受到了一个循环应力 σ_d 的作用,σ_d 随着循环荷载的变化而变化,并与作用在地基中的静应力一样,不同的位置 σ_d 的循环幅值不同。因此,在静荷载、循环荷载的共同作用下,地基中每一点的应力都包括静应力 σ_s 和循环应力 σ_d,如果地基中一点的组合应力大于该点的循环强度,那么该点就进入破坏状态。如果基础附近地基中的破坏点形成了连贯的破坏区域,那么循环荷载作用下的地基就发生大的剪切变形而破坏[270]。因此,要分析斜向抗拔桩基础的循环承载特性,首先要确定静荷载在地基中引起的静应力,然后确定地基土的循环强度,最后以各单元土的循环强度作为破坏标准,分析静荷载与循环荷载共同作用下斜向抗拔桩基础的循环承载力。

12.2.2 有限元分析方法

根据上述分析,本小节采用土单元的循环强度与 Mohr-Coulomb 屈服准则相结合建立的拟静力弹塑性模型建立抗拔桩基础地基循环承载力的分析方法,具体步骤如下。

(1) 建立有限元分析模型。

(2) 以地基土的不排水抗剪强度 S_u 作为破坏标准,利用所建立的拟静力弹塑性模型,采用有限元计算自重等静力条件下地基中的应力分布,进而基于计算得到静应力。

(3) 利用通过循环三轴试验所得到的不同应力条件下的循环强度,同时考虑三轴试验中土体应力状态与地基中实际三向应力状态之间的等效关系,在不同循环次数的情况下估算地基中各点的循环强度。

(4) 以此土单元的循环强度作为破坏标准,同时考虑自重等静力荷载与波浪循环荷载的共同作用,进行结构与地基耦合系统的有限元分析,建立作用在结构上的外荷载与相应位移之间的关系曲线,由此确定斜向抗拔桩基础的循环极限承载力。

12.3 循环波浪荷载下抗拔桩基础的极限承载力特性分析

静荷载和动荷载对桩的承载力影响是不同的。循环荷载作用下,桩的承载力将发生很明显的变化。Sangrey 和 Andersen 的研究表明,在黏土中,施加循环荷载后,将产生超孔隙水压力,这将导致土剪应力的降低,并且降低的幅度随循环荷载次数的增加而增加,增加的幅度随荷载循环次数的增加而减小,最后剪应力趋向一定值。

为了与静荷载作用下斜向抗拔桩基础的极限承载力进行比较,本节在分析循环荷载作用下斜向抗拔桩基础的承载特性时,计算模型的参数选取、边界条件、桩体与土体的接触边界处理及计算中所采用的计算网格均与计算斜向抗拔桩基础静承载力分析时完全一致。整个计算模型采用三维 8 节点实体单元。桩体材料为混凝土材料,采用线弹性本构模型,弹性模量 $E=2.5\times10^4\text{MPa}$,泊松比 $\upsilon=0.2$。地基土体采用非线性模型,首先以地基土的不排水抗剪强度 S_u 作为破坏标准,计算静荷载作用下的土单元等效初始静应力 σ_s;然后根据循环三轴试验确定的循环强度与初始静应力的关系,确定各个土体单元的循环强度 σ_{cyc};最后以 σ_{cyc} 作为破坏标准,依据静荷载和循环荷载共同作用下的桩基础荷载-位移曲线结束确定循环承载力。

采用基于 Mohr-Coulomb 屈服准则的理想弹塑性本构模型,泊松比 $\upsilon=0.49$,即假定土体是不可压缩的。假定软土的变形模量近似地与其不排水抗剪强度成比例,不考虑地基中应力水平对模量的影响。在循环承载特性分析过程中,若评价静荷载与循环荷载共同作用下斜向抗拔桩基础的承载特性,就要分析一定静荷载作用下竖直上拔和水平荷载分量作用下斜向抗拔桩基础的循环承载力。本节分析中采用了 Wang 等[265]依据循环三轴试验确定的破坏振次 N_f 为 100、500、1000 和 2000 时,且与不同静应力比组合所对应的不排水抗剪强度,如表 12.1 所示。不排水抗剪强度曲线如图 12.1 所示。

表 12.1 不同破坏振次、不同静应力比组合所对应的不排水抗剪强度 S_u (单位:kPa)

静应力比(σ_s/σ_d)	不同破坏振次(N_f)			
	100	500	1000	2000
0.2	10.81	9.85	9.62	8.76
0.4	15.66	14.96	14.66	14.28
0.6	20.36	18.32	17.73	17.32
0.8	21.94	19.77	19.11	18.16
1.0	25.00	22.00	20.00	20.00

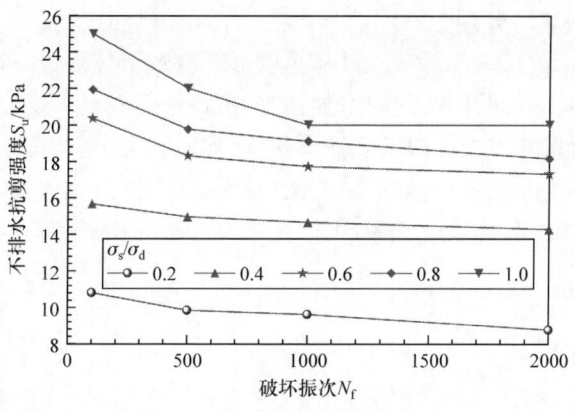

图 12.1 不排水抗剪强度曲线

12.3.1 静力加载与考虑循环荷载承载力对比

循环荷载对桩周土体强度有弱化作用,在 7 级风的海洋环境,频率为 0.1Hz 的波浪荷载作用 3h,相当于基础遭受 1000 次的循环荷载作用。

图 12.2 为桩长为 10m、桩径为 0.6m、桩体模量为 25GPa 时,静力加载与循环加载荷载循环作用 1000 次的桩顶荷载-位移曲线对比。由图可知,考虑循环荷载情况下,相同荷载时桩体位移比静力加载时大很多,且最大承载力也降低较多,降低了 20.4%。

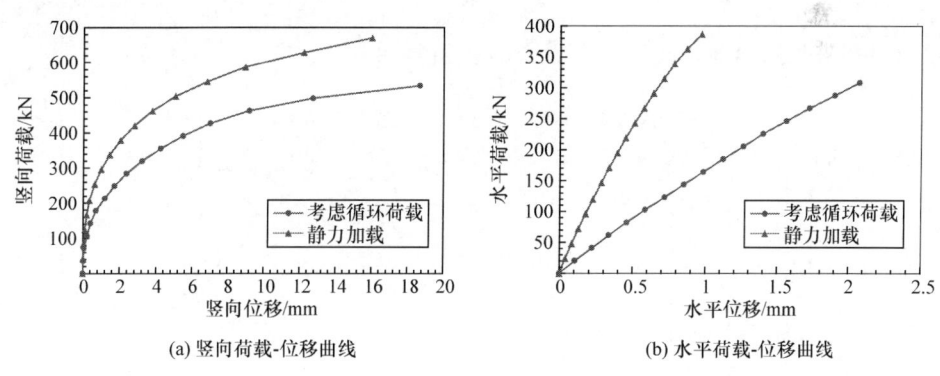

(a) 竖向荷载-位移曲线　　(b) 水平荷载-位移曲线

图 12.2　静力加载与循环加载的桩顶荷载-位移曲线

12.3.2　荷载循环次数对斜向抗拔桩基础的循环承载力的影响分析

根据王建华等依据循环试验所得的循环强度曲线,确定破坏振次 N_f 分别为 100、500、1000 和 2000 时,与不同静应力比所对应的不排水抗剪强度,数值计算得到斜向抗拔桩基础的循环承载力。

图 12.3(a)和(b)分别为不同循环次数下桩顶的竖向荷载-位移曲线和水平荷载-位移曲线。由图 12.3(a)可以看出,不同循环次数下桩顶竖向荷载-位移曲线的发展趋势相同,但随着循环次数的增加,斜向抗拔桩的极限承载力大大降低。桩顶水平位移随着荷载的增加近似呈线性增长,同样荷载大小时,循环次数较多时对应的桩顶位移较小。因此,当考虑荷载的变值特征和土体的软化效应时,随着循环破坏振次的增加,循环软化效应变大,斜向抗拔桩基础的承载力降低。

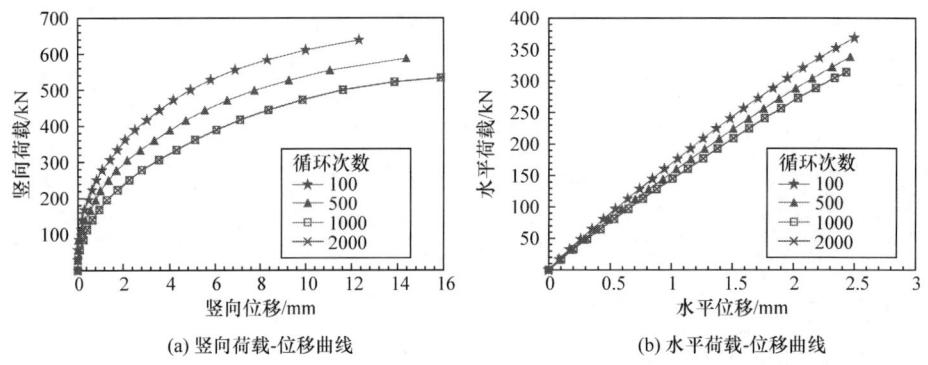

(a) 竖向荷载-位移曲线 (b) 水平荷载-位移曲线

图 12.3 荷载循环次数对斜向抗拔桩基础循环极限承载力的影响

12.4 桩参数对考虑循环荷载作用时的承载力的影响分析

12.4.1 桩长对斜向抗拔桩的承载力的影响分析

为了同静力加载对比,循环荷载也选桩长分别为 6m、10m 和 14m,其他计算参数均相同。计算得到的极限承载力与静力加载对比曲线如图 12.4 所示。

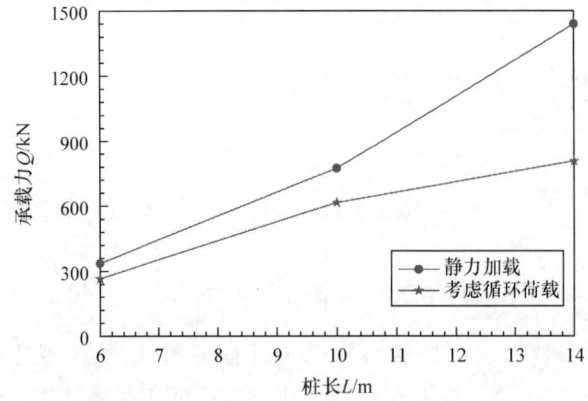

图 12.4 桩长与斜向抗拔桩极限承载力的关系

静力加载时合力极限承载力分别为336kN、774kN和1440kN,动力循环加载时合力极限承载力分别为266kN、616kN和808kN。由此可见,循环荷载作用下,斜向抗拔桩的动力极限承载力也随着桩长的增加而增加,与静力极限承载力相比,分别降低了约20.8%、20.4%和43.9%,平均降低约28.4%,随着桩长的变化,土体循环软化效应降低,斜向抗拔桩的极限承载力的程度变化较大,桩长为14m时,动力循环荷载下的极限承载力比静力加载条件下降低幅度较大,达43.9%。

由图12.5可知,与单调加载时的曲线增长趋势相同,循环加载条件下,斜向抗拔桩的极限承载力和桩顶最大位移也随桩长的增加而增加,相同荷载大小时桩顶位移随之减小。竖向荷载-位移曲线随荷载的增大,其位移增大的速率变大,而水平荷载-位移曲线则近似线性发展。

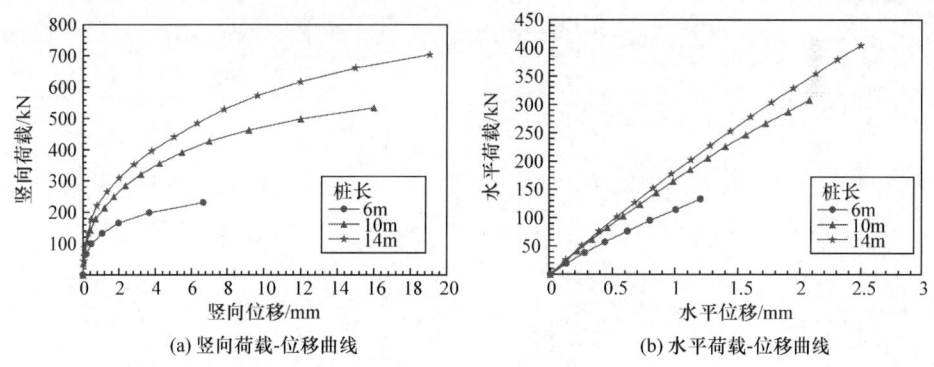

图12.5 桩长对斜向抗拔桩循环承载力的影响

12.4.2 桩径对斜向抗拔桩的承载力的影响分析

本小节选桩径分别为0.4m、0.6m和0.8m三组参数做了数值分析,并使其极限承载力与静力加载进行对比,对比曲线如图12.6所示。静力加载时合力极限承载力分别为448kN、774kN和1008kN,动力循环加载时合力极限承载力分别为370kN、616kN和815kN,由此可知,循环荷载作用下,斜向抗拔桩的动力极限承载力也随着桩径的增加而增加。与静力极限承载力相比,分别降低了约17.4%、20.4%和19.2%,随着桩径的变化,土体循环软化效应降低,斜向抗拔桩的极限承载力的程度变化不大,平均降低了约19%。

由图12.7可知,与静力加载时的曲线增长趋势相同,循环加载条件下,斜向抗拔桩的极限承载力和桩顶最大位移也随桩径的增加而增加,相同荷载大小时桩顶位移随之减小。竖向荷载-位移曲线随荷载的增大,其位移增大的速率变大,而水平荷载-位移曲线则近似线性发展。

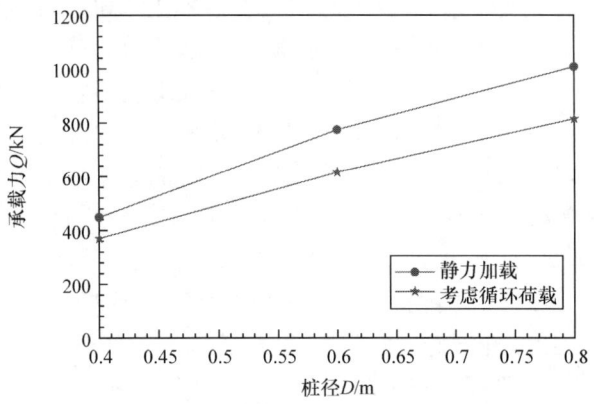

图 12.6 桩径与斜向抗拔桩极限承载力的关系

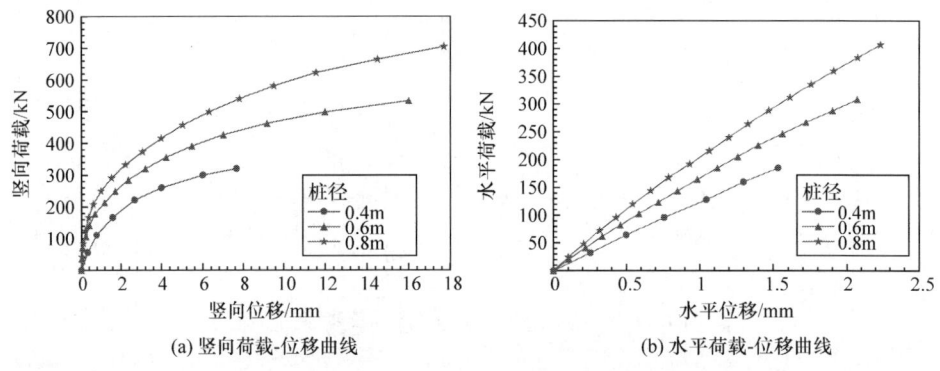

(a) 竖向荷载-位移曲线　　　　(b) 水平荷载-位移曲线

图 12.7 桩径对斜向抗拔桩循环承载力的影响

12.4.3 桩体模量对斜向抗拔桩的承载力的影响分析

循环荷载分析时,桩体模量也分别取 25GPa、50GPa 和 75GPa 三组参数做了数值分析,并使其极限承载力与静力加载进行对比,对比曲线如图 12.8 所示,静力加载时合力极限承载力分别为 774kN、780kN 和 792kN,动力循环加载时合力极限承载力分别为 564kN、592kN 和 614kN。由此可见,循环荷载作用下,斜向抗拔桩的动力极限承载力也随着桩体模量的增加而增加,但差别较小。与静力极限承载力相比,分别降低了约 27.1%、24.1% 和 22.5%,随着桩体模量的变化,土体循环软化效应降低,斜向抗拔桩的极限承载力的程度变化不大,平均降低约 24.56%。

由图 12.9 可知,与静力加载时的曲线增长趋势相同,循环加载条件下,斜向抗拔桩的极限承载力和桩顶最大位移也随桩体模量的增加而增加,相同荷载大小时

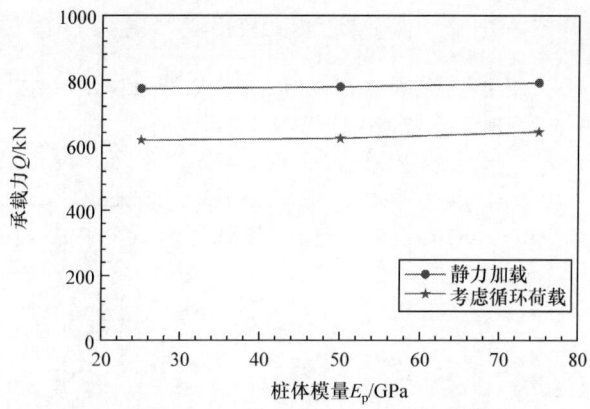

图 12.8 桩体模量与斜向抗拔桩极限承载力的关系

桩顶位移随之减小。竖向荷载-位移曲线随荷载的增大,其位移增大的速率变大,而水平荷载-位移曲线则近似线性发展。

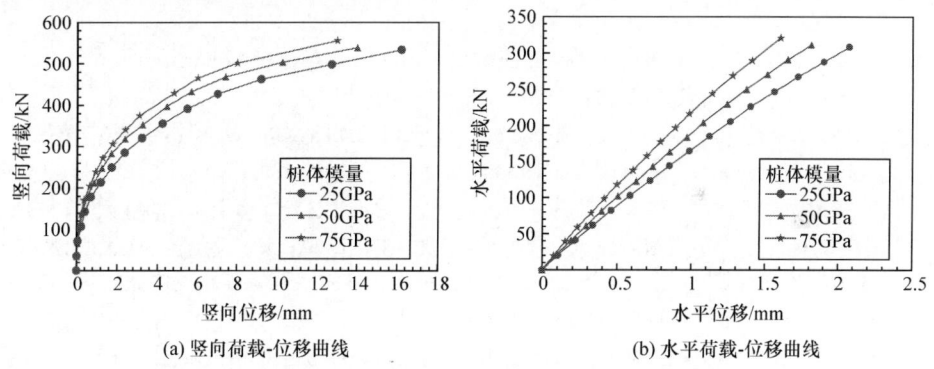

(a) 竖向荷载-位移曲线　　　　(b) 水平荷载-位移曲线

图 12.9 桩体模量对斜向抗拔桩的承载力的影响

参 考 文 献

[1] 麦继婷. 波流作用下悬浮隧道的响应研究[博士学位论文]. 成都：西南交通大学,2005.
[2] 王华. 沉管隧道与悬浮隧道:6. 隧道译丛,1994(12)：26-45.
[3] Ahrens D. Submerged floating tunnels:A concept whose time has arrived(but who will be the first to build one?). Tunnelling and Underground Space Technology,1996,11(4)：505-510.
[4] Ingerslev L C F. Water crossings:The options. Tunnelling and Underground Space Technology, 1998,13(4)：357-363.
[5] 干湧. 水下悬浮隧道的空间分析与节段模型试验研究[博士学位论文]. 杭州：浙江大学,2003.
[6] 张佳文. 水下悬浮隧道. 西部探矿工程,1995,7(1)：79-81.
[7] Østlid H. Submerged floating tunnel (SFT),a new type of structure for efficient transport, energysaving,minimizing pollution and environmental iMPact. Strait Crossings 2001,Krobeborg,2001：545-546.
[8] 黄国君,吴应湘,洪友士. 跨越水域交通的阿基米德桥. 中国造船,2002,43(z1)：13-18.
[9] Tveit P. Ideas on downward arched and other underwater concrete tunnels. Tunnelling and Underground Space Technology,2000,15(1)：69-78.
[10] Tveit P. Design of a submerged floating tube with a free span of 1750m. International Conference on Submerged Floating Tunnels,Sandnes,1996.
[11] Moe G. Design philosophy of floating bridges with emphasis on ways to ensure long life. Journal of Marine Science and Technology,1997,2(3)：182-189.
[12] 李剑. 水中悬浮隧道概念设计及其关键技术研究[博士学位论文]. 上海：同济大学,2003.
[13] 王变革. 水下悬浮隧道锚索的动力响应研究[硕士学位论文]. 大连：大连理工大学,2007.
[14] Hiroshi K,Yuzo M,Susumu M,et al. Numerical analysis of wave force and dynamic response to the submerged floating tunnels. Strait Crossings 1994,Rotterdam,1994：637-644.
[15] James F. The Seattle-Bellevue loop with the still-water submerged floating tunnel. Strait Crossings 2001,Krobeborg,2001：581-588.
[16] Haugerud S A,Olsen T O,Muttoni A. The lake Lugano crossing –technical solutions. Strait Crossings 2001,Krobeborg,2001：563-568.
[17] Muttoni A,Haugerud S A,Olsen T O. A crossing proposal for the lake Lugano for the new Alptransit railway across the Alps. Strait Crossings 2001,Krobeborg,2001：575-579.
[18] 兰利敏. 水下悬浮隧道:谁将是第一个成功者. 世界隧道,1997,4：47-52.
[19] Lidvard S,Østlid H. Owners experience with the pilot project Høgsfjord submerged floating tunnel. Strait Crossings 2001,Krobeborg,2001：547-550.
[20] 孔祥金. 水下隧道新结构:悬浮隧道//2003年全国公路隧道学术会议论文集. 北京：人民交通出版社,2003：223-226.
[21] Chapman C B,Cooper D F. Risk Analysis for Large Projects：Models,Methods and Cases. Chichester：John Wiley and Sons,1987.

[22] 郭仲伟. 风险的辨识:风险分析与决策讲座(一). 系统工程理论与实践,1987,7(1):72-77.
[23] 戴树和. 风险分析技术(二):典型装置上的工程应用. 压力容器,2002,19(3):1-6.
[24] Dai S H, Wang M O. Reliability Analysis in Engineering Applications. New York: Von Norstrand Reinhold Press,1992.
[25] 张青晖,沙基昌. 风险分析综述. 系统工程与电子技术,1996(2):42-45.
[26] 马小莉,吴群琪. 蒙特卡洛法在建设项目风险分析中的应用. 交通财会,1998(6):8-10.
[27] 蔡珍红,杨文柱. 地下管线建设应用非开挖技术的风险分析. 安装,1999(3):41-43.
[28] 李林,李树丞,王道平. 基于风险分析的项目工期的估算方法研究. 系统工程,2001,19(5):77-81.
[29] 郭宇,刘尔烈. 应用蒙特卡罗方法改进项目成本风险分析. 天津大学学报(自然科学与工程技术版),2002,35(2):199-202.
[30] 张启伟. 大型桥梁健康监测概念与监测系统设计. 同济大学学报(自然科学版),2001,29(1):65-69.
[31] 李宏男,李东升. 土木工程结构安全性评估、健康监测及诊断述评. 地震工程与工程振动,2002,22(3):82-90.
[32] 周智,欧进萍. 用于土木工程的智能监测传感材料性能及比较研究. 建筑技术,2002,33(4):270-272.
[33] Davies K, Srivareerat M. Morpeth seastrar: Foundation and tendon system. Offshore Technology Conference, Houston,1999:511-517.
[34] 王超. 海洋工程环境. 天津:天津大学出版社,1993.
[35] 杜国华,毛昌时,司徒妙龄. 桥梁结构分析. 上海:同济大学出版社,1994.
[36] 陶学康. 后张预应力混凝土设计手册. 北京:中国建筑工业出版社,1996.
[37] Grantz W C. Immersed tunnel settlements part 1: Nature of settlements. Tunnelling and Underground Space Technology,2001(16):195-201.
[38] 管敏鑫,万晓燕,唐英. 沉管隧道的作用、作用组合与工况. 世界隧道,1999(1):4-9.
[39] 内维尔 A M. 混凝土的性能. 李国泮,马贞勇,译. 北京:中国建筑工业出版社,1983.
[40] 钮新强,汪基伟,章定国. 水工混凝土结构设计手册. 北京:中国水利水电出版社,2010.
[41] 姚玲森. 桥梁工程. 北京:人民交通出版社,1995.
[42] 竺艳蓉. 海洋工程波浪力学. 天津:天津大学出版社,1991.
[43] 罗传信. 海洋桩基平台. 天津:天津大学出版社,1988.
[44] 陈韶章,陈越,张弥. 沉管隧道的设计与施工. 北京:科学出版社,2002.
[45] International Tunneling Association (ITA). Special Issue: "Immersed and Floating Tunnels". Tunneling and Underground Space Technology,1993,8(2):119-285.
[46] 张金水,张廷楷. 道路勘测设计. 上海:同济大学出版社,1998.
[47] 郑安文,牛倬民,郭健忠. 高速公路道路因素与道路交通安全分析. 武汉科技大学学报(自然科学版),2002,25(2):168-171.
[48] Hauer E. Observation Before-after Studies in Road Salty. Sydney: Avebury Technical,1997:163-175.

[49] 杨进,孙剑峰.改建公路平面线形设计.湖南交通科技,2002,28(3):15-16.
[50] 程文,郭忠印,孔令旗.路线线形与道路安全关系的研究.合肥工业大学学报(自然科学版),2002,25(5):703-706.
[51] 黄诗敏,郭承三,王新明,等.美学在公路设计中的应用.筑路机械与施工机械化,2002,19(4):8-11.
[52] 李满航,马坚生.珠江沉管隧道照明设计研究.世界隧道,1996,(6):46-53.
[53] 赵忠杰.高等级公路隧道照明工程设计与研究.西安公路交通大学学报,1999,19(2):55-57.
[54] 刘宝川.隧道照明技术.中国照明电器,2000(3):9-10.
[55] Kotoh S, Yamanaka G. Air flow analysis in a longitudinally ventilated road tunnel on fire. Transactions of the Japan Society of Mechanical Engineers, Part B, 1987, 53 (494): 2944-2950.
[56] 中华人民共和国交通运输部.公路隧道照明设计细则.JTG/T D70/2-01—2014.北京:人民交通出版社,2014.
[57] 高孟理.隧道射流通风与防灾.中国公路学报,1998,11(1):1-5.
[58] 范维澄,王清安,姜冯辉,等.火灾学简明教程.合肥:中国科学技术大学出版社,1995.
[59] 陈韶章,陈越.沉管隧道施工手册.北京:中国建筑工业出版社,2014.
[60] 陈健云,孙胜男.水下悬浮隧道结构分析研究进展.海洋工程,2008,26(3):111-118.
[61] Sato M, Kanie S, Mikami T, et al. Modeling of submerged floating tunnel as a beam on elastic foundation under bending vibration. Strait Crossings 2001, Krobeborg, 2001: 535-540.
[62] Sato M, Kanie S, Mikami T. Mathematical analogy of a beam on elastic supports as a beam on elastic foundation. Applied Mathematical Modelling, 2008, 32: 688-699.
[63] Fogazzi P, Perotti F. The dynamic response of seabed anchored floating tunnels under seismic excitation. Earthquake Engineering and Structural Dynamics, 2000, 29: 273-295.
[64] Faggiano B, Mazzolani F M, Landolfo R. Design and modeling aspects concerning the submerged floating tunnel: An application to the Messina Strait crossing. Strait Crossings 2001, Krobeborg, 2001: 511-519.
[65] 麦继婷,罗忠贤,关宝树.波流作用下悬浮隧道的涡激动力响应.铁道学报,2005,27(1):102-105.
[66] 麦继婷,罗忠贤,关宝树.波流作用下悬浮隧道动态响应的分析估算.铁道工程学报,2006(6):51-54.
[67] 麦继婷,杨显成,关宝树.水流作用下悬浮隧道的响应分析.现代隧道技术,2005,42(4):25-31.
[68] 麦继婷,杨显成,关宝树.波流作用下悬浮隧道的动态响应分析.水动力学研究与进展A辑,2005,20(5):616-623.
[69] 麦继婷,杨显成,关宝树.悬浮隧道在波浪作用下的动力响应分析.铁道工程学报,2007,24(3):45-49.

[70] 麦继婷,杨显成,关宝树.波流作用下张力腿悬浮隧道的响应分析.中外公路,2008,28(1): 159-163.

[71] 谢立广.水中悬浮隧道管段接头的力学行为分析[硕士学位论文].成都:西南交通大学,2007.

[72] 麦继婷,罗忠贤,关宝树.流作用下悬浮隧道张力腿的涡激动力响应.西南交通大学学报,2004,39(5):600-604.

[73] 葛斐,董满生,惠磊,等.水中悬浮隧道锚索在波流场中的涡激动力响应.工程力学,2006,23(z1):217-221.

[74] Ge F, Dong M S, Hui L, et al. Vortex-induced nonlinear vibrations of submerged floating tunnel tethers. Proceedings of the Second International Conference on Dynamics Vibration and Control, Beijing, 2006: 837-842.

[75] Kanie S, Mikami T, Horiguchi H, et al. Effect of non-linearity in restoring force on dynamic response of SFT. Strait Crossings 2001, Krobeborg, 2001: 529-534.

[76] Hiroshi K, Susumu M, Yuzo M, et al. Study on submerged floating tunnel characteristics under the wave condition. Proceedings of the Fourth International Offshore and Polar Engineering Conference, Osaka, 1994: 27-32.

[77] 麦继婷,关宝树.用 Morison 方程计算分析悬浮隧道所受波浪力初探.石家庄铁道学院学报,2003,16(3):1-4.

[78] 麦继婷,杨显成,关宝树.悬浮隧道所受波浪荷载的计算分析.铁道科学与工程学报,2007,4(5):83-87.

[79] 王广地,周晓军,高波.水下悬浮隧道波流荷载分析研究.铁道建筑,2007(10):48-51.

[80] Haukaas T, Remseth S. Global dynamic analysis of floating submerged tunnels preliminary study. Trondheim: Norwegian University of Science and Technology, 1997.

[81] Remseth S, Leira B J, Okstad K M, et al. Dynamic response and fluid/structure interaction of submerged floating tunnels. Computers and Structures, 1999, 72: 659-685.

[82] Brancaleoni F, Castellani A, Asdia P. The response of submerged tunnels to their environment. Engineering Structures, 1989, 11: 47-56.

[83] Morita S, Yamashita T, Mizuno Y, et al. Earthquake response analysis of submerged floating tunnels considering water compressibility. Proceedings of the Fourth International Offshore and Polar Engineering Conference, Osaka, 1994: 20-26.

[84] Carpaneto R. The dynamic seismic analysis of SFT. International Conference on Submerged Floating Tunnels, Sandnes, 1996.

[85] 惠磊,葛斐,洪友士.水中悬浮隧道在冲击载荷作用下的计算模型与数值模拟.工程力学,2008,25(2):209-213.

[86] 董满生,葛斐,洪友士.曲线形水中悬浮隧道的温度内力研究.工程力学,2006,23(z1):21-24.

[87] Venkataramana K, Yoshihara S, Toyoda S, et al. Current-induced vibration of submerged floating tunnels. Proceedings of the Fourth International Offshore and Polar Engineering

Conference, Los Angeles, 1996: 111-118.
- [88] Larrsen R M. Measured dynamic response of submerged floating tunnels: A tool for further development. Strait Crossings 2001, Krobeborg, 2001: 521-528.
- [89] 王长春. 水中悬浮隧道与洋流耦合作用的模型试验[硕士学位论文]. 成都：西南交通大学, 2005.
- [90] Nishio S, Incecik A. Synchronization of vortex shedding from an oscillating cylinder in uniform flow. Proceedings of the Fifth International Offshore and Polar Engineering Conference, Hague, 1995: 603-610.
- [91] 李静, 林祥金. 水中悬浮隧道施工风险分析的 BP 神经网络模型. 建筑管理现代化, 2007 (1): 40-42.
- [92] 林祥金. 悬浮隧道风险分析[硕士学位论文]. 大连：大连理工大学, 2006.
- [93] 王广地, 周晓军, 高波. 水下悬浮隧道管段结构流阻特性分析. 西南交通大学学报, 2007, 42(6): 715-719.
- [94] Fujita R, Mikami T. Development of submerged floating tunnel in shallow water. Strait Crossing 2001, Krobeborg, 2001: 555-562.
- [95] Iijima T, Taniguchi F, Kondo H, et al. Characteristics of air spouting actuator acting on the tension-leg-supported SFT subjected to sinusoidal flow. The 1999 ASME Pressure Vessels and Piping Conference, Boston, 1999: 129-135.
- [96] 杨俊杰. 相似理论与结构模型试验. 武汉：武汉理工大学出版社, 2005.
- [97] 左东启. 模型试验的理论和方法. 北京：水利电力出版社, 1984.
- [98] 徐挺. 相似理论与模型试验. 北京：中国农业机械出版社, 1982.
- [99] 梅秀道. 大连市星海湾 1 号桥模型试验研究[硕士学位论文]. 大连：大连理工大学, 2006.
- [100] 任亮. 光纤光栅传感技术在结构健康监测中的应用[博士学位论文]. 大连：大连理工大学, 2008.
- [101] 胡聿贤. 地震工程学. 北京：地震出版社, 1988.
- [102] 首培杰, 刘曾武, 朱镜清. 地震波在工程中的应用. 北京：地震出版社, 1982.
- [103] 黄浩华. 地震模拟振动台的设计与应用技术. 北京：地震出版社, 2008.
- [104] 曲卓杰. 基于通用软件的水工钢筋混凝土结构程序开发与应用[博士学位论文]. 南京：河海大学, 2004.
- [105] 沈德建, 吕西林. 地震模拟振动台及模型试验研究进展. 结构工程师, 2006, 22(6): 55-58, 63.
- [106] 张艳红. 大型渡槽抗震概论. 北京：地震出版社, 2004.
- [107] 李忠献. 工程结构试验理论与技术. 天津：天津大学出版社, 2004.
- [108] 杨旭东. 振动台模型试验若干问题的研究[硕士学位论文]. 北京：中国建筑科学研究院, 2005.
- [109] 林皋, 朱彤, 林蓓. 结构动力模型试验的相似技巧. 大连理工大学学报, 2000, 40(1): 1-8.
- [110] 董汝博. 多点地震动作用下海底悬跨管道非线性分析[博士学位论文]. 大连：大连理工大学, 2008.

参 考 文 献

[111] 周晶,李昕,马恒春,等. 地震时海底悬跨管道动力特性试验研究. 水利学报,2003(1): 12-16.

[112] 张彦兵,陈树礼,冯小利. 几种常用应变测试技术的比较分析. 山西建筑,2006,32(3): 77-78.

[113] 孙汝蛟,孙利民,孙智. FBG 传感技术在大型桥梁健康监测中的应用. 同济大学学报(自然科学版),2008,36(2): 149-154.

[114] Li H N, Li D S. Recent applications of fiber optic sensors to health monitoring in civil engineering. Engineering Structures,2004,26(11): 1647-1657.

[115] 李宏男,孙丽,李东升,等. 结构健康监测. 大连:大连理工大学出版社,2005.

[116] 李宏男,任亮. 结构健康监测光纤光栅传感技术. 北京:中国建筑工业出版社,2008.

[117] 李世海,魏作安,张俊红,等. 光纤光栅传感技术在抗滑桩模型实验中的应用. 传感器与微系统,2006,25(3): 84-85,88.

[118] 朱伯芳. 有限单元法原理与应用. 2版. 北京:中国水利水电出版社,1998.

[119] Jakobsen B, Remseth S N, Udahl G. Crossing wide and deep fjords with submerged floating tunnels. Strait Crossings 2001, Krobeborg,2001: 569-574.

[120] 王勖成. 有限单元法. 北京:清华大学出版社,2003.

[121] Olson L G, Bathe K J. Analysis of fluid-structure interactions—A direct symmetric coupled formulation based on the fluid velocity potential. Journal of Computers and Structures, 1985,21(1): 21-32.

[122] 王建涌. 大岗山拱坝动力模型破坏试验研究[硕士学位论文]. 大连:大连理工大学,2007.

[123] 李晓莉. 独塔斜拉桥的设计理论研究[硕士学位论文]. 上海:同济大学,2006.

[124] Xia Y, Fujino Y. Auto-parametric vibration of a cable-stayed-beam structure under random excitation. Journal of Engineering Mechanics,2006,132(3): 279-286.

[125] Nayfeh A H, Mook D T. Nonlinear Oscillations. New York: John Wiley & Sons,1979.

[126] Kovals I. Zar frage der seilschwingunge und der seidampfung. Die Bautechnik,1982,59 (10): 325-332.

[127] Tagata G. Harmonically forced, finite amplitude vibration of a string. Journal of Sound and Vibration,1977,51(4): 483-492.

[128] Takahashi K. Dynamic stability of cables subjected to an axial periodic load. Journal of Sound and Vibration,1991,144(2): 323-330.

[129] Perkins N C. Modal interactions in the non-linear response of elastic cables under parametric external excitation. International Journal of Non-linear Mechanics,1992,27(2): 233-250.

[130] Uhrig R. On kinetic response of cables of cable-stayed bridges due to combined parametric and forced excitation. Journal of Sound and Vibration,1993,165(1): 182-192.

[131] Fujino Y, Warnitchai P, Pacheco B M. An experimental and analytical study of auto parametric response in 3DOF model of cable-stayed-beam. Nonlinear Dynamics, 1993, 4: 111-138.

[132] Lilien J L. Vibration amplitudes caused by parametric excitation of cable stayed structures.

Journal of Sound and Vibration,1994,174(1):69-90.

[133] da Costa A P,Martins J A C,Branco F A,et al. Oscillations of bridge stay cables induced by periodic motions of deck and/or towers. Journal of Engineering Mechanics,1996, 122(7):613-622.

[134] Virlogeux M. Cable vibration in cable-stayed bridges. Bridge Aerodynamics,1998:213-233.

[135] 亢战,钟万勰. 斜拉桥参数共振问题的数值研究. 土木工程学报,1998,31(4):14-22.

[136] Zhang Q L,Peil U. Dynamic behaviours of cables in parametrically unstable zones. Computers and Structures,1999,73:437-443.

[137] Caetano E,Cunha A,Taylor C A. Investigation of dynamic cable-deck interaction in a physical model of a cable-stayed bridge. Part Ⅰ:Modal analysis. Earthquake Engineering and Structural Dynamics,2000,29:484-498.

[138] 汪至刚,孙炳楠. 斜拉桥参数振动引起的拉索大幅振动. 工程力学,2001,18(1):103-109.

[139] 陈水生. 大跨度斜拉桥拉索的振动及被动、半主动控制[博士学位论文]. 杭州:浙江大学,2002.

[140] 陈水生,孙炳楠. 斜拉桥索-桥耦合非线性参数振动数值研究. 土木工程学报,2003,36(4):70-75.

[141] 陈水生,孙炳楠,胡隽. 斜拉索受轴向激励引起的面内参数振动分析. 振动工程学报, 2002,15(2):144-150.

[142] Vincenzo G,Marssimiliano M,Achille P. A parametric analytical model for non-linear dynamics in cable-stayed beam. Earthquake Engineering and Structural Dynamics,2002,31: 1281-1300.

[143] Gattulli V,Lepidi M. Nonlinear interaction in the planar dynamics of cable-stayed beam. International Journal of Solids and Structures,2003,40:4729-4748.

[144] Wu Q,Takahashi K,Okabayashi T,et al. Response characteristics of local vibrations in stay cables on an existing cable-stayed bridge. Journal of Sound and Vibration,2003,261: 403-420.

[145] 李忠献,陈海泉,李延涛. 斜拉桥参数振动有限元分析与半主动控制. 工程力学,2004, 21(1):131-135.

[146] Georgakis C T,Taylor C A. Nonlinear dynamics of cable stays. Part 1:Sinusoidal cable support excitation. Journal of Sound and Vibration,2005,281:537-564.

[147] Georgakis C T,Taylor C A. Nonlinear dynamics of cable stays. Part 2:Stochastic cable support excitation. Journal of Sound and Vibration,2005,281:565-591.

[148] Berlioz A,Lamarque C H. A non-linear model for the dynamics of an inclined cable. Journal of Sound and Vibration,2005,279:619-639.

[149] Takahashi K,Wu Q,Nakamura S,et al. Analysis on local vibrations of stay cables in cable stayed bridges. Journal of Structural Engineering,2000,46:501-510.

[150] Wu Q,Takahashi K,Nakamura S. Non-linear response of cables subjected to periodic support excitation considering cable loosening. Journal of Sound and Vibration,2004,271:

453-463.
- [151] 汪至刚. 大跨度斜拉桥拉索的振动与控制[博士学位论文]. 杭州：浙江大学, 2000.
- [152] Sun B N, Wang Z G, Kao J M, et al. Cable oscillation induced by parametric excitation of cable-stayed bridge. Advances in Structural Dynamics, 2000(1): 553-560.
- [153] 苗家武. 超大跨度斜拉桥设计理论研究[博士学位论文]. 上海：同济大学, 2006.
- [154] 韦达洁. 碳纤维拉索斜拉桥非线性分析[博士学位论文]. 长沙：湖南大学, 2005.
- [155] 尹超. 大跨度斜拉桥几何非线性分析[硕士学位论文]. 成都：西南交通大学, 2005.
- [156] 施溪溪, 李鸿晶. 斜拉桥拉索单元模型及其计算模拟. 钢结构, 2005, 20(5): 53-56, 89.
- [157] 李传习, 夏桂云, 张建仁, 等. 斜拉索静力分析综述. 中南公路工程, 2001, 26(2): 32-34, 37.
- [158] 陈常松. 超大跨度斜拉桥施工全过程几何非线性精细分析理论及应用研究[博士学位论文]. 长沙：中南大学, 2007.
- [159] 郭棋武. 大跨斜拉桥的非线性及可靠性分析[博士学位论文]. 长沙：湖南大学, 2007.
- [160] 白文轩. 斜拉桥拉索的受力分析与合理成桥状态的确定[硕士学位论文]. 重庆：重庆大学, 2006.
- [161] 李成绩. 碳纤维索结构（桥梁）试验研究和理论分析[硕士学位论文]. 镇江：江苏大学, 2005.
- [162] 邓静. 大跨度混凝土斜拉桥静力稳定性分析[硕士学位论文]. 成都：西南交通大学, 2007.
- [163] 张晓壳, 陈宁, 王应良, 等. 斜拉桥的数学建模. 国外桥梁, 1998, 2: 52-56.
- [164] 陈刚. 振动法测索力与实用公式[硕士学位论文]. 福州：福州大学, 2004.
- [165] 王建平. 复合材料斜拉桥设计理论研究[博士学位论文]. 武汉：武汉理工大学, 2001.
- [166] 李远林. 近海结构水动力学. 广州：华南理工大学出版社, 1999.
- [167] 唐友刚. 高等结构动力学. 天津：天津大学出版社, 2002.
- [168] 库克 R D. 有限元分析的概念与应用. 4版. 关正西, 强洪夫, 译. 西安：西安交通大学出版社, 2007.
- [169] 江理平, 唐寿高, 王俊民. 工程弹性力学. 上海：同济大学出版社, 2002.
- [170] 商大中, 李宏亮, 韩广才. 结构动力分析. 哈尔滨：哈尔滨工程大学出版社, 2005.
- [171] 林元培. 斜拉桥. 北京：人民交通出版社, 2004.
- [172] Rao G V. Internal resonance and non-linear response of a cable under periodic excitation. Journal of Sound and Vibration, 1991, 149(1): 25-41.
- [173] 李庆扬, 王能超, 易大义. 数值分析. 武汉：华中理工大学出版社, 2004.
- [174] 李桂成. 计算方法. 北京：电子工业出版社, 2005.
- [175] 马东升. 数值计算方法. 2版. 北京：机械工业出版社, 2006.
- [176] Wang P H, Yang C G. Parametric studies on cable-stayed bridges. Computer and Structures, 1996, 60(2): 243-260.
- [177] 陈自力. 集中荷载作用下悬索的面内运动非线性分析与应用[博士学位论文]. 长沙：湖南大学, 2006.
- [178] Irvine H M. Cable Structures. Cambridge: Massachusetts Institute of Technology Press, 1981.

[179] 聂武,刘玉秋. 海洋工程结构动力分析. 哈尔滨:哈尔滨工程大学出版社,2002.

[180] 姚熊亮. 结构动力学. 哈尔滨:哈尔滨工程大学出版社,2007.

[181] 姚熊亮. 船舶结构振动冲击与噪声. 北京:国防工业出版社,2007.

[182] 王颖,杨建民,杨晨俊. Spar 平台涡激运动关键特性研究进展. 中国海洋平台,2008, 23(3):1-10.

[183] 王一飞. 深海立管涡激振动疲劳损伤预报方法研究[博士学位论文]. 上海:上海交通大学,2008.

[184] 董艳秋. 波、流联合作用下海洋平台张力腿的涡激非线性振动. 海洋学报,1994,16(3): 121-129.

[185] 董艳秋. 深海采油平台波浪载荷及响应. 天津:天津大学出版社,2005.

[186] 马驰,董艳秋,杨丽婷. 海洋平台张力腿在两种边界条件下的涡激非线性振动的比较研究. 船舶力学,2000,4(1):56-65.

[187] 王东耀,凌国灿. 在平台振荡条件下 TLP 张力腿的涡激非线性响应. 海洋学报,1998, 20(3):119-128.

[188] Ling G C, Wang D Y. Predication of dynamic response of TLP tethers to vortex shedding under circumstances of platform oscillation. International Offshore and Polar Engineering Conference, Los Angeles, 1996.

[189] 余建星,罗延生,方华灿. 海底管线管跨段涡激振动响应的实验研究. 地震工程与工程振动,2001,21(4):93-97.

[190] 时米波,陈国明,孙友义. 基于管土耦合模型的海底管道管跨涡激振动分析. 石油矿场机械,2007,36(10):5-8.

[191] 葛斐,惠磊,洪友士. 水中悬浮隧道锚索的非线性涡激振动研究. 中国公路学报,2007, 20(6):85-89.

[192] 葛斐,惠磊,洪友士. 水中悬浮隧道锚索在剪切流中的涡激响应. 中国科学院研究生院学报,2007,24(3):351-356.

[193] 陈健云,王变革,孙胜男. 悬浮隧道锚索的涡激动力响应分析. 工程力学,2007,24(10): 186-192.

[194] 陈健云,孙胜男,王变革. 水下悬浮隧道锚索的动力分析. 计算力学学报,2008,25(4): 488-493.

[195] 王振东. 漫话卡门涡街及其应用. 力学与实践,2006,28(1):88-90.

[196] 傅强. 海洋输液立管动力特性及涡激振动响应理论研究[硕士学位论文]. 青岛:中国海洋大学,2004.

[197] 白长旭. 波流耦合作用下的立管涡激振动分析[硕士学位论文]. 大连:大连理工大学,2007.

[198] 竺艳蓉. 海洋工程波浪力学. 天津:天津大学出版社,1991.

[199] 毕家驹. 近海力学导论. 上海:同济大学出版社,1989.

[200] 陈渝,周璐,钱方,等. 数值方法. MATLAB 版. 北京:电子工业出版社,2002.

[201] 马良. 海底油气管道工程. 北京:海洋出版社,1987.

[202] McCormick M E. Ocean engineering wave mechanics. New York: Wiley & Sons, 1973.

[203] Pacheco B M, Fujino Y, Sulekh A. Estimation curve for modal damping in stay cables with viscous damper. Journal of Structural Engineering, 1993, 119(6): 1961-1979.

[204] Duan Y F. Vibration control of stay cables using semi-active magnero-rheological dampers [Dissertation]. Hong Kong: The Hong Kong Polytechnic University, 2004.

[205] Tabatabai H, Mehrabi A B. Design of mechanics viscous dampers for stay cables. Journal of Bridge Engineering, 2000, 5(2): 114-123.

[206] Xu Y L, Yu Z. Mitigation of three-dimensional vibration of inclined sag cable using discrete oil dampers-I: Formation. Journal of Sound and Vibration, 1998, 214(4): 659-673.

[207] Yu Z, Xu Y L. Mitigation of three-dimensional vibration of inclined sag cable using discrete oil dampers-II: Application. Journal of Sound and Vibration, 1998, 214(4): 675-693.

[208] Main J A, Jones N P. Evaluation of viscous dampers for stay-cable vibration mitigation. Journal of Bridge Engineering, 2001(6): 385-397.

[209] Main J A, Jones N P. Free vibration of taut cable with attached damper, I: Linear viscous damper. Journal of Engineering Mechanics, 2002(10): 1062-1071.

[210] Fujino Y, Susumpow T. Active control of cables by axial support motion. Smart Materials and Structures, 1995, 4: A41-A51.

[211] Johnson E A, Christenson R E, Spencer B F. Semi-active damping of cables with sag. Advances in Structure Dynamics, 2000, 1: 327-334.

[212] Johnson E A, Christenson R E. Semi-active damping of cables with sag. Computer-aided Civil and Infrastructure Engineering, 2003, 18(2): 132-146.

[213] 邬喆华. 磁流变阻尼器对斜拉索振动控制的研究[博士学位论文]. 杭州: 浙江大学, 2003.

[214] 左晓宝. 形状记忆合金阻尼器-斜拉索减振控制的试验与分析研究[博士学位论文]. 南京: 东南大学, 2005.

[215] Ni Y Q, Chen Y, Ko J M, et al. Neuro-control of cable vibration using semi-active magneto-rheological dampers. Engineering Structures, 2002, 24: 295-307.

[216] 王修勇. 斜拉桥拉索振动控制新技术研究[博士学位论文]. 长沙: 中南大学, 2002.

[217] 陈勇. 采用ER/MR阻尼器作斜拉索振动的半主动控制[博士学位论文]. 杭州: 浙江大学, 2001.

[218] 何旭辉, 陈政清, 黄万林, 等. MR阻尼器在抑制斜拉桥拉索风雨振中的应用研究. 湖南大学学报(自然科学版), 2002, 29(3): 91-95.

[219] 张笈玮. 应用形状记忆合金拉索高层钢结构风振控制研究[硕士学位论文]. 天津: 天津大学, 2004.

[220] Rabih A, Golnataghi M F. Active structural vibration control: A review. The Shock and Vibration Digest, 2003, 35(5): 367-383.

[221] 欧进萍. 结构振动控制. 北京: 科学出版社, 2003.

[222] 肖志荣. 大跨度斜拉桥拉索的非线性振动及智能半主动控制研究[博士学位论文]. 杭州: 浙江大学, 2008.

[223] 李彤. 地震作用下土-群桩-结构-水相互作用体系的动力反应分析[硕士学位论文]. 上海：同济大学,1999.

[224] 郑万山. 粘性剪切型阻尼器设计方法及工程应用研究[硕士学位论文]. 西安：长安大学,2002.

[225] 俞载道. 结构动力学基础. 上海：同济大学出版社,1987.

[226] 徐树方. 矩阵计算的理论与方法. 北京：北京大学出版社,1995.

[227] 横山幸满. 桩结构物的计算方法和计算实例. 唐业清,吴庆荪,译. 北京：中国铁道出版社,1984.

[228] 邹宝林. 倾斜荷载下群桩内力的非线性有限元分析[硕士学位论文]. 长沙：湖南大学,2003.

[229] Meyerhof G G, Ranjan G. The bearing capacity of rigid piles under inclined loads in sand 1: Vertical piles. Canadian Geotechnical Journal,1972(9): 440-446.

[230] Terzaghi K. Theoretical Soil Mechanics. New York: John Wiley & Sons,1943.

[231] Koumoto T, Meyerhof G G, Sastry V V R N. Analysis of bearing capacity of rigid piles under eccentric and inclined loads. Canadian Geotechnical Journal,1986,23: 127-131.

[232] BanorjeeP K, Davies T G. The behaviour of axially and laterally loaded single piles embedded in nonhomogeneous soils. Geotechnique,1978,28: 309-326.

[233] Poulos H G, Davis E H. Elastic Solutions for Soil and Rock Mechanics. New York: John Wiley & Sons,1974.

[234] Meyerhof G G, Ranjan G. The bearing capacity of rigid piles under eccentric and inclined loads. Canadian Geotechnical Journal,1973,22: 267-276.

[235] Chari T R, Meyerhof G G. Ultimate capacity of rigid piles under inclined loads in sand. Canadian Geotechnical Journal,1983,20: 848-854.

[236] Meyerhof G G, Sastry V V R N. Bearing capacity of rigid piles under eccentric and inclined loads. Canadian Geotechnical Journal,1985,22: 267-276.

[237] Meyerhof G G, Ghosh D P. Ultimate capacity of flexible piles under eccentric and inclined loads. Canadian Geotechnical Journal,1989,26: 34-42.

[238] Yalcin A S, Meyerhof G G. Bearing capacity of flexible piles under eccentric and inclined loads in layered soil. Canadian Geotechnical Journal,1991,28: 909-917.

[239] Sastry V V R N, Meyerhof G G. Behavior of flexible piles in layered clays under eccentric and inclined loads. Canadian Geotechnical Journal,1995,32: 387-396.

[240] 殷宗泽,朱泓,许国华. 土与结构材料接触面的变形及其数学模拟. 岩土工程学报,1994,16(3): 14-22.

[241] Clough G W, Duncan J M. Finite element analysis of retaining wall behavior. Journal Soil Mechanics & Foundation ASCE,1971,97(12): 1657-1673.

[242] Goodman R E, Taylor R L, Brekke T L. A model for the mechanics of jointed rock. Journal Soil Mechanics and Foundation Division,1968,94(3): 637-660.

[243] Desai C S, Zaman M M, Lightner J G, et al. Thin layer element for interfaces and joints.

Int. Journal for Numerical and Analytical Methods in Geomechanics, 1984, 8(1): 19-43.
- [244] Boulon M, Nova R. Modelling of soil structure interface behavior: A comparison between elastoplastic and rate-type laws. Computers and Geotechnics, 1990(9): 21-46.
- [245] Ghaboussi J, Wilson E L, Isenberg J. Finite element for rock joints and interfaces. Journal Soil Mechanics and Foundation Division, 1973, 99(10): 849-862.
- [246] 陈慧远. 摩擦接触面单元及其分析方法. 水利学报, 1985(4): 44-50.
- [247] 雷晓燕. 三维接触问题新模型研究. 土木工程学报, 1996, 29(3): 24-33.
- [248] 张冬霁, 卢廷浩. 一种土与结构接触面模型的建立及其应用. 岩土工程学报, 1998, 20(6): 62-66.
- [249] 李守德, 俞洪良. Goodman 接触面单元的修正与探讨. 岩石力学与工程学报, 2004, 23(15): 2628-2631.
- [250] 吴怀忠, 王汝恒, 张桂富, 等. 土与结构接触面的本构关系与数值模拟. 四川建筑科学研究, 2007, 33(5): 88-90.
- [251] 史鸿林, 王维雅, 刘庆展. 用抗拔桩处理水工建筑物抗浮的试验研究. 水利水电技术, 1996(7): 49-55.
- [252] Andersen K H, Lauritzsen R. Bearing capacity for foundation with cyclic loads. Journal of Geotechnical Engineering, 1988, 114(5): 540-555.
- [253] 李驰, 王建华, 刘振纹. 软土地基单桶基础循环承载力研究. 岩土工程学报, 2005, 27(9): 1040-1044.
- [254] 范庆来. 软土地基上深埋式大圆筒结构稳定性研究[博士学位论文]. 大连: 大连理工大学, 2006.
- [255] 周建, 龚晓南. 循环荷载作用下饱和软粘土应变软化研究. 土木工程学报, 2000, 33(5): 75-78, 82.
- [256] 威尔逊 J F. 海洋结构动力学. 杨国金, 译. 北京: 石油工业出版社, 1991.
- [257] Mostafa Y E, El Naggar M H. Response of fixed offshore platforms to wave and current loading including soil-structure interaction. Soil Dynamics and Earthquake Engineering, 2004, 24(4): 357-368.
- [258] 王腾, 董胜, 李华军. 考虑桩土作用独桩海洋平台横向振动特性研究. 中国海洋大学学报(自然科学版), 2004, 34(2): 318-324.
- [259] 郑兆昌, 程保荣. 固定式海洋平台非线性动态响应分析. 清华大学学报(自然科学版), 2002, 36(3): 233-238.
- [260] MacCamy R C, Fuchs R A. Wave forces on piles: A diffraction theory. US Army Corps of Engineering, Beach Erosion Board, 1954, 69: 75-86.
- [261] Liaw C Y, Chopra A K. Dynamics of towers surrounded by water. Journal of Earthquake Engineering and Structural Dynamics, 1974, 3(1): 33-49.
- [262] Li H J, Hu S J, Takayama T. The optimal design of TMD for offshore structure. China Ocean Engineering, 1999, 13(2): 133-144.
- [263] 陆建辉, 彭临慧. 固定式近海石油平台振动控制研究. 中国造船, 2000, 41(3): 63.

[264] Wang J H, Liu Z W, Qin C R. Pseudo-static elasto-plastic cyclic creep model and cyclic stability of offshore soft foundation. China Ocean Engineering, 1999, 13(3): 247-256.
[265] Wang J H, Li C, Moran K. Cyclic undrained behavior of soft clays and cyclic bearing capacity of a single bucket foundation. Proceedings of the 15th International Offshore and Polar Engineering Conference, Seoul, 2005, 2: 392-399.
[266] 钟晓红. 随机波浪作用下座床式大直径薄壁圆筒防波堤动力分析模型[硕士学位论文]. 天津：天津大学, 2005.
[267] 白顺果, 侯永峰, 张鸿儒. 循环荷载作用下水泥土桩复合地基的临界循环应力比和永久变形分析. 岩土工程学报, 2006, 28(1): 84-87.
[268] 赵少飞. 复合加载条件下海洋地基承载力特性数值分析方法研究[博士学位论文]. 大连：大连理工大学, 2005.
[269] 武科. 滩海吸力式桶形基础承载力特性研究[博士学位论文]. 大连：大连理工大学, 2007.
[270] 武科, 栾茂田, 范庆来, 等. 竖向与水平荷载复合加载下桶形基础承载性能的分析//第一届中国水利水电岩土力学与工程学术讨论会论文集. 2006: 1042-1045.